# 빈곤아동의 현장을 가다

국립중앙도서관 출판시도서목록(CIP)

빈곤아동의 현장을 가다
지은이: 호사카 와타루, 이케타니 다카시
옮긴이: 최인숙
서울: 논형, 2018
  p.;    cm.

원표제: 子どもの貧困連鎖
원저자명: 保坂渉, 池谷孝司
일본어 원작을 한국어로 번역
ISBN 978-89-6357-204-8 94330 : ₩15000

아동 복지[兒童福祉] 빈곤[貧困]

338.5-KDC6
362.7-DDC23                  CIP2018017747

영유아·유소년·청년 다시 영유아로 반복되는
가난의 대물림을 어떻게 끊어낼 것인가?

# 빈곤아동의 현장을 가다

호사카 와타루 · 이케타니 다카시 지음 | 최인숙 옮김

난형

# 서문

도쿄 가스미가세키(霞ケ関)의 관청가와 마루노우치(丸の内) 비즈니스 거리, 일본의 행정과 경제의 중심지 사이에 있는 히비야(日比谷) 공원에 '송년파견마을'이 생긴 것은 2008년 말이다. 파견계약의 중단으로 직장이나 살 곳을 잃은 사람들이 끊임없이 모여들었다. 새해가 밝은 2009년 1월 12일 후생노동성은 급거 관청 내의 강당을 공원 텐트의 노숙자들에게 숙식시설로 개방했다. 이 송년파견마을의 출현은 신자유주의 노선 아래서 진행되어 온 소득격차의 확대, 비정규직 노동자의 급증, 사회보장의 질 저하 등 일본사회의 빈곤문제를 한꺼번에 분출시킨 상징적인 사건이었다.

2009년 여름, 총선에서 자민당은 역사적 참패를 당하고, 민주당 정권이 탄생했다. 민주당은 총선의 주요 정책으로 '칠드런 퍼스트(어린이 먼저)'를 표방하였다. 국정선거에서 어린이 문제가 처음으로 주요 쟁점이 되었다고 봐도 좋을 것이다. 선거 후 후생노동성이 여론에 떠밀려 국가로서는 처음으로 공표한 상대적 빈곤율은 15.7%, 아동빈곤율은 14.2%였다. 즉 아동 7명 중 1명이 빈곤상태에 놓여 있는 높은 비율이었다.

우리가 '아동빈곤'을 주제로 취재를 시작한 것도 2009년 여름부터였다. 송년파견마을로 어른의 빈곤문제는 표면화되었지만, 아동빈곤의 실태는 도대체 어떻게 된 것인가? 여러 방법으로 빈곤의 실태를 고발하는 어른들과 달리, 어린이는 자신이 처한 상황을 스스로 사회에 고발할 수단을 거의 갖고 있지 않다. 어릴수록 더욱 그렇다.

사회적 약자이면서 동시에 사회가 최우선으로 보호하지 않으면 안 되는 아동빈곤의 실태를 우선 알아보자. 우리는 현장을 찾아보기로 했다. 선택한 곳은 교육현장이었다. 예를 들면, 의무교육으로 경제적 빈곤 가정을 지원한 취학원조의 비율은 2007년까지 10년 간 배로 증가해 13.8%로 급속히 확대하는 아동빈곤화를 보여주고 있다.

이제까지 일본의 교육은 가정의 사교육비 부담에 크게 의존해 왔다. 그러나 심각한 불황과 비정규직 고용의 확대 등으로 가계는 더 이상 무리할 수 없게 되고, 부모는 비싼 사교육비 부담에 허덕이고 있다. 부모의 빈곤화는 당연히 아동에게 직접적인 타격을 주고 있다. 그래서 교육 현장 속으로 들어가면, 아동빈곤의 다양한 현상을 접할 수 있다는 생각이었다.

취재는 정시제 고등학교부터 시작했다.

학생의 휴대전화에 메일을 보냈다. 재미있는 이모티콘과 함께 금방 답장이 오는 경우도 있지만 대개는 답장이 없다. 전화를 해도 좀처럼 받지 않는다. 처음에는 "요즘 아이들은 그런가"라고 생각했다. 그러나 일하면서 공부하는 고등학생의 가혹한 현실을 알게 되면서 연락하여 취재시간을 확보하는 것이 얼마나 어려운 것인가를 새삼 느끼게 되었다. 취재 대상인 정시제 고등학생들은 아르바이트로 학비나 생활비를 벌 뿐만 아니라 가계를 돕기까지 했다. 그 중에는 하루에 세 개의 일을 하고 있어 2시간 밖에 수면을 취할 수 없는 학생도 있었다.

여유 없는 생활이라 정신적으로 괴로운 지경에 빠지면 말할 기운도 없어지는 것 같다. 연락을 취할 수 없어 갑자기 취재를 중단할 수밖에 없는 경우도 자주 있었다. '아동빈곤'의 당사자를 취재하기가 이 정도로 힘들 줄은 전혀 예상하지 못했다.

한편, 아동빈곤은 잘 보이지 않는다고들 한다. 아이들은 매우 섬세해서 부모를 배려하고 빈곤을 숨긴다. "경기가 나빠졌다고는 하지만, 지금 일본의 어디에 아동빈곤 같은 것이 있단 말인가." 취재 과정에서도 어른들은 이러한 의문을 제기했다. 교육관계자도 예외는 아니었다.

휴대전화로 메일을 열심히 하고 있는 학생은 가난하게 보이지 않는다. 그러나 아르바이트 교대 변경 상황을 알기 위해서도, 친구와 소통하기 위해서도 필수품이다. "배고픈 것을 참고, 비싼 돈을 지불하면서도 손뗄 수 없는 이유를 선생님은 알지 못하고 있다"고 학생지도를 하는 베테랑 교사는 탄식한다.

정권교체의 실현으로 공립고등학교의 수업료가 무상화되고, 아동수당도 지급하게 되었지만 경제적으로 어려운 가정의 양육에 중점을 둔 지원책이 되기에는 역부족이었다. 그런데 2012년 말 총선에서는 민주당의 고등학교 무상화를 '선심쓰기 정책'이라고 비난한 자민당이 압승해서 정권을 탈환하고 2014년도의 신입생부터 연 수입 910만 엔(약 9백10만 원) 이상의 세대는 무상의 대상에서 제외되는 소득제한제가 도입되었다. 정부의 육아 지원은 역행하고 있다. 2014년 말 총선에서도 '아베노믹스'를 전면으로 내세운 아베 정권이 대승했다. 그 동안에도 2014년 공표된 아동빈곤율은 16.3%로 과거 최악을 갱신했고 빈곤 상태의 아동은 6명 중 1명으로 빈곤가정은 점점 궁지에 몰리게 되었다.

이 책은 고등학교에서부터 중학교, 초등학교, 보육 현장으로 차례로 연령을 낮추어 각각 하나의 학교나 시설을 취재한 현장 르포를 통해 아동의 빈곤문제를 추적한 것이다.

교육현장에서는 가난한 상태의 아동들이 "우리에게 눈을 돌려 긴급구조를 요청하고 있다. 부모에서 자식 세대로 이어지는 빈곤의 대물림은 상상을 초월하여 확대되고 있다.

힘겹게 취재한 아동들, 부모, 교사, 보육사의 속내와 밖에서는 간파하기 어려운 아동의 빈곤 현실이 조금이라도 이 르포를 통해 많은 사람에게 전해지기를 바란다.

이 책은 2010년 4월부터 2011년 2월까지 교도(共同)통신이 연재한 기사를 가필, 수정한 것으로 제1장에서 제4장까지 등장하는 인물은 가명이다. 연령이나 직함, 사용한 통계, 조사 등의 숫자는 일부 새로운 데이터를 보충했지만 기본적으로는 신문연재를 그대로 유지했다. 전문가 인터뷰는 2011년에 실시한 것이다.

차례

## 2장 빈곤의 대물림 끊어내기

# 3장 보건실의 긴급요청

# 4장 어린 생명을 키우는 보루

# 1장
# 돈이 없어도 배우고 싶다

## 오블라토로 배고픔을 이겨내다

"한 장 줄래." 가루약을 싸는 약용 오블라토 케이스에 요코(18세)가 손을 뻗어 얇은 오블라토 한 장을 집어 입에 넣는다. '과자 대신'이라고 한다. 50장 들이 케이스는 구미(17세)가 백 엔 샵에서 사왔다.

도쿄의 야간 정시제 고등학교. 2009년 11월 수업이 끝나고 밤 9시를 넘어 텅 빈 교실에 3학년 요코, 2학년 구미와 사키(19세) 3명이 모였다. 학년은 다르지만 모두 학생회의 간부로 크리스마스 파티 계획을 짜고 있었다.

"나는 프라이드치킨을 만들거야"라고 요코가 제안했다.

"그럼 케이크를 구워야지." 과자 만드는 솜씨가 뛰어난 구미가 이어서 말한다.

"사시미를 가지고 올게"라고 말한 것은 사키다.

허기질 때는 오블라토를 입에 넣으면서 미팅 분위기는 무르익었다.

세 명이 만난 것은 이해 여름. 자민당이 총선에서 패배하고 칠드런 퍼스트를 들고 나온 민주당으로 정권이 바뀌기 직전이었다.

아프리카의 기아나 아시아의 거리 아동들처럼 세계의 가난한 나라 어린이의 빈곤 현실은 영상이나 사진으로 쉽게 우리의 눈에 들어오지만, 부유하다고 알려져 있는 일본의 아동빈곤은 잘 보이지 않는다. 보려고 하지 않으면 안 보이고, 자칫하면 '어디에 빈곤이 있는지'조차 모른다.

우리는 이 현실을 주시하며 입을 열어줄 사람을 찾고 있었다. 안면있는 교사나 어린이를 지원하는 단체의 관계자 등 다양한 사람에게 소개를 부탁하러 찾아 나섰다. 그러한 현장의 하나로 주목한 곳이 경제적으로 어려운 상황에 처한 학생이 모여 있는 야간정시제 고등학교였다.

'이 아이들이라면 말해주지 않을까?'

간신히 어느 교사의 소개로 취재를 승낙해준 학생은 그의 제자였다.

우리의 취재는 아이들의 일상에 차분히 귀를 기울이는 일로부터 시작되었다.

'오블라토가 과자 대신'이라고 말한 요코는 밝은 미소가 인상적이다. 대답도 또렷또렷하다.

아무리 돈이 없다고는 하지만 '오블라토'를 과자대신 먹고 있다는 것을 듣고 의아하게 생각했다.

"왜 오블라토니?"라고 묻자 요코가 시원스럽게 대답했다.

"전분이여서 위에 포식감이 느껴져요. 과자는 비싸고. 반은 농담이지만요."

"입 안에서 녹는 감촉이 재미있어요"라고 즐기기조차 하는듯 하다.

2001년경 막 개점한 숯불구이집이 불행하게도 광우병(BSE) 파동을 만나 망하는 바람에 요코의 아버지는 거액의 빚을 지게 되었다.

"그래도 아버지는 무리해서 저를 사립중학교에 입학시켰지만, 2학년 때 공립학교로 전학하게 됐어요."

부모의 경제력의 격차는 어찌할 수 없었다. 사립중학교에서 요코는 주위로부터 '가난뱅이'라고 따돌림을 당해 여러모로 고통을 겪었다.

아버지의 본업인 재활용 가게도 소비 침체로 적자가 계속되어 요코는 학비를 포함해 생활비를 아르바이트로 벌고 있다.

"잠을 두 시간 자고 아침, 점심, 저녁까지 하루에 세 개의 아르바이트를 병행한 시기도 있었어요."

밝게 행동하지만 희망을 잃고 자살을 시도한 경험도 있다.

'오블라토'를 사 온 구미는 '급식이 유일하게 제대로 된 식사'인 시기가 계속되고 급식이 없는 여름방학에는 살이 쏙 빠졌다.

아버지는 재활용 가게를 경영하신다. 2008년에 있었던 리먼쇼크로 인한 세계적인 금융위기 후, 수입이 급감하여 빚에 허덕일 때는 개인파산을 생각했었다. 구미는 나이를 속이고 시급이 높은 심야영업 음식점에서 일했지만, 건강을 잃었다. 아버지가 국민건강보험료를 체납하고 있었기 때문에 보험증은 사용할 수 없었다.

"복통이 지속되어 참을 수 없으면 보험료를 조금 내고 기간이 한정되어 있는 단기보험증을 받아서 병원에 가요."

구미는 언젠가 자신이 상환하지 않으면 안 되는 대여장학금을 받고 있지만, 그 돈도 학비로 쓰이지 않고 매월 집세로 둔갑해 있었다.

구미와 같은 2학년생인 사키는 여고생들이 각자 가져오는 파티에 다소 어울리지 않은 '사시미'를 제안한 것은 이유가 있었다. 아르바이트 하는 곳이 슈퍼의 생선매장이었기 때문이다. 사시미를 하루에 500팩 만든 적도 있다.

파트타임이나 아르바이트로 교대하는 직장에서 3년간 일해 '베테랑'의 경지에 이르렀다. 실수가 많은 연상의 신참들에게 일을 가르치고, 저녁이 되면 가격할인율도 제안하는 직원 수준의 일솜씨다. 하루 일하면 진이 빠진다. 시급은 최저임금과 다름없이 싸기만 한데 어째서 저렇게까지 일을 하는 것인가.

"돈을 받는 이상 열심히 일하지 않으면 안 되죠"라고 당연하다는 표정으로 즉답했다.

영어로 '배고픈 공주님'이 사키의 휴대전화 메일주소다. 메일주소 하나에도 아이들이 처해있는 경제상황의 혹독함이 묻어있어 깜짝 놀라게 한다.

부모는 이혼했고 사키는 파트타임으로 혼자 생활하고 있다. 아버지는 기술을 갖고 있었지만 불황으로 일이 줄어 돈벌이가 되지 않자 그만 두었다. 도호쿠(東北)지방의 본가로 돌아와 운송회사에서 장거리 화물자동차를 타고 있다.

사키도 전에 다니던 고등학교를 중퇴하고 따라갔다. 그러나 중졸의 미성년으로는 아르바이트조차 구할 수 없어 어머니에게로 돌아갔다. 재혼한 어머니와 사이가 안 좋아 지금의 고등학교에 재입학하자 집을 나왔다.

아버지는 사키의 아파트 비를 내주는 것이 고작이다.

세 사람이 모이기 약 1개월 전 후생노동성은 처음으로 '아동빈곤율'을 공표했다. 후생노동성에 따르면 전인구의 가처분소득의 평균치(2007년에는 1인당 228만 엔)의 절반 미만의 소득자의 비율을 '상대적빈곤율'이라고 한다. 2007년에는 15.7%. 18세 미만의 아동으로 보면 14.2%였다. 7명 중 1명이니 높은 비율이다.(2014년 공표된 2012년 시점의 빈곤율은 16.3%로 악화되어 6명 중 1명이 되었다.)

요코와 친구들은 모두 경제사정이 어려운 가정의 고등학생이었다. 그들의 이야기를 깊이 파헤쳐보면 아이들만으로는 도저히 어떻게 할 수 없는, 부모도 어쩔 수 없는 사정이 드러났다. 어딘가에 해결의 실마리가 없을까. 안타까운 마음으로 단지 귀를 기울일 수밖에 없었다.

## 잠자리는 역 화장실

2009년이 저무는 어느 토요일. 도심의 터미널역 건물의 찻집에서 요코를 만났다. 손님이 별로 없는 가게 구석에서 이야기를 듣기 시작했다.

"그때는 노숙자 같았어요. 저녁에 일이 끝나면 이미 전철은 끊어져 있었어요. 그러므로 역 앞의 다목적 화장실에서 잤어요. 아마도 서른 번쯤 머물렀을 거예요."

요코는 우리를 똑바로 바라보며 아무렇지도 않은 듯 말했다.

취재를 시작한지 5개월이 지났지만 이처럼 심각한 상황이라는 사실을 안 것은 이때가 처음이었다. 부모에게도 이야기 하지 않았다고 했다.

이 해 3월 하순, 전철이 끊긴 새벽 3시가 넘었다. 도쿄 근교의 민영철도 역앞에 있는 다목적 화장실의 미닫이문을 요코와 구미가 드르르 열었다. 야간 일을 바로 끝냈을 때였다. 어스름 속에서 내쉬는 입김이 하얗다. 이른 봄이라고 해도 새벽 추위는 혹독했다.

감지 센서가 작동하며 조명이 켜지고 주위가 밝아지자 두 사람은 안심했다.

"상당이 넓은 걸." 구미가 말을 걸었다. 화장실의 넓이는 다다미 3장(三疊) 정도다. 휠체어도 사용하기 쉽고 아기 기저귀를 갈 수 있는 넓은 화장실. 이곳이 밤에 요코가 머무는 곳이었다.

"가끔씩 여기서 지내고 있어. 따뜻한 물도 사용할 수 있거든"이라고 하면서 요코가 수도꼭지를 틀었다.

"따뜻해."

언 손을 따뜻한 물에 적시며 구미가 미소를 지었다.

요코가 심야영업 음식점에서 일을 시작한 것은 구미에게 "시급이 좋으니까"라고 권유를 받은 것이 계기였다.

"낮에 일할 수 있는 곳을 구인광고를 통해 반년 이상 찾았지만 허사였어요. 그때는 돈이 떨어져 큰일이었어요. 학비 내는 것도 힘들어서 그 일을 할 수밖에 없었어요."

그렇게 요코는 사정을 이야기했다.

18세 미만의 심야 노동은 위법이었지만 가게 측은 방조했다.

"화장실은 춥지만 옆으로 누울 장소가 있어 한숨 돌릴 수 있어요. 잠잘 수 있는 것만으로 '행복'을 느껴요."

요코는 '행복'이라는 단어를 강조하고 당시를 회상하면서 잘 수 있는 것이 정말로 행복한듯 했다.

그날 밤, 요코는 화장실에서 잘 준비를 시작했다. 아르바이트할 때 입는 앞치마를 바닥에 깔고 다른 아르바이트 장소에서 입는 제복과 화장도구, 학용품 등이 들어있는 큰 스포츠 가방을 베개로 삼고 엎드려 다운자켓을 덮었다.

"잔다. 잘 자"라고 구미에게 중얼거린 후, 요코는 벌써 자는 숨소리를 냈다.

화장실에 머물기는 처음이라, 구미는 좀처럼 잠들 수 없었다. 구미는 홀로 좌변기에 앉아 꼼짝도 하지 않고 휴대전화 화면만을 뚫어지게 들여다보았다.

"따르릉 따르릉." 오전 5시, 갑자기 요코의 휴대전화에서 '수동식전화' 벨소리가 울렸다. 요코가 설정한 자명종의 알람소리다.

"요코, 요코." 구미가 요코를 깨우려고 애태우며 소리친다. 요코는 6시부터 편의점에서 아침 일을 하고 있다. 이제 곧 전철이 운행된다. 빨리 준비하지 않으면 지각하고 만다. 그러나 잠에 빠진 요코는 좀처럼 일어나려고 하지 않았다.

당시 요코는 아침 9시까지 편의점에서 일을 했다. 낮에는 10시부터 오후 3시까지 패스트푸드점. 저녁에는 5시 반 넘어서부터 9시까지 수업을 받은 후, 구미와 함께 음식점에서 심야노동을 하는 가혹하게도 세 개의 아르바이트를 병행하고 있었다.

"하루에 두 시간 자면 그나마 괜찮은 편이지요. 학교 수업에서는 거의 자요. 그렇지만 학비나 생활비를 벌기 위해서는 무리하지 않고는 다른 방도가 없어요."

첫 전철을 타기 위해 두 사람은 화장실에서 휘청휘청 거리며 아직 어두운 밖으로 나갔다.

"그런 생활이 3개월 정도 계속 되었을 거예요." 요코는 회고했다.

어느 날 아침, 여느 때처럼 자고 있는데 화장실 문이 갑자기 열렸다.

"열쇠가 잠겨 있네." 어리둥절한 표정으로 청소부가 서 있었다.

"열려 있는데요."

요코는 벌떡 일어나 얼버무리며 도망쳤다. 당시 간이 열쇠가 밖에서 걸 수 있게 되어 있었지만 간단히 열 수 있어서 쉽게 안으로 들어왔다. 그러나 그 후로도 몇 번인가 화장실에서 자고 있는데 발각되어 마침내 튼튼한 열쇠로 대체되고 말았다.

소중한 잠자리를 잃고는 하는 수 없이 다른 공중 화장실의 개별 칸에서 자봤지만 답답해서 잠을 잘 수가 없었다. 졸린 채로 다음 일하는 장소로 옮겨야 하는 날이 계속되었다.

"잠이 오면 어떻게 할 수가 없어 길가에서 잔적도 자주 있었어요."

큰 가방을 베개로 삼아 사람들을 의식하지 않은 채 도로 위에서 잤다고 한다. 마치 노숙자 같았다.

결국, 편의점은 지각이 많아 "이제 나오지 않아도 좋다"고 해고당했다.

그렇지만 3학년이 된 5월 하순, 운 좋게 다시 휴대전화 부품 공장 일을 발견했다.

## 졸음과 싸우는 잠 공주

요코가 새 직장에서 일하기 시작한지 일주일이 지났다. 하도 졸려 어쩔 수 없이 그만 꾸벅꾸벅 졸고 말았다. 곧바로 '잠 공주'라는 별명이 붙었다.

"박스 안에 들어있는 휴대전화를 검사하여 불량품을 골라내고 다시 원위치 시키는 것이었어요."

요코가 도금 상태나 작은 흠을 조사하고 있으면 베테랑 주부가 상자박스를 가지고 왔다.

"이거 못 보고 빠뜨렸잖아, 이렇게 불량품이 보이는데 말야."

심하게 혼났다. 일은 대충 하면 안 된다. 새로 시작한 일터에서 요코가 한 일은 다시 체크받아야 했다.

공장 근무는 오전 8시 반부터다. 심야 음식점 일도 병행했다.

"화장실에서 자고 일어나서 그대로 출근한 적이 잦았어요."

수면부족과 피로로 그만 졸다가 검사를 잘 못한 것이 눈에 띄었다.

"죄송합니다." 요코는 작은 소리로 베테랑 아주머니에게 고개를 숙일 수밖에 없었다.

검사 미스를 지적할 때마다 "또 이 아이네"라고 소리를 쳤다. 차가운 시선을 받고 요코는 우울했다.

부품공장의 아르바이트는 요코가 겨우 찾아낸 안정적인 일이었다. 근무는 오후 5시까지이고, 시급 800엔으로 요코에게는 좋은 조건이었다. 월수는 약 14만 엔이고 이 수입으로 학비와 생활비는 충당이 되었다.

"직장에서 놀림을 당하고 있다는 생각이 들어 살기가 싫었다"고 했지만 얼마 지나지 않아 요코는 아르바이트를 이 일만 하기로 하고, 구미와 함께 했던 음식점의 심야 노동으로부터 해방되었다.

단지, 학교와 일을 병행하기에는 큰 걱정거리가 하나 있었다. 직장에서 학교까지 전철과 도보로 약 한 시간 반이나 걸린다. 오후 5시까지의 근무로는 6시 반 넘어 간신히 2교시부터 수업에 출석하는 것이 고작이었다.

1교시 수업은 언제나 결석이어서 단위부족으로 학년을 올라가는 데 영향이 있다. 정시제 고등학교에는 급식이 있지만 수업 시작 전에 학교에 올 수 없어 배가 고픈 채로 수업을 받았다.

"처음에는, 나중에 몰래 급식을 먹었지만, 몇 번이나 계속되자 그것도 안 되게 되었어요."

이대로 학교를 다닐 수 있을까, 고민한 요코는 상사와 이야기했다.

"과장님이 여러 가지로 마음을 써 주셔서 2학기부터는 오후 4시까지의 근무로 바꿨어요. 그래서 학교, 일 어느 쪽도 그만두지 않게 되었어요."

표면적으로는 차분한 요코였지만 지금까지 두 개, 세 개 일을 병행하여 과로가 겹치고, 정신적인 불안정으로 많이 먹고 토하는 폭식증이 심화되어 몸은 만신창이가 되었다.

"가장 많이 먹을 때는 밥 다섯 공기에 반찬, 케이크 하나, 빵 5개, 인스턴트라면 두 봉지."

위가 꽉 차 화장실에 틀여박혀 토해냈다. 2학년 중반까지 '모두 5'였던 성적도 아르바이트에 쫓겨 평균 2로 떨어졌다.

"언제부터 이렇게 가혹한 상태가 되어버린 것일까. 어릴 적에는 행복했었는데."

요코는 초등학교 시절을 떠올렸다.

## 사립중학교 입학비용은 백만 엔 이상

요코의 아버지 도루(64세)는 버블경제가 붕괴되자 곧 일하던 부동산 회사를 퇴직했다.

"중간관리직으로 부하 직원을 계속해서 해고시켰어요. 퇴사하는 부하 직원의 이사를 돕고 와서 '내가 해고했기 때문이다'라고 말하곤 했습니다. 마지막에는 '스스로 자기 목을 자를 수밖에 없다'고 그만두고 말았습니다."

어머니 요시에(52세)는 집 근처의 찻집에서 요코가 자란 가정환경을 이야기해 주었다.

요코가 태어난 것은 부부가 재활용 가게를 시작한 후인 1992년의 일이다. 가게 경영은 순조로워 점포를 늘려 나갔다. 조용한 학교 근처 교육시설이 모여 있는 곳에 대출을 받아 3층 건물의 두 세대 주택을 신축했다. 맞춤건축으로 노란색 벽으로 된 화려한 집은 주위의 눈길을 끌었다. 아버지가 샐러리맨을 그만두고 독립한 한 가정의 재출발은 성공한 듯 보였다.

요코는 이 집에서 보낸 초등학교 저학년 때가 가장 행복한 시절이었다고 말한다.

"여름에는 캠핑카로 가족여행을 하며 해변의 호텔에 묵곤 했어요. 설에는 친척들이 함께 모여 북적거렸어요."

그리운 듯이 요코가 말한다.

그러던 생활이 악화된 것은 2001년 요코가 초등학교 4학년 때였다.

아버지인 도루는 사업 확장을 목표로 불고기집을 오픈했다. 그러나 곧바로 광우병 소동을 맞고 약 9개월 만에 폐점을 할 수 밖에 없었다.

"비빔밥이 맛있다는 단골손님도 더 이상 오지 않게 되었어요. 호주산 고기를 사용하여 안전하다고 선전했지만 전혀 효과가 없더라고요. 5백만에서 6백만 엔의 빚만 남았죠. 구입해둔 고기는 그 후 3년 내내 영하 40도에 냉동해두고 있었어요. 3년 동안 집에서 식구들이 먹었어요"라고 요시에가 회고한다.

설상가상으로 본업인 재활용 가게도 문을 닫지 않으면 안 되었다. 어쩔 수 없이 애써 건축한 집을 매각하고, 일가는 두 번의 이사 후 지금의 점포 겸 주택에 안주했다.

2층의 좁은 두 방에서 6명의 가족이 살았다. 요코는 방에 넘쳐나는 물건을 밀어 젖히고 잤다. 공부할 책상도 없다. 어쩔 수 없어 의자 위에 노트를 펼쳤다.

그즈음 전차 안에서 아버지는 우연히 남자 중학생 두 명이 나누고 있는 이야기를 들었다. 요코는 6학년이 되어 있었다.

한 학생은 공립중학교 학생으로 자기가 장난으로 한 이야기를 자랑하고 있었던 것이다. "좋겠다. 나는 사립이라서 그런 것은 불가능하지."

또 한 학생의 말이 도루의 마음을 동요시켰다.

"사립이라서."

그 한마디에 도루는 "무리해서라도 요코를 교육환경이 좋은 사립중학교에 보내자"라고 결심했다. 학원에 보내고 입시공부를 시켰다.

통신교육의 대기업인 베네세 코퍼레이션(Benesse Corporation)의 조사에 의하면 사립중학교에 다니는 학생의 비율은 1987년도에 3.1%였던 것이 2007년도에는 7.1%로 증가했다. 진학률은 수도권과 긴키(近畿) 지방이 높고, 2007년도는 도쿄도(東京都)가 26.5%, 오사카부가 10.3%, 도쿄에서는 4명 중 1명이 사립중학교에 진학하고 있다.

요코에게 사립중학교 입시는 큰 부담이었다.

"학교 공부는 따라갈 수 없었고 학원에 가도 학업에 열중하지 않았어요. 그렇지만 아버지는 사립학교에 보내면 불량학생이 되지 않을거라고 생각했지요. 부모에게 떠밀려 '싫다'고도 할 수 없더라고요."

고통스런 추억에 요코는 한숨을 쉬었다.

"부모님은 매우 걱정을 하셨어요. 그때 '예'라고 말하자 '노력해'라고. 그렇게 말씀하셔도…"

부모로서는 딸을 위한다는 생각에 비싼 돈을 들여 학원에 보내고 있다. 사립학교 입시에는 '어떻게든 합격하길 원해'라고 기대를 품고 있는 듯했다. 그러나 요코의 기분과는 크게 엇갈려 있었다.

결국, 중·고교가 한 곳인 학교에 응시하여 요코의 성적으로는 어려울 것 같았지만 다행이 희망한 대로 합격했다. 요코의 부모는 기뻐했지만 백만 엔이 넘는 입학비용이 가계를 짓눌렀다.

뮤부과학성의 2008년도 조사에 의하면 공립중학교의 보호자가 내는 학비는 연간 평균 약 48만 엔, 사립은 약 124만 엔으로 3배 가까이 든다.

당시 가업인 재활용 가게의 매상은 좋지 않았다.

"더 이상 빚을 낼 수 있는 상태는 아니었지만, 상당히 무리해서 마련했어요. 죽기 살기로 일해서." 요시에는 말한다.

사립중학교의 부유한 동급생과 상당히 무리를 해서 입학한 요코의 가정은 경제적으로 큰 격차가 있었다. 부유한 가정의 아이들이 모이는 사립중학교에서 요코는 경제력의 차이를 통감했다.

## 가난뱅이라고 왕따당해 폭식증에 걸리다

사립중학교에 다니기 시작해 교복 차림으로 귀가한 요코가, 어느 날 어머니 요시에가 싸준 도시락을 그대로 집에 들고 와 몰래 쓰레기통 안쪽에 밀어 넣었다.

도시락 통은 슈퍼의 반찬을 넣는 투명한 팩이었다. 몇 번이나 사용해 뜨거운 열이 닿아 구깃구깃해져 있다. 내용물은 밥 한 가운데 매실 장아찌를 박은 도시락밥으로 반찬은 적었다. 팩을 랩으로 감고 나무젓가락이 붙어 있었다.

요코 입장에서는 경제적으로 풍족한 친구들 앞에서 먹을 수 있는 것은 아닌 듯했다.

"어머니가 만든 도시락은 매우 궁상맞은 것이었어요. 투명한 팩을 천으로 싸지도 않아 친구들에게는 절대로 보일 수 없었어요. 그런 것은 친구들 앞에서 펼칠 수가 없어요. 그러니깐 언제나 화장실에서 숨어서 먹든지 버리고, 도시락이나 빵을 사서 먹었어요. 그렇지만 '도시락은 필요 없어요. 사먹을테니'라고 말하고 싶어도 돈이 들기 때문에 어머니에게는 차마 말하지 못했어요."

그즈음 요코는 학교에서 왕따의 표적이 되었다.

"성적은 나쁘고, 냄새가 나기 때문이예요."

요코가 이유를 말했다.

점포를 겸했던 요코의 집에는 욕실이 없다. 요코는 '돈이 드는 것'을 걱정하여 공중목욕탕에는 가끔 갔다.

"그래서 친구들이 '냄새 난다', '더럽다'고 피했어요."

다니던 사립중학교에서는 양말까지 학교가 지정했지만, 가격이 비쌌다. 어머니에게는 "평상시 신는 것으로 좋아요"라고 새로 사달라고 하지 않고, 시판되는 양말을 신고 등교하면 그것을 발견한 친구들이 '가난뱅이'라고 업신여겼다.

그러한 것이 원인이 되어 학교가 싫어지면서 슬슬 빠지게 되었다.

"요코가 안 옵니다"라고 학교에서 자주 전화가 걸려왔다.

"여기저기 찾아다니면 육교 아래 숨어 있었어요. 장사를 시작하는 시간에 몇 번이나 그러한 일이 벌어져 일을 할 수 없었어요"라고 요시에가 투덜댔다.

게다가 왕따로 인해 친구로부터 고립된 요코는 자주 집에서 돈을 훔쳤다. 부모가 잠자는 동안 슬쩍 매상액에서 돈을 빼갔다.

"그 즈음에는 억지로 학교에 다니는 스트레스를 돈을 훔쳐 쇼핑하는 것으로 해소했어요. 친구의 시선을 끌기 위해 제가 돈을 낸 적도 있어요."

"좋아해 주면 가라오케도 음료수도 낼테니까" 하는 기분으로.

도시락 대신 빵이나 학교 지정 양말도 훔친 돈으로 샀다.

아버지는 돈을 훔친 것을 알고, 요코가 말을 듣지 않을 때마다 요코를 마구 때렸다고 한다.

"아버지는 내가 쓰러질 때까지 주먹으로 흠씬 두들겨 팼어요. 어머니가 '머리만은 때리지 마'라고 말하면 엉덩이를 때렸어요. 어머니는 보고 있어도 내게 잘못이 있으니 꾹 참고 있었어요. 예의범절을 가르치기 위해 그랬다고 생각해요"라고 요코는 아버지를 감쌌다.

"가장 창피했던 일은 어머니가 학교에 오신 때였어요."

요코는 그때의 광경을 지금도 선명히 기억하고 있다.

수업 참관일의 교실. 뒤에는 화려한 고급 정장 차림을 한 어머니들이 줄지어 있다. 요시에는 '어서오세요'라고 인쇄된 앞치마를 걸치고 작업용으로 보이는 바지에 샌들을 신고 있었다.

요코는 학교에 부모의 직업을 '자영업'이라고만 말했다.

"리사이클 가게라고는 절대 말할 수 없었어요. 이렇게 초라한 집에 살고 있다고 담임에게조차 말하지 않았어요."

요코는 수업 내내 계속 몸을 움츠리고 있었다.

"나도 다른 어머니들의 무리에 끼고 싶다는 생각이 들어 노력은 했지만 헛수고였어요."

요시에도 사태를 방치만 하고 있었던 것은 아니라고 말했다.

"중학교에서 임원을 하며 어떻게든 어울려 보려고 했지만, 모두 엘리트이고 자신만만한 생활을 하고 있었어요. 어울리는 것은 무리였죠."

요시에는 한숨을 쉬었다.

요코는 2학년이 되자 학교를 그만두어야겠다고 생각했다.

"이제는 가고 싶지 않다고 어머니에게 말했어요. 한계에 도달했어요. 공부를 도저히 따라갈 수 없다는 것이 가장 큰 이유였어요. 친구도 없고 선생님이 무슨 말씀을 하는지 이해가 안 갔어요. 선생님은 그저 주문 비슷한 것을 말하고 있는 것처럼 들려서."

"이제는 가고 싶지 않다"고 말하자 아버지가 "네 맘대로 하렴"이라고 포기해 버려, 결국은 "가면 돼잖아요"라고 요코는 될 대로 되거나 말거나의 반복이었다.

요코는 학교생활에서 오는 많은 스트레스로 폭식증에 걸렸다.

"먹은 것을 의식적으로 토해내는 것입니다. 실컷 먹고, 이제 슬슬 화장실에 갈까라고는 식으로. 먹고 살찌고 싶지 않으니까 토하려고 했어요. 상담도 받았지만 계속해서 가지 않게 되고."

부모와 딸 모두 지쳐 2학년 1학기에 마침내 요코는 공립중학교로 옮겼다.

"그만두니 경제적으로 도움이 되네."

전학 후 어머니가 중얼거린 말을 요코는 기억하고 있다.

그러나 요코는 공립학교에도 적응하지 못해 학교에 잘 나오지 않는 학생이 모여있는 학급에서 보냈다.

학급 친구들은 모두 잘 대해 주었지만 저는 지나치게 피해의식이 있어 적응하지 못했어요. 상담실에는 학교를 빠지는 아이들이 5명 정도 있었어요. 주 2회 상담원이 오고 선생님이 때때로 오셨어요. 공부는 자습으로 그림을 그리기도 하고 종이접기를 하면서 보냈다.

입시가 가까워지자 정시제 고등학교를 지망했다. 진로지도 선생님은 "무슨 일이 있어도 전일제를 희망해라. 한방에 떨어지니깐"이라고 웃으면서 말했다.

"하하하 웃어 넘기고 그런 이야기를 들어도 전혀 상처입지 않았어요."

요코는 당시의 일을 아무렇지도 않은 듯 명랑하게 말하지만, 정말 마음이 무너지기 직전이었다.

## 자살 시도

'사건'은 요코가 정시제 고등학교에 입학하기 직전에 일어났다.

"꺅-".

"뭐야 이 소리는?"

비명을 들은 오빠는 소리가 나는 재활용 가게의 화물 하치장으로 달려갔다.

장롱 사이에서 요코가 웅크리고 앉아 울부짖고 있었다. 철사 옷걸이를 펼쳐 목을 찔러 대들보에 걸고 자살을 시도한 것이다.

"'나는 쓸모없는 인간이야. 나 같은 건 쓸모없어. 없어지고 싶어'라며. 돌발적으로 한 짓이었어요."

목을 찌른 순간 '모두에게 폐를 끼쳤구나', '사람에게 상처를 줬구나' 라는 생각이 머릿속을 맴돌았다.

옷걸이는 떨어지지 않게 대들보에 고정되어 있었지만 요코의 체중을 지탱하지 못하고 철사가 끊어져 죽지 않게 되었다.

요코는 얼마 전부터 손목을 면도칼로 긋는 행위를 시작하고 있었다. 계기는 중학교 졸업할 무렵 친구가 하는 것을 보았기 때문이다.

손목을 면도칼로 긋는 행위는 피를 보고 '살아있다'고 확인하는 것으로 안심하는 행위라고 한다. 심한 스트레스로 불안을 느낀 젊은 여성이 하는 경우가 많은 것이 특징이다.

"화장실 변기 위에 앉아 손목에서 흐르는 피를 보고 있자면 이상하게도 기분이 가라앉는대요. 면도칼로 그어 피가 나면 '곱기도 하다'라는 생각이 들고. 긋는 순간 스트레스가 해소된다던가?"

사립중학교에 다닐 때 시작된 폭식증도 계속되었다.

아버지의 기대 속에 입학한 사립중학교는 2학년 때 퇴학. 학교에서 왕따를 당하고 고립되었다. 스트레스 해소로 집에서 돈을 훔친 일도 부담으로 느껴졌다.

"아버지나 어머니는 나쁘지 않아. 내가 나쁜 거야."

요코는 자신을 가치도 없고 쓸모없는 인간으로 생각한 나머지 자존감을 가지고 있지 못했다.

"자존감이 낮은 것은 있어요. 갖고 있지 않아요. 학교생활에 잘 적응하지 못해요. 자신의 행동 탓이라고 생각해요."

경영하고 있는 가게는 빚을 안고 있는데다 소비침체로 장사가 안 되어 적자가 계속되고 있었다. 가계는 궁핍해져, 집에 있는 가스대마저 팔아 어머니는 휴대용 가스버너로 요리를 해야 하는 상황, 식사도 가족이 함께 식탁에 둘러앉을 장소도 없어 교대로 먹는 '혼밥'이었다.

요코는 멀어진 인간관계와 경제적인 빈곤 속에서 자신감을 상실했다.

그러던 것이 자살미수로 무언가 '개운해졌다'고 말한다.

"'죽는 것은 무섭다'는 생각이 들더라고요. "역시 싫다'는 생각이 들어서. 그 후 꿈을 꾸고, 굉장히 괴로웠어요."

그 직후 입학한 정시제 고등학교는 의외로 편안해서 좋았다.

"학교는 어디든 똑 같다고 생각했지만 달랐어요. 선생님은 열심히 가르쳐주셨고, 학생들도 호의적이고 친절했어요. 좋은 학교구나 생각했어요. 정시제가 아니면 공부를 전혀 따라갈 수 없는 상태거든요."

분수 계산도 할 수 없을 정도로 초등학교 시절 기초학력을 익히지 않은 학생들도 많았지만, 이해하기 쉽게 잘 가르쳐 주어 다시 배움을 시작하는 장이 되었다.

인생의 밑바닥에서 나와 다시 시작하는 요코. 아버지 가게를 도와가면서 저녁에는 공부에 전념했다. 두 칸의 좁은 2층은 가게 상품으로 넘쳐나 거처할 곳도 없다. 요코는 자기 방을 갖고 싶었다. 부모 명의로 빌린 아파트에서 자기 힘으로 살아갈 것을 결정하고, 가계도 도울 겸 아르바이트를 시작했다. 고등학교 1학년이 된 12월의 일이다.

처음에는 이른 아침 편의점 계산원. 익숙해지자 회전초밥집 서빙도 시작했다. 아침 6시부터 오후 4시까지 일하고, 곧장 학교로 향했다. 아르바이트비로 많을 때는 무려 16만 엔이나 되었다.

"월 6만 엔을 집에 보태준 적도 있었어요"라고 요코는 당시를 회고했다.

그러나 양쪽 아르바이트의 쉬는 시간이 맞지 않아 실질적으로 휴일은 월 하루뿐인 중노동이 되었다. 그런 생활이 길게 지속될 리가 없다. 4개월 계속하다 마침내 몸 상태가 나빠졌다.

"눈이 충혈되어 짓무른 것처럼 되었어요. 이제 더 이상 안 된다고 생각해, 서빙을 잘하지 못하는 가게를 그만두었습니다."

갑자기 수입은 월 4, 5만 엔으로 줄어들었다.

### 일을 구하지 못해 학비 체납

몸 상태가 나빠지고 수입이 줄어도 들어가는 생활비는 변함이 없다.

"학비, 지하철 정기권, 휴대전화료, 광열비를 내고나면 돈은 거의 남지 않았어요."

아파트에서 스스로의 힘으로 살아가고 있던 요코는 갑자기 곤경에 처했다.

"취미생활에 쓸 돈을 아끼고, 약간의 저축으로 참고 견뎠습니다."

노는 데 쓸 돈이 없어 공부에 몰두했다.

"성적은 모두 5였습니다."

요코는 자랑스러운 듯이 이야기 한다.

그러나 새로운 일은 좀처럼 찾지 못했다. 그해 가을에 있었던 금융위기 이후, 고용상황은 급격히 악화됐고, 아르바이트를 찾는 요코에게는 마치 '빙하기'가 된 것 같았다.

매일 신문 사이에 끼어 있는 전단지 광고나 인터넷의 구인광고를 보고 전화를 걸고 지원서를 냈지만 번번이 떨어졌다.

"시간이 날 때마다 오로지 전화를 걸어댔다. 수십 개의 회사에 문의해서 면접을 보러 간 적이 있지만."

주유소, 편의점 상품 창고, 디자인 관련회사…. 어디나 구인은 적고 지원자는 쇄도했다.

"자주 '고등학생은 좀, 그래요'라는 말을 들었어요. 정시제 고등학교를 다녀 오후 4시경까지 밖에 일할 수 없어요. 고용자 측은 6시 무렵까지 일하고, 잔업도 해주길 원했어요. 아주 불리했어요."

요코는 생활비가 모자라 '어쨌든 일하고 싶다'고 조바심이 났다.

니트족(NEET, 자발적 실업자)처럼 막연한 불안을 안고 있었다고 한다. 면접에서는 정시제에 다닌다는 것만으로 무시당하는 일도 있다.

"정시제 아이는, 테스트 전에 같은 문제의 프린트를 받아도 낙제점 받지?"

깔보는 듯한 면접담당자의 말에 상처를 입었다.

"정시제라는 게 그렇게 보이는 것인가."

요코는 억울했다.

단지 "그렇게 말하는 사람도 있을지 몰라요. 일을 하면서 공부하니까, 힘들어요"라는 대답이 고작이었다.

일을 찾지 못한 채로 약 9개월이 지나 2학년 3학기*를 맞았다.

아파트 월세랑 생활비를 지불하면 한 달에 약 만 오천 엔 하는 학비를 납부할 수 없었다.

"3월에 패스트푸드점 일을 시작했지만 3학기의 학비는 체납하게 되어,

---

* 일본의 초, 중, 고등학교는 3학기제가 거의 대부분이다. 1학기는 4~8월, 2학기는 9~12월, 3학기는 1~3월이다(역자).

결국은 어쩔 수 없게 되자 부모님이 지불해 주셨다."

일을 찾지 못하면 또 다시 부모에게 의지할 수밖에 없었다.

"우리 부모님도 생계가 어려워 대신 내달라고 할 수도 없고."

요코가 곤경에 처했을 때 심야영업을 하는 음식점에서 일하고 있던 1
학년 후배 구미로부터 "우리 가게에 아르바이트생이 필요한데"라는 말을
들었다.

"다른 방법이 없다고 생각해서."

요코는 할 수 있는 일은 무엇이든 했다. 세 개의 일을 병행하는 생활
로, 역 앞 화장실에서 잠을 자야 할 처지가 된 것은 그런 사정에서였다.

## 30킬로 자전거 통학길

그날, 학생회에서는 '급식비보조 삭감'이 의제가 되어 있었다. 요코는
3학년이 된 4월, 저녁 수업이 끝나고 방과후 9시부터 시작된 논의는 한
창 이어지고 있다. 역 앞 화장실에서 잠깐 잠을 자고 아르바이트를 두 개
하고 수업을 받은 이후다. 몽롱한 정신으로 무언가를 말했다.

"전철 정기권 살 돈이 1개월분 사라져 버린다."

요코의 정시제 고등학교에는 급식이 있다. 자치단체가 급식비의 일부
를 보조하고 있었지만 어려운 재정 사정을 이유로 중단했다.

보조금은 연말에 일괄 지급된다. 요코는 전년도분 9천 엔을 4월분의
정기권비로 충당했다. 스스로의 힘으로 살아가는 요코에게 보조금이 없
어지는 것은 냉혹했다.

"꼭 부활되었으면 합니다."

요코의 호소에 학생회 고문인 후지이 가즈오는 '전국에서 급식자체, 혹
은 급식비 보조의 중단이 계속되고 있다'고 상황을 설명했다.

"정기권 대금 부담도 놓칠 수 없는 문제입니다."

후지이는 말한다. 전국적으로 고등학교의 재편·통폐합이 진행되어 먼 학교에 통학이 불가피하게 된 학생들이 늘고 있다. 그만큼 정기권 대금은 커진다.

"다른 정시제 고등학교에서는 월 7천 엔이 넘는 정기권 교통비를 아끼려고 자전거로 학교까지 약 30킬로를 통학하고 있는 학생까지 있습니다."

후지이는 어려운 상황을 털어 놓았다.

"통폐합으로 정시제 고등학교의 수가 줄었습니다. 지역에 있는 정시제가 폐지되어 멀리 있는 고등학교에 입학했기에 다니지 못하고 중퇴한 학생도 있어요."

'고등학교 무상화'라고 말하지만, 공비부담은 수업료뿐. 정시제라면 월 3천 엔 정도다.

한편, 급식비나 수학여행 적립금, 사친회(PTA)비 등 사비부담은 월 1만 엔이 넘어 훨씬 부담이 크다.

정시제고등학교의 급식은 법률로 실시하도록 규정되어 있지만 각지에서 지자체의 어려운 재정사정을 이유로 폐지나 보조금 삭감이 이어지고 있다. 문부과학성에 따르면 2005년에는 97%의 학교가 실시하였지만, 2008년에는 89%로 줄었다.

'고등학교 무상화'가 되기 전 수업료 감면자는 급격히 증가했다. 가정의 경제상황이 어려워 수업료 감면조치를 받은 공립고등학생의 비율은 1996년도에 3.4%였지만, 2008년도에는 10.1%로 증가하였고, 정시제는 96년도 5.9%에서 2008년도에는 20.6%로 증가했다.

공립학교 수업료는 무료였지만, 그전에는 수업료 면제자가 내지 않아도 되는 사친회비를 '면제'가 아니라고 지불을 요구하는 경우도 생겨, 오히려 부담이 늘어난 경우도 있다.

학생회 활동에 참가하면서, 요코는 의외로 무상화에 반대했다.

"자기 자신을 위해 학교에 가서 공부를 하고 있는 셈이니깐 학교에 돈을 내는 것은 당연한 것이라고 생각해요."

가족도 모두 '고등학교 정도는 학비를 내야 한다'라는 의견이었다.

그러나 후지이는 "세계의 많은 나라에서 고등학교 수업료는 무료다"라고 말했다. 유엔의 국제인권조약을 비준한 나라 중에 고등학교 수업료의 무상화를 유보한 나라는 일본과 아프리카의 마다가스카르 두 나라뿐이었다(그 후 일본은 2012년 유보를 철회했다).

요코는 교육이 중요한 권리라는 것을 알고 생각이 바뀌었다.

"자신들이 공부하기 위해 무엇이 필요한지를 모두가 생각해보기를 바랐어요."

그해 가을, 요코는 학생회장에 입후보해 당선되었다. 학생회에서는 사비부담을 없애도록 교육위원회에 요구했다.

"실현되면 일하지 않고도 공부할 수 있는데 억울하다."

요코는 호소한다.

"고등학교에 들어가 배움의 중요성을 더욱 실감했어요. 사람이 사람으로서 살기 위해 처음으로 경험하는 중요한 과정이라고 생각해요. 어느 누구도 평등하게 공부할 수 있고, 돈이 없어도 누구든지 학교에 갈 수 있게 그런 사회를 만들고 싶습니다."

요코가 그런 생각을 절실히 하게 된 것은 함께 심야 노동을 하고 있던 구미가 쓰러진 영향도 있다.

구미는 밤중에 휴대전화의 블로그에서 '긴급요청(SOS)'을 보내왔다.

## 친구의 건강보험증으로 병원에

"고통스럽게 의식을 잃고, 깨어나 보니 병원이었어요."

요코와 사이가 좋은 구미는 2학년 여름에 자기 몸에 일어난 '이변'을 휴대전화의 블로그에 적었다. 천식발작으로 병원으로 옮겨졌다고 한다.

서로가 연락을 취할 수 있는 수단은 휴대전화 뿐. 단지 전화해도 구미가 안 받는 때가 많아 요코는 블로그를 통해 구미가 곤경에 처한 것을 알았다.

구미가 얼마나 힘들었는지 직접 듣고 싶었지만 좀처럼 연락을 취할 수 없어 취재는 어려웠다. 거의 포기했을 때, 요코가 "만나기로 했으니 함께 가실래요"라고 전화를 주었다. 발작한지 반년 이상 지났다.

오랜만에 만난 구미는 여전히 몸 상태가 좋지 않았다. 야위었고, 그다지 먹지 않는다고 한다.

당시 사정을 듣고 싶다고 하자 구미가 띄엄띄엄 말을 시작했다.

"'그때는 순간 구급차로 실려 온 것인가' 생각했지만 아버지가 데려 온 것을 알았고."

구미가 고통스런 기억을 더듬었다.

"심야 아르바이트 하는 곳에서 천식이 발작해 네발로 기어가 듯 집에 갔어요."

아버지 요헤이는 구급차 부르는 것을 주저했다. 스스로 차를 몰았다. 운영하고 있던 폐품회수업이 계속 적자를 계속 내자, 국민보험료를 체납하여 무보험상태였기 때문이다.

구미의 발작은 좀처럼 멎지 않고 의식도 희미했다.

결국 요헤이가 병원으로 데려가 링거와 약제를 투입해 증상은 가라앉았다.

입원비가 있을 리 만무했고 처치가 끝나 아침 일찍 집으로 돌아왔지만 요헤이는 병원 수납창구에서 "보험증을 잃어버렸다"고 둘러댔다.

나중에 황급히 보험료 일부를 납부하고 기간한정인 단기보험증을 받아 왔다.

"죽고 싶다. 이런 고통스러운 삶은 싫다고 생각했어요. 병이 났는데 어째서 일하지 않으면 안 되는 것인지."

심야 영업을 하는 음식점에서 일하고 있던 구미는 발작으로 쓰러지기 전부터 몸이 망가졌다. 요코도 함께 일한 가게다.

"가게는 에어컨이 너무 쎄 춥고, 손님들이 피는 담배 연기는 자욱했다. 피로와 스트레스로 감기와 천식이 악화되어 계속 '콜록콜록' 거렸다. 배는 아프고 고통스러워 숨을 쉴 수가 없을 때도 있었어요."

그런데도 가게에서는 '쉬지마'라고 했다. 휴일에 불려나가기도 했다. 그러나 이제 심야근무는 한계였다.

일 년 가까이 일한 가게를 얼마가지 않아 그만두었다.

여름 방학 동안 구미는 학교급식을 먹을 수 없자 제대로 된 식사를 할 수가 없었기 때문에 살이 많이 빠졌다. 천식과 복통은 계속되어 몸은 회복되지 않았다.

링거를 맞으며 학교에 간 날도 있다. 단기보험증이 종료되어 다시 무보험 상태가 되었다.

"아무리해도 상태가 좋아지지 않아 요코가 보험증을 빌려준 적도 있었어요. 한 번이었지만."

구미는 그 장소에 함께 있던 요코의 얼굴을 정말 미안한 듯이 바라보면서 털어 놓았다.

취재 시에 구미가 가지고 있던 단기보험증은 요코가 걱정한 나머지 빌려준 돈을 내고 만든 것이었다.

구미는 2학년 3학기, 관공서의 보험담당 창구에 갔다.

"오늘은 얼마 낼 수 있지요?"

남자 직원이 물었다. 구미의 건강을 염려하는 기색은 없었다. 구미는 만

이천 엔을 내면 단기보험증을 발행받을 수 있다고 사전에 듣고 있었다.

"만 이천 엔이요."

빌린 2만 엔을 내밀고 잔돈을 받으려고 하자, 직원의 표정이 좋지 않았다.

"어? 만 이천 엔만 냅니까?"

2만 엔 가지고 있으니 전액 지불하라는 분위기였다.

구미는 속으로 외쳤다.

"전부 내버리면 병원에 갈 돈이 없어요!"

직원은 체납 독촉 고지서를 보이고 "이렇게 있는데"라고 말하며 다그쳤다.

"이번에는 이전의 체납분이 들어있지 않지만 나중에 내세요. 이것은 없어지지 않아요."

영수증과 체납 용지를 받아, 어쨌든 구미는 관공서의 다른 장소에 있는 보험증 교부 창구로 뛰었다.

드디어 단기보험증을 받은 구미는 급하게 병원으로 향했다.

보호자가 국민건강보험료를 내지 않아 아동 무보험상태가 되는 것은 큰 사회문제가 되어 법 개정으로 중학생 이하는 2009년 4월부터, 구미와 같은 고등학생 세대도 2010년 7월부터 단기보험증을 교부받게 되었다. 후생노동성에 의하면 고등학생 세대의 대상자는 1만 명을 넘는다.

## 집세로 둔갑한 장학금

"왜 장학금을 받고 있는데 돈이 없어? 공부하기 위해 받은 거잖아."

구미는 요코의 말에 안색이 변했다.

"전부 집세로 사라졌어. 돈, 전부 내가 내. 생활비도, 학비도, 휴대폰 대금도."

2009년 여름 휴일의 패밀리 레스토랑. 구미는 울부짖었다. 천식 발작으로 쓰러지기 조금 전이다. 갑자기 울자 주위의 손님들이 호기심 어린 눈으로 보고 있었지만 구미는 좀처럼 울음을 멈추려고 하지 않았다.

아버지 요헤이의 폐품회수업은 잘 되지 않고, 특히 2008년 가을 미국의 주택버블 붕괴로 촉발된 세계적인 금융위기 이후 수입은 아주 좋지 않다.

"헌 신문을 주로 취급하고 있었지만, 리먼쇼크가 컸어. 수출이 안 돼 수집한 헌 신문도 좀처럼 팔리지 않아. 하루 2,000엔 밖에 벌지 못해 계속 적자가 이어지고 있어."

구미는 아버지의 고통스런 장사 상황을 그런 식으로 설명한다. 아버지가 그렇게 말하며 중얼거리는 모양이다.

학교의 권유로 수업료 면제와 장학금을 신청. 면제는 1학년 3월부터, 장학금은 2학년 6월부터 인정받았다.

'장학금은 상반기 분으로 30만 엔이 일괄지급 된다.'

그 돈을 요헤이는 공영주택의 집세로 쓸 것이라고 한다.

"이번에 구미 계좌에 장학금이 들어오면 학비는 먼저 찾아서 선납해야해."

울음을 멈추길 기다렸다가 "좋은 아이디어가 생각났어"라고 요코가 적극 나서서 제안했다.

학비는 수업료 면제를 받아도 급식비 등 월 만 엔 가까이 사비 부담을 해야 한다. 아버지인 요헤이에게 돈을 드리기 전에 그 돈을 선납해 버리도록 요코는 권유했다.

"그렇지만 언제 돈이 들어오는지 알고 계셔. 돈이 들어 올 때 얼마 보낸다고 미리 알려주거든."

입술을 삐죽이며 구미가 한숨을 쉰다.

"그렇게 하지 말라고 말씀드려도 '무슨 말을 하는 거야, 생활이 어려운

데'"라고 말씀하신다.

"'일을 해도 돈이 없으니 이리 줘'라고. 거의 매일, 부모로부터 '돈 빌려줘'라는 말을 듣는 상태이거든."

가만히 이야기를 듣던 요코가 동정한다.

"진짜는 '빌려 달라'가 아니라 '달라'고 하는 거잖아."

"응. 얼마가 필요해요?'라고 물으면 '오천 엔', '으 응…' 결국 드리게 돼."

무언가 다른 방도가 없을까? 요코는 지혜를 짰다.

"'돈 없어'라고 말할 수는 없어? '지금은 돈이 없어. 지갑이 비었어'라고."

구미는 점점 입을 삐죽 내민다.

"'그 지불금은 어떻게 됐어요?' '그건 어떻게 됐어요?'라고 걱정되어 물으면, 아버지는 '가진 게 아무 것도 없으니까'라고 하신다. 먹을 것마저 살 돈이 없으니 '친구들에게 돈을 빌려라'라고. 그렇지만 '친구들에게 빌리라고 부모가 말했다'고 누구에게 말할 수 있겠어."

요헤이는 소비자 금융에 지불한 대출이자가 과불되어 돈을 돌려받은 덕에 자기 파산을 면하긴 했지만 궁핍한 생활은 달리 해결되지 않아 딸의 장학금을 믿고 있었다.

심야 노동의 아르바이트로 몸이 망가지고 좀처럼 회복되지 않은 채 구미는 일이 없는 상태가 계속되었다.

"부모가 돈을 의지하고 있고, 치료비와 학비도 내야 해서 아르바이트를 찾고 있어. 그렇지만 낮에는 고등학생불가라든가, 있어도 또 밤에 하는 일이어서 맞는 일이 없어. 리먼쇼크 이후는 주부가 점점 들어왔고."

요코가 "생활보호는 받을 수 없니?"라고 물었지만 "아버지는 의붓어머니와의 이혼이 성립되지 않아서…"라고 답하는 구미. 의붓어머니는 아버지의 신용카드를 사용해 많은 빚을 남기고 행방불명이 되셨어. 지금은 별거하고 있고, 수입도 있다고 하더라.

"아버지는 지금 상태라면 관공서로부터 '처의 수입이 있는 것은 아닌지'라고 의심받을 것이 두려워 생활보호 신청을 망설이고 계셔."

구미가 받는 월 5만 엔의 장학금은 상환하지 않아도 되는 급부가 아니고, 빌리는 것이다. 졸업 후 구미가 상환 의무를 지고 있다.

## 사원만큼 일해도 최저임금

하얀 긴팔, 긴 바지의 작업복으로 갈아입고 사키는 익숙한 솜씨로 묵묵히 회를 뜬다. 아르바이트 장소는 슈퍼의 생선매장. 하루에 500팩을 만든 적도 있다. 주 5일 선채로 작업은 고되다.

"오후 1시 반까지 5시간 일하고 휴식은 없어요. 배가 고프면 사탕을 입에 넣고 참지요."

사키는 "하지만 별다른 소용이 없어요"라고 딱 잘라 담담하게 말한다. 명랑한 느낌으로 나약한 소리는 하지 않는다.

정시제 고등학교의 학생회에서 요코랑 구미는 사이가 좋다. 재입학을 했기 때문에 나이는 가장 위다.

"일은 생선 처리방식이 뛰어나야 하는 것이 아니라, 흐름이 중요합니다. 아주 잘 뼈를 발라내도 처리가 늦으면 의미가 없습니다. 효율을 생각해 어떻게 임기응변으로 대처할지가 관건입니다."

사키가 일의 요령을 설명할 때의 표정은 실로 생동감 넘친다.

"예를 들면 참치는 우선 횟감으로 토막을 쳐서 받지 않으면 회를 만들수 없어요. 그렇지만 그것을 기다리다가는 진행이 안 됩니다. 그러니깐 우선, 참치가 없어도 할 수 있는 새우, 가다랑어, 가리비, 연어 등을 팩포장해요. 횟감이 내려오면 참치를 손대죠."

마치 슈퍼의 작업장에 있는 것처럼 몸짓을 곁들여 가르쳐 주었다.

"제가 방어 뼈를 발라낼 때도 있어요. 생선을 반으로 갈라놓은 것에서 배 뼈, 등뼈, 지느러미를 잡고 껍질을 제거하고. 물고기는 대부분이 해동되어 있어 전부 녹이면 볼품이 없어지니깐, 반만 해동해 빨리 자르지 않으면."

사키는 이러한 일의 순서를 스스로 생각했다는 것이다.

"사원은 순서를 절대 가르쳐 주지 않아요. '회 담당자는 회 담당으로 자립하지 않으면 안돼요. 내가 지시해야 일할 수 있는 거라면 절대로 해 낼 수 없어요'라고 말하고. 그렇지만 저는 듣는 척 하며 듣지 않습니다. 중요한 것만 듣고. 입만 살아있는 사원이 많습니다. '저는 이렇게 하고 있어요'라는 등 말 하지만, 해야 할 일을 하는 것은 당연한 것이지요."

3년 근무하는 동안 사람들이 꽤 바뀌었다고 한다.

"새로운 사람은 매일 같은 실수를 반복해서 시간만 걸리고."

가격표나 산지 라벨이 잘못 부착된 것을 체크해서 파트타임의 아주머니에게 주의를 준다.

"당신만의 문제가 아니고 가게 전체가 산지를 속이고 있다는 말을 듣게 됩니다라고 주의를 주고 있지만."

때로는 상품의 할인 폭도 실질적으로 자신이 결정해 직장의 중핵으로서 일한다. 그 자부심도 크다. 어른들이 하는 일이 한심스럽게 보인다. 그러나 사원수준으로 일을 해도 대우는 아르바이트 수준일 뿐이다.

'최저임금이었다'는 시급은 겨우 60엔 올랐다.

일을 마치고 돌아오는 길에 소형 오토바이가 공사현장의 유도 실수로 차와 충돌한 적이 있다.

당시는 하루 7, 8 시간의 근무였다.

"팔을 다쳐 구급차로 운반되었다. 1개월간 일을 쉬어야만 했어요."

사키는 점장에게 사고의 경위를 상세히 보고했다.

"쉬는 동안의 보상을 부탁했고 수속을 밟았지만 받을 수 없었습니다."

조금 지나 점장이 바뀌었다. 점장에게 다시 한 번 보상을 부탁했다.

"사고로 쉬는 것은, 산재가 되지 않겠어요?"

"알아볼게요."

새로 온 점장은 약속했지만 결국 회답은 없고, 그것으로 끝이었다.

통근 도중의 사고는 비정규직에게도 통근재해로서 근로기준 감독청에 산재를 신청할 수 있고 산재보험의 급부를 받을 수 있다. 그러나 회사로부터는 여전히 설명이 없고 시스템을 모르는 사키는 신청의 기회를 잃었다.

그렇지만 사키에게 있어 직장 환경은 이전 일했던 공장보다는 훨씬 좋았다고 한다.

여름 패밀리 레스토랑의 식재공장. 토란조림, 어린이 카레, 우동국물 같은 식재가 계속해서 벨트 컨베이어에 실려 흘러가고 있다. 40도를 넘는 더위에 사키는 라인 옆에 주저앉았다.

"메스꺼워 눈앞이 새하얗게 되었어. '위험하다'고 생각해서 쭈그리고 앉아 숨을 들이마셨다. 몇 번이나 정신이 아찔했어."

식재가 흘러가는 라인은 멈추지 않고 다른 사람이 커버해 주어 살았다. 수십 단의 조리용 상자를 쌓은 짐받이 수레를 운반하는 일도 했다.

"바닥 양측은 경사져 있었고 도랑에는 기계세척 열탕이 흘렀다. 짐받이 수레가 기울어지지 않도록 혼자서 잡아끌어요."

뜨거운 물이 장화에 들어가 발 피부가 벗겨진 사람도 있었다.

"아르바이트 하는 사람에게는 보상금이 나오지 않습니다."

사키가 이 공장을 그만둔 것은 아버지의 고향인 도호쿠 지방에서 살기 위해서였다.

## 고등학교 중퇴면 아르바이트도 못 구해

2007년 정월 초, 사키는 도호쿠지방에 있는 아버지의 고향으로 갔다.

"일은 찾을 수 있을까."

혹한의 거리를 달리는 할머니의 소형 승용차 조수석에서 생각했다. 일이 줄어 공장을 그만두고 고향으로 돌아온 아버지와 간토(關東)지방에서 이사와 3개월이 지났다.

부모님은 초등학교 5학년 때 이혼했다.

"그때까지는 평범했지만 행복했다. 모두 모여 밥을 먹고."

어머니가 여동생 둘을 맡고, 사키는 '아빠가 측은해 보여' 아빠와의 생활을 선택했다.

"고향으로 돌아가겠다"라고 말하는 아빠의 말씀에 그 당시 다니고 있던 정시제 고등학교를 1학년 가을에 아예 중퇴했다.

"전에 다니던 고등학교는 분위기가 최악이었다. 교사가 정시제의 학생들을 깔보는 듯한 태도였습니다."

교실에서 지갑을 도난당한 사고가 나자 사키와 친구들이 의심을 받았다.

"몸이 아파 보건실에서 친구 두 명과 쉬고 있다가 교실로 돌아오는 길에 담임을 만났습니다. 그러자 '너희들이 했지'라고 하셔서. 그 후 학교에 가지 않았어요."

사키가 화가 나 말했다.

"그 학교는 입학한 순간부터 선생님의 태도가 이상하게 느껴졌어요. 사람을 상대로 하고 있다는 느낌이 들지 않았어요. 자퇴서는 내지 않은 채 결석했는데 학교에서는 통지고 뭐고 아무 것도 없이 그 다음 해에 퇴학으로 처리되고 말았어요."

고민을 안고 있는 학생에 대한 생활지도는 전혀 없었던 듯하다.

"지금 다니는 고등학교는 최고예요. 선생님에게 고민을 상담할 수 있어요. 선생님은 친구처럼 부담 없이 말을 걸 수도 있어요."

담임으로부터 도난 사건의 범인으로 지목되자 화가 난 사키에게, 아버지가 고향으로 가자는 말을 했다. "알았어"라고 대답한 사키는 더 이상 학교에 가지 않고 일할 작정이었다. 아버지도 "학교는 어떻게 하지"라고 묻지 않으셨다. 그래서 사키는 도호쿠지방으로 왔다.

자동차에서 내린 할머니가 전에 일했던 부품공장에 들러 말을 걸었다.

"나이는 몇 살?"

사키가 "열다섯"이라고 말하자 갑자기 거절했다.

"열여덟 살 이상이 아니면 안 돼요."

낯선 땅에서 식료품점 등, 그밖에도 할머니의 연줄로 부탁해 일자리를 찾으러 돌아다녔지만 결과는 같았다.

"편의점의 아르바이트까지 18세 이상이 아니면 안 되고, 일할 수 있는 곳은 전혀 없었어요."

"찾으면 있을 거야"라고 얕잡아 보았는데, 고등학교를 중퇴한 사키는 일을 찾지 못하고 지방의 어려운 고용사정을 몸소 체험했다.

친구가 있는 것도 아니다.

"사투리를 알아들을 수도 없어요. 그 고장의 고등학생은 굉장히 성실하구나라는 느낌이 들었어요. 자전거를 탈 때도 헬멧을 꼭 쓰고 있고."

"다시 한 번 고등학교에 다니고 싶지 않니?"라는 질문을 받으면, 끔찍한 추억을 떠올리면서 대답했다.

"왠지 귀찮아서요. 전에 다니던 고등학교에 가봤는데. 고등학교 같은 건 딱 질색이에요. 그런 곳에 다닐 거라면 차라리 일하는 게 낫다고 생각했어요. 그렇지만 기대가 빗나갔어요."

사키는 할머니와 상담했다.

"일이 없으니 돌아갈까?"

"그편이 좋지 않겠니?"

할머니 말씀에 마음은 굳혔다.

한 동안 재혼한 어머니 댁에 머물렀지만, 어머니와 사이가 나빠졌다.

"어머니가 마뜩찮은 것이 있으면, 의붓아버지가 나에게 와서 '제대로 해라'라고 했어요."

그런 어머니로부터 "이런 세상이니깐 고등학교 정도는 가는 것이 좋아"라는 말을 들어 다시 한 번 고등학교 입시에 응시했다. 현재의 정시제 고등학교에 입학한 것을 계기로 어머니 집을 나와 슈퍼에서 일하면서 아파트에서 독신생활을 하고 있다.

요코와 구미와 함께 각자 먹을거리를 가지고 오는 크리스마스 파티를 하기로 한 날 저녁, 사키는 자신의 방에서 회를 뜨고 있는 장면을 보여 줬다.

큰 접시에 한가득 재빠른 솜씨로 모듬회를 만들어 간다. 매일같이 하는 작업인 만큼 칼질을 하는 손길은 익숙해 있다. 사키는 요리를 매우 좋아해 스스로 요리한 것을 자주 블로그에 올리고 있다.

원룸의 검소한 방에는 제법 잘 치는 전자 피아노가 있고 악보가 펼쳐져 있다. 그 주위에는 여고생답게 귀여운 동물 소품과 작은 크리스마스 트리가 놓여 있었다.

책상 위에는 자명종 시계가 3개 있다. 직장에 지각하지 않도록 3개 모두 맞춰 놓고 잔다고 한다.

학비나 생활비는 월 9만 엔에서 12만 엔의 아르바이트비로 감당이 되지만 집세 5만 엔은 트럭 운전을 하는 아버지로부터 받고 있다.

"아버지의 월수입은 12만 엔 정도일까. 할머니에게도 생활비를 드린다. '무엇 때문에 살고 있는지 모르겠다'고 하신다."

아버지도 집세를 보태는 것이 고작인 생활이다.

"내가 아파 쓰러지면, 만사가 돌아가지 않아요. 아버지도 저금한 돈이 없어요. 할머니에게 도움을 받을 수밖에…"

필사적으로 일을 계속하는 사키.

"의지할 사람이 없기 때문에 의지한다는 것이 어떤 것인지 잘 몰라요. 의지하면 피곤하다고 느껴져서."

의지할 곳은 오직 자기 자신 뿐. 사키는 살얼음판을 밟는 하루하루다.

### 선생님, 제 대신 일해 주세요

"더 일해, 일을 바꿔."

정시제 고등학교의 야간 교실. 수업 중에 올백의 금발 니커보커스<sup>*</sup>의 겐고(19세)가 동생(18세)을 마구 때렸다.

"동생에게 한마디 하는 것이니깐. 내버려두세요."

말리는 교사에게 대들며 그 손을 뿌리치고 동생을 몰아 세웠다.

"어째서 집에 2만 엔 밖에 주지 않는 너는 밥을 제대로 먹고, 8만 엔이나 주는 나는 먹을 수 없는 것이냐는 말이야."

동생은 울면서 참고 있다. 동생은 주 2, 3회 슈퍼에서 아르바이트를 하고 있다.

겐고는 건설현장에서 아침부터 저녁까지 매일 노동의 연속. 본인은 '그저 한마디 하는 것'이라고 하지만, 주위 사람들에게는 '참고 있던 스트레스가 폭발한 것'처럼 비쳤다.

전일제 고등학교를 중퇴한 겐고는, 사키처럼 재입학한 학생이다.

처음의 고등학교에서는 수학교사가 내 준 과제를 "정말로 스스로 한 것인가"라고 의심을 받은 것을 계기로 문제가 있어 학교를 그만 두었다.

---

* 무릎 밑의 끝자락을 단추 같은 것으로 채우는 품이 넉넉한 바지(역자).

아버지와의 관계도 나쁘고 거의 집에서 틀어박혀 지냈다.

"지금 시대에 고등학교라도 졸업은 해야 한다고 어머니가 말씀하시고, 여러 선배들도 '고등학교만이라도 나오는 쪽이 좋다'고 하여 재출발하기로 마음먹었어요."

재입학하게 된 이유를 묻자, 겐고는 솔직히 답했다. 저음의 목소리였지만 붙임성이 있다.

아버지의 폭력이 원인이 되어 부모는 이혼했다.

"아버지는 항상 술에 취해 돈을 집에 주지 않고 거의 일도 하지 않았어요. 폭력이 굉장했어요, 평상시에도 마구 때렸거든요."

어머니와 네 형제가 살았는데 주택 융자를 안고 있는 회사원인 형의 월급만으로는 생활을 할 수가 없었다.

건축회사에서 일하는 겐고의 아침은 이르다. 회사는 "만약 힘든 일이 있으면 찾아 오렴"이라고 말을 걸어준 선배가 소개해주었다. 5시 반에 기상. 도시락은 어머니와 교대로 만든다. 아침 식사 후 사무소에 가서 회사차로 현장으로 향한다. 임대아파트의 건설현장에서의 일이 많다.

"언제나 밖에서 하는 일입니다. 기초 공사가 많아요. 콘크리트를 붓거나 도로 포장도 하죠. 비가 심한 날은 프레스기계로 철근 가공 등을 공장에서 합니다. 위험합니다. 서툴면 손가락이 끼거나 베게 됩니다."

눈이 온 날이었다.

"현장에서 블록을 쌓고 콘크리트를 쳤는데, 목장갑을 사용하면 손이 굳어서 맨손으로 작업을 하자니 손에 눈이 쌓여서."

"그것은 고통스러웠겠어요?"라고 묻자 "고통스러웠어요. 손이 얼어서"라고 그 자리에서 작업 방식을 재현해 보였다.

"감기에 걸릴 때도 있지만 출근해요. 쉬지 않아요. 쉬는 이유로 적합하지 않다는 생각이 들어서."

매일 쓰는 수첩을 보여주어 보았더니 2월 중 쉬는 날은 하루뿐이었다.

"토요일은 기본적으로 일을 하고, 일요일도 '와 줄래?'라는 연락이 오면 갑니다."

겐고의 기분이 어땠는지 물어 보았다.

"힘들어요, 그냥 쉬고 싶잖아요. 음, 당연히 쉬고 있는 사람을 보면…"

물어봐야 한마디 답해주는 듯한 느낌. 말은 적지만, 솔직한 대답을 해준다.

일급이 6천 5백 엔에서 7천 엔으로 얼마전에 올랐다고 한다.

"기쁘지만 아직도 멀었어요."

이 이야기를 할 때만은 수줍어하면서도 기쁜 듯했다. 금액 이상으로, 작업 솜씨를 좋게 평가받은 것이 기뻤던 것이리라.

월수입은 15만 엔 정도가 된다고 한다.

그만큼 벌고 있다면 금전적으로 여유가 조금은 있을 것 같다는 생각해 겐고에게 물어봤다.

"집에 8만 엔을 주고 학비랑 정기권, 오토바이 휘발유 값을 지불하면 거의 남지 않습니다."

아까운 것은 교통비라고 한다. 정기권은 1개월씩 밖에 살 수 없다. 게다가 작업현장은 이리저리 옮겨 다녀야 하니까 현장에서 학교까지 이동하는 교통비가 정기권과는 별도로 3만 엔이나 든다.

정시제의 학생들 모두가 마음속으로 은근히 기다리는 급식은 일과 이동 시간을 생각하면 맞지 않아 신청하지 않고 있다.

"근무를 일찍 마치면 직장에 폐가 됩니다. 수업에 늦지 않을 만큼 빠듯하게 일을 하고 싶으니까."

몸이 가루가 되도록 성실히 일하고 있는 것이다.

"너무 바빠 점심을 거르고 수업을 받는 경우도 있어요. 힘들어요. 주말로 갈수록 위험해요. 졸음도 오고, 피곤해요. 수업 중에 정신을 차리고 보면 졸고 있는 경우가 자주 있어요."

휴식 시간에 편의점 도시락이나 컵라면을 급히 먹지만, 허기진 배를 움켜쥐고 육체노동, 더구나 일이 끝난 후 달려가는 저녁 수업은 오죽이나 힘들까.

집에 도착하는 시간은 밤 11시 쯤이다.

"캔 맥주 두 병을 마시는 것이 유일한 휴식입니다."

TV도 보지 않은 채 그냥 잠들어버린다. 다다미 넉 장 반의 조그만 방에 있는 것은 침대 뿐이다.

"집에 돌아가면 자는 것 외에는 아무 생각이 없어요. 요즘 세상은 돈이 없으면 아무 것도 할 수 없잖아요. 생활비나 노는 것에 돈이 자꾸 들어가 버리니. 그러니깐 휴일에도 친구들과 세상 돌아가는 이야기를 하거나 집 안일을 도울 정도입니다. 기술직 일을 하는 후배 녀석과 기술에 대한 이야기를 해요. 노래방도 가지 않아요. 취미도 없고."

그렇지만 어떻게 해서라도 학교는 계속 다니고 있다.

"수업료뿐만 아니라 필요한 학비가 전부 무료가 된다면 너무 좋겠어요. 그 돈을 생활비로 돌릴 수 있으니까요. 그것만으로 좋겠습니다. 그렇게 되지 않겠지만, 실현된다면 정말로 좋을 거예요."

그런 겐고에 대한 취재는 일하는 현장 근처의 역에서 만나 학교 가는 전철 안에서 이야기를 듣는 것으로부터 시작됐다. 역에 도착하면 이야기를 들으면서 걸어서 학교로. 수업이 끝나기를 기다렸다가 학교에서 역으로. 걸어가면서 토막 인터뷰를 다시 할 수 밖에, 겐고의 귀중한 시간을 내달라고 할 방법은 없었다.

겐고에게 "장래의 꿈은?"이라고 묻자 "꿈이요? 음. 아내, 아이를 길거리에 헤매지 않게 하는 정도 아닐까요. 밝은 가정이요, 역시"라고 수줍

어하며 대답해주었다. 졸업 후에도 건설 관계 일을 계속할 작정이라고
한다.

"평생, 이 일을 하고 싶어요. 좋아합니다. 처음에는 힘들었지만, 하는
동안 좋아하게 되었습니다."

그 말에 조금 안도감이 들었다.

"선생님, 제 대신 일해 주세요."

어느 날 학생 지도 담당 후지이 가즈오에게 겐고가 피곤한 표정으로
말했다.

아침 일찍부터 일에 쫓기고, 받는 급료도 반은 집 살림에 보태 주어야
한다. '한마디'라고 겐고가 말하는 동생에 대한 폭력을 후지이는 '일하는
어려움은 알지만, 장래가 보이지 않는 초조함이 쌓여 원한이 되었다'고
본다.

"부모에게 빌붙어 응석부리는 녀석을 보면 화가 나거든요."

최근 겐고는 항상 짜증을 내고 학교에서 문제를 일으키는 경우가 많아
졌다. 퇴학시키고 싶어 하는 교사도 있다. 후지이는 말한다.

"빈곤이 이런 식으로 폭력을 양산하고 있어요. 그것을 이해하고 인내
를 가지고 지도하지 않으면 안됩니다."

그렇게 말하는 후지이는 겐고가 문제를 일으킬 때마다 직원회의에서
그를 열심히 지켰다.

## 빈곤은 자기책임

진급이 걸린 2010년 2월에서 3월, 네 명의 정시제 고등학교 학생들은
생활에 쫓겨 마음도 불안정했다.

학생 회장인 요코는 휴대전화부품 공장을 그만두고, 아파트 방에 꼼짝
없이 틀어박힌 상태가 되었다.

구미는 복통이 지속됐다. 돌아가신 어머니처럼 암인가 의심스러워 불안에 휩싸였다.

사키도 슈퍼 일을 계속할지 말지 고민에 빠져 있었다.

학생지도 담당인 후지이가 "여기서 만회하지 않으면 안 된다"고 아이들을 독려하고 3학기 기말시험을 맞이했는데, 세 명 전원이 아무 말도 없이 결석한 날도 있다.

건설현장에서 일하는 겐고는 출석했어도 될 대로 되라는 식의 백지 답안을 낸 과목이 있다.

요코가 공장을 그만둔 것은 집에서 빌린 빚의 상환기간이 임박해오자 불안해하는 어머니가 집에서 하는 재활용 가게를 도와달라고 부탁했기 때문이다.

"그 때는 직장에서 왕따를 당해 인간관계가 좋지 않아 자신감을 잃은 시기이기도 했어요."

혼자 사는 아파트에서 집으로 들어가, 돈을 마련하기 위해 동분서주하시는 아버지의 모습을 지켜보자니 더욱 우울했다.

"집에 있는 돈을 많이 가지고 나와 부담을 주었어요. 게다가 일해서 자립하겠다고 하고 집을 나왔는데 결국 일도 그만두어 버렸고."

잘 풀리지 않는 것은 전부 자기 탓이라고 생각했다. 가족이나 자신이 가난한 상태가 된 것은 '자기책임'이라고 괴로워했다.

"밥벌레니까 없는 편이 나아."

그렇게 생각했다.

요코는 자주 자신을 '밥벌레'라고 표현한다. 자신의 일을 중히 여기는 자존감이 바닥을 쳤다.

그때 건강 상태가 좋지 않아 결석이 잦은 구미는 휴대전화의 블로그에 자주 '죽는다'고 올렸다.

"학교 그만 둘까봐. 죽을 건데 학교에 다니는 건 돈이 아깝다는 생각이 들어."

요코는 답장으로 격려했다.

"절망하지마. 학교를 그만두면 아르바이트를 선택할 수 있는 폭도 많이 줄어들어!"

요코가 전화해도 구미가 받지 않는 경우가 많아, 그 무렵 두 사람은 블로그를 통해 이야기를 주고받는 일이 많아졌다.

그러나 요코의 많은 격려도 헛되이 구미의 복통과 정신적인 우울은 심해질 뿐이었다.

"어머니가 암이었거든, 나도 혹시…"

구미는 암에 대한 불안감이 커져 머릿속에서 떠나지 않자 스스로를 옭아매어 점점 어둠속으로 빠져들게 되었다.

"자궁암이면 학교를 그만 둘거야. 아버지도 승낙해 주셨으니."

2월 중순 저녁, 구미는 이런 글을 마지막으로 올리고 요금도 지불하지 않은 채 결국 '생명선'인 휴대전화를 정지시키고 말았다.

요코가 구미의 집을 직접 방문하는 것 외에는 연락할 수단이 없어졌다.

아버지가 보내주시는 돈과 아르바이트비로 간신히 생활하는 사키는 컴퓨터를 좋아한다. 대학은 공학부에 들어가기를 희망하고 있다. "그렇지만 아무리 생각해도 비용이 모이지 않는다"고 한숨을 내 쉬었다.

겐고는 "나는 오히려 낫다. 중학교 때 동급생 중에 집에 돈이 없어 고등학교에 갈 수 없었던 친구들이 몇 명 있었으니까"라며 묵묵히 일하는 나날이었다.

주위의 모든 사람들이 "고등학교 정도는 나와야지"라고 하여 입학했다. 졸업장은 어떻게 해서라도 따고 싶지만 피곤한 생활에 지쳐 곧 좌절하되기도 하여 마음을 고쳐먹기를 여러 번 반복했다.

3월 중순, 요코가 간신히 구미를 만날 수 있었다.

"의사는 정밀 검사를 권하지만 돈이 없다. 하루 한 끼 밖에 못 먹어."

구미는 중얼거렸다.

기말 시험은 절반 이상이 결석이어서 유급은 확실했다. 이때, 후지이도 어떻게 해서라도 구미를 학교에 나오게 하려고 생각하고 있었다. 그러나 휴대전화도 사용할 수 없게 된 구미와는 좀처럼 연락을 취할 수 없었다.

"어쨌든 선생님께 추가시험을 부탁해보면 어떨까?"

요코가 격려하자 구미는 쭈뼛거리며 고개를 끄덕였다.

상황은 절망적으로 보였다. 그러나 며칠 후에 구미는 등교해서 후지이에게 부탁해 추가시험을 볼 수 있게 되었다. 결국 후지이선생이 힘써 준 덕으로 4명의 진급이 결정되었다.

다가 올 현실은 혹독했지만 요코는 "학교 선생님이 되고 싶다"고 장래 희망을 이야기 한다. 그것도 정시제 학교의 선생이 되고 싶다고 한다. 그러기 위해서는 대학에 진학하는 것은 필수다.

문부과학성에 따르면 2009년도 고등학교 졸업자의 4년제 대학, 전문 대학이나 단기대학 등의 진학률은 53.9%. 전일제의 54.7%에 비해 정시제의 경우는 14.4%에 머물고 있다.

"하늘에 별 따기이지만. 학생회 활동을 통해서, 배움의 중요성을 알게 되었습니다."

요코는 얼굴가득 미소를 띠고 있었다.

**꽃피기 시작한 배움의 안전망**

"10년 전, 학비를 스스로 벌어서 내는 학생은 학급에서 한 사람이었지만, 지금은 30% 정도로 늘었다."

요코와 친구들이 다니는 정시제 고등학교의 학생지도 담당인 후지이 가즈오가 말한다. 교육 현장에서 30년 이상 아이들을 보아왔다.

"이전에 아르바이트를 하는 것은 차를 사기 위한 것이었다고 한다. 마음껏 돈을 쓰는 것이 목적이었다. 지금은 그런 여유가 없다. 번 돈은 학비나 생활비로 사용한다. 학비 체납도 많이 늘었다."

후지이는 2000년대 중반부터 아동빈곤이 확대되고 심화된 것을 실감한다고 한다.

"어린이에게는 성장, 발달을 위해 배움이 필요한 것으로 본래는 일하지 않아도 된다. 이런 지극히 평범한 생활을 할 수 없고, 학비를 본인이 일해서 내지 않으면 안 된다고 하는 것이 현대의 빈곤이죠."

후지이는 이렇게 설명하는 한편, "아동빈곤은 보려고 하지 않으면 안 보인다"고도 말했다.

후지이는 쓰라린 경험이 있었다. 5년 전의 일이다. 수업 중에 휴대전화로 통화하고 있던 남학생에게 "전원을 꺼라"라고 주의를 주었다.

"제 일과 살 권리를 빼앗는 거예요?"

맹렬한 반발에 부딪쳤다. 전화 내용은 그날 저녁 일 의뢰 건이었다.

두 군데, 세 군데 일하는 학생들에게는 직장의 근무 교대 변경에 관한 연락 등을 받는 휴대전화가 없으면 일을 할 수가 없다.

"학교는 생활을 보장할 수 있는가."

"일할 권리는?"

교실에서 후지이와 학생들 사이에 시비조의 논란이 시작됐다.

"학생들은 휴대전화가 없으면 일도 불가능하다는 것을 처음으로 인식했습니다. 대다수의 교사는 '휴대전화는 사치'라고 겉으로 보고 판단해버리지만, 그러면 가정이나 학생의 실태는 볼 수 없어요."

빈곤이 확대되는 가운데 아이들을 지탱하는 교육 안전망은 기능하고 있는 것일까.

"교육에 드는 비용은 전부 무상화해야만 하는데, 반대로 급식이나 교과서 보조가 폐지되기도 하고, 환경은 어려워져만 가고 있어요."

후지이는 학생을 지원하기는커녕 괴롭히는 정책은 즉각 원래대로 되돌려야 한다고 말한다.

장학금 제도에 대해서도 "졸업 후에 상환하지 않으면 안 되는 대여가 아니라, 상환이 불필요한 급부로 해야 한다. 졸업 후에도 빚을 떠안는 것이 된다"라고 호소한다.

문부과학성에 따르면 고등학교 장학금 수급자는 2007년도에 15만 2천 명이었지만, 2009년도에는 예산 기준으로 17만 2천 명으로 늘었다. 정부는 장학금 확충을 내세우고 있지만, 장학금의 대부분은 상환이 필요한 급부이기 때문에 신청하지 않는 학생들도 많은 것 같다.

새로운 우려는 불황으로 인해 대도시권을 중심으로 정시제 수험자가 급증하고 다수의 불합격자가 나오고 있는 문제다.

"희망하면 들어갈 수 있는 곳이 정시제였지만, 학교 통폐합으로 줄었다. 정원을 늘리고, 문호를 개방하길 원해요. 배움을 위한 최후의 안전망이 무너지기 시작했어요."

문부과학성에 따르면, 정시제 고등학교는 1997년도에 907개였지만, 2009년도에는 732개로 줄었다. 그런데 불황과 함께 대학을 갓 졸업한 지원자는 늘어 97년도 23,067명에서 2009년도 30,989명으로 늘어났다. 특히 최근 몇 년째 불황이 심각해 전일제 공립고등학교를 떨어져도 경제적인 사정으로 사립고에 진학할 수 없어 정시제 공립고를 희망하는 학생이 급증하고 정원을 늘려도 입학시험으로 불합격자가 나와 문제가 될 정도가 되었다.

학교가 할 수 있는 것은 한계가 있다. 그 때문에 후지이가 특히 필요성을 호소하는 것은 교육과 복지의 제휴다.

생활보호 등의 복지제도에 밝은 사회복지 전문직 '학교사회복지사'를 배치하는 교육위원회가 조금씩 늘고 있지만, 아직 수는 적다. 학교사회복지사는 빈곤이나 학대 등의 문제를 안고 있는 가정의 상황을 파악하고, 행정이나 복지시설, 경찰 등에 협력을 요청하는 활동을 한다. 생활보호나 취학원조 신청 수속에 대한 조언도 하고 가정과 사회복지를 연결하는 귀중한 존재다.

후지이는 학교사회복지사를 더 늘리도록 요구하지만, 실제로는 예산이 삭감되어 좀처럼 늘지 않고 있다.

"경우에 따라 학교관계자나 민생위원, 복지, 의료 담당자들이 언제든지 모이는 네트워크가 필요합니다. 소통하지 않고 기능하지 않는다면 안전망이라고 할 수 없죠."

혼다 유끼(本田由紀) · 도쿄대학 교수
## 교육예산의 대폭 인상과 학교 기능의 확충을

　혼다 유끼 선생은 프리타나 니트, 워킹푸어라고 하는 청년 빈곤과 연결된 문제는 청년의 '자기책임'이 아니고, 버블 붕괴 후 1990년대에 일본의 고용 시스템이 급격히 바뀌면서 일어난 사회 구조의 변화가 원인이라고 일관되게 외쳐왔다. 『'니트'라고 하지마라!』(고분샤신서 · 공저), 『삐걱거리는 사회』(가와데문고) 등의 저작을 통해 그런 일본의 '가정, 교육, 일'의 변화와 과제를 밝히고 있다. 일본교육의 바람직한 모습으로서 보통교과 교육뿐만 아니라 직업 세계에의 '적응'과 바른 '저항'의 양면을 포함하는 직업교육을 중시할 것을 제언. 취업할 때 구체적으로 도움이 되는 무기를 가진 사회인으로 육성하는 교육을 지향해야 한다고 주장하고 있다.

- 르포에 등장한 베테랑 교사는 "아동빈곤은 보려고 하지 않으면 보이지 않는다"고 말했지요. 우리도 아동빈곤은 쉽게 보이지 않는다는 것을 느끼고 있습니다. 취재에서는 "아동빈곤 같은 것이 일본에 있을까"라는 말도 합니다. 혼다 선생님은 어떻게 생각하십니까?

　일본에서는 아이가 길거리에서 울고 있는 것도 아니며, 지금은 싼 옷도 있고, 멋진 휴대전화도 가지고 있어서 궁핍한 상태에 있는지 아닌지는 겉으로 보아서 확실히 알 수 없는 경우도 많습니다. 취재나 데이터로 드러내지 않는 한 빈곤은 보이지 않아요. 그러므로 '없다'든가 '별거 아니다'가 되어 버립니다. 본인에게도 자존심이 있어 숨기려고 합니다. 가족의 수치라고 생각해 따인기 쉽습니다. 그래서 도움을 청하지 않은 채 상황을 악화시키고 지쳐서 절망적이 되어 가족 내에서 난폭하게 되기도 합니다. 가족은 호두 같아 딱딱한 알곡으로 덮여있어, 속에서 어떤 절망적인 일이 일어나고 있는지 들여다보기 어렵지요.

▪ 혼다 선생님은 구체적으로 아동빈곤을 접한 경험은 있으십니까?

　몇몇 활동을 통해 빈곤 상태의 아이와 청년들을 접한 적이 있습니다. 예를 들면, 생활보호를 받고 있는 아이에게 공부를 가르치는 '서당'식 활동을 하고 있는 시민단체(NPO)에 참여하고 있습니다. 지금 그러한 활동은 전국적으로 늘었습니다만, 이 단체에서는 시민회관에서 대학생이 아이들에게 개별지도를 하고 있는데, 저는 그 상황을 지켜보았습니다. 이곳에 오는 아이는 아주 붙임성이 좋은 것 같아요. 1대 1로 배우는 것을 매우 기뻐하고, 소박하고 솔직하게 신상 상담도 하고 있지요. "이 아이들은 보살펴 줄 사람이 없어 굶주려 있구나"라는 느낌이 듭니다. 부모가 돌봐줄 기회도 적어, 목마른 상태에 놓여있는 것이지요. 솜이 물을 빨아들인 것 같아 안타까웠습니다.

　그리고 저는 내각부의 '개별지원사업'의 위원을 하고 있습니다. 몇몇 어려움을 겪고 있는 사람 곁에서 지원하는 것이 목적입니다. 가족이나 일, 주거, 건강, 인간관계 등 하나가 무너지면 연쇄적으로 모두 무너져 버립니다. 어려움이 뒤엉킨 상황에 놓인 사람이 찾아옵니다. 전국에 모델 지구가 있어, 지자체나 노숙자 지원을 해 온 시민단체, 청년들의 취업 지원을 해 온 단체 등이 하청받고 있어요. 대상자의 연령층도 폭이 넓고 다음 번 르포의 취재대상으로도 이상할 것이 없는 청년들도 많이 옵니다. 병이나 장애가 있는 사람, 가족의 기능 저하와 같은, 젊지만 힘든 처지에 놓여있는 사람들이 오고 있습니다.

▪ 버블 경제 붕괴 후 약 20년, '1억 총 중류'에서 '격차사회'라고 불리게 된 지금, 가족이나 학교는 어떻게 변화되었다고 보십니까?

저는 교육의 조사 연구로부터 시작해서 그 전 단계의 가족, 교육의 출구로서 일의 관계를 조사해 왔습니다. 이 관계가 버블 붕괴 후에 변용되고, 그 과정에서 빈곤에 처하게 된 사람들이 많이 나타나고 있어요. 과거에는 '가족에서 교육으로', '교육에서 일로', '일에서 가족으로'라는 형태의 출력장치의 순환관계가 빈틈이 없었습니다. 개인이 속하는 자리의 기본 단위가 가족입니다. 그것은 직장으로부터 받는 임금에 의해 지탱되고 차세대의 교육을 뒷받침한다는 관계가 세대 간에 순환하고 있었습니다. 그러나 1990년대의 변용 과정에서 그 순환이 불완전한 형태로 밖에 성립되지 않게 되었지요. 이들 사이에 출력장치가 잘 작동하지 않아, 도중에서 쏟아지는 예비군들이 많이 발생하고 있어요. 이러한 가운데 르포의 정시제 고등학생처럼 가까스로 버티고 있는 아이들이 있는 것이죠. 그러나 많은 사람, 특히 노인층은 버블붕괴까지 전후 수십 년의 기억에 묶여 있습니다. 그 때의 사회 방식이 표준이라고 생각하고 있어, 다른 사고는 불가능하며 대처가 느리고 긴급 대응하는 눈속임을 하고 있습니다.

'가족, 교육, 일' 세 가지 중 가장 기초가 되는 단위는 가족입니다만, 그 기초가 되는 부부가 지금 매우 깨지기 쉬운 상태에 놓여 있습니다. 수입이 불안정하게 되고, 정신적으로도 불안정하고 폭력이 발생하기도 합니다. 가족이 불안정하게 되었는데 아직껏 "가족이 저마다 어떻게든 뭔가 하라"고 생각하는 모순이 매우 큽니다. 르포를 보아도 가족의 취약성이 드러나는 케이스가 자주 나오고 있습니다. 수입도 없고 거처가 없고 관계가 엉망인 상황이 극명하게 묘사되고 있어요. 따져보면 미성년자들에게 제공되어야 할, 장래를 만들어낼 기반이 쉽게 상실되고 있는 것이죠. 그것을 보충할 사회적 제도라든가, 그 제도와 연결된 시스템이 없어요. 내신 열심히 임해주는 교사도 있지만, 그렇게 적극적인 학교는 많지 않습니다. 그러면 지원이 되지 않아 고립 상태가 되고 맙니다.

■ 어려움에 처한 고등학생에게는 어떤 지원이 가능합니까? '고등학교 정도
는'이라고 생각하여 입학해도 통학을 위한 교통 정기권이나 교과서 구입
비도 마련하기 어려운 아이가 많습니다. 공립학교의 수업료가 무상이 되
었다고 하지만 사비부담은 여전히 커 도중에 그만두는 학생도 많습니다.
학력도 경제력과 비례하는 것 같군요.

직접적으로는 고등학교의 실질적인 무상화가 필요합니다. 여러 경비
를 포함해서 무상화를 주장할 수밖에 없어요. 그와 동시에 더 빨리 초등
교육 단계부터 학력을 보장할 필요가 있습니다. 지금의 의무교육은 학력
보장이 전혀 되지 않는 시스템입니다. 앉아 있기만 하면 초등학교 1학년
부터 중학교 3학년까지 진급할 수 있어요. 학력을 보장하는 방파제가 되
어 있지 않습니다. 얼마만큼 학력을 만들 것인가는 개개의 교사나 학교
의 방침, 그리고 노력에 달려있습니다. 그렇지만 교육현장은 문제가 중
첩하고 교사는 피폐해지고 있지요.

게다가, 옛날에는 가정이 학교를 도와주는 면이 있었지요. 그렇지만
이제 그것은 반드시 믿을 만한 것이 못됩니다. 이전에 일본 가족은 열심
히 돈을 지불하기도 하고 숙제를 시키기도 하며 아침에 배웅하기도 하
고, 교육열이 뜨거운 어머니가 교육을 지탱하는 역할을 맡고 있었지요.
더구나 교사는 존경받는 대상이었어요. 일단 학교가 말하는 것은 권위가
있어 따랐어요. 지금은 가정 간의 격차가 다양하게 확대되고, 부모가 갖
고 있는 여러 자원의 차이도 커지고 있습니다. 과잉교육으로 열성인 부
모도 있지만 자녀의 학교생활을 돌봐줄 수 없는 가정도 속출하고 있습니
다. 그래서 공교육 속에서 학생의 수준이 제 각각입니다. 그래서 많은 인
원수의 학생집단을 교원이 일제히 수업을 하는 지금까지의 형태로는 크
게 무리가 따릅니다. 일본 정부는 교육예산을 계속 긴축해왔습니다만,
교사를 더 늘려 1인당 학생 수를 줄이지 않으면 안 되는 상황입니다. 동

시에 사무작업이나 학교사회복지적인 일을 담당해줄 사람을 늘리고 학교 기능을 확충할 필요가 있다고 저는 주장하고 있습니다.

▪ 선생님이 제대로 아동을 마주할 시간을 확보하기 위해서는 학교에 사무 직원을 더 늘리고, 외부의 지원과 연결할 수 있는 전임 학교사회복지사의 배치가 필요하다는 말씀이시군요.

그렇습니다. 교원이 왜 이렇게 피곤해 하고 있는가 하면 모든 것이 지도의 대상이기 때문입니다. 일본의 경우 '○○지도'라고 말하면, 무엇이든 교원의 수비 범위로 간주됩니다. 청소지도, 급식지도, 하교지도, 교외지도 등, 전부 교원이 하지 않으면 안 되죠. 이것이 가장 근간인 수업에 할애할 시간과 에너지를 빼앗고 있어요. 지나치게 많은 업무를 담당하고 있는 것을 대신 나누어 할 사람을 채용할 필요가 있습니다. 부서 활동의 지도자나 도서관 사서도 제대로 준비하는 세밀한 대처가 필요합니다만, 지금까지 정부는 그러한 후한 공교육 제공을 간과해 왔습니다. 교원의 무거운 짐을 덜고, 꼼꼼히 지도할 수 있도록 하지 않으면 안 됩니다. 저학년 무렵부터 확실히 지도해서, 어느 정도 공부가 되어 있는지를 지켜본 뒤 진급시키도록 하는 것도 필요하죠. 학력이 불충분한 아이에 대해서는 지속적인 보충수업이 필요하다고 다음 학년의 교원에게 전달해야 합니다. 지금 일본 교육은 과거에 비해 파열음이 확대되고 있어요. 그러므로 저는 교육의 재정비를 주장하고 있는 것이지요.

학생의 고민을 듣는 상담교사 이외에 학교사회복지사도 도입되고 있습니다만, 한 사람이 여러 학교를 겸무하고 있어, 한 학교당 시간이 부족하여 역할을 충분히 맡을 수 없습니다. 그 대신 교사들이 열심히, 무보수 형태로 일하고 있어요. 더 늘려야만 합니다. 앞으로는 심리 면에 특화된 학교상담교사보다도, 외부의 지원과 연결하는 역할을 할 수 있는 학교사회복지사를 기대합니다.

▪ 파탄된 '가족, 교육, 일'의 관계를 어떻게 재정비하면 좋을까요?

　일방적인 관계가 아니라 이 셋이 상호 혜택을 줌과 동시에 서로 긴장감을 잉태하는 자립성을 갖도록 관계를 만들 필요가 있다고 생각합니다. 이제까지는 가족이 일방적으로 교육을 지탱해 온 면이 커요. 부모가 우리 아이를 위해 비용이나 의욕을 열심히 투입해 왔습니다만, 지금은 반대로 교육이 가족을 보조하는 역할이 필요하지요. 르포에서도 깊이 생각하고 있습니다만, 아동에게 있어 학교는 정식으로 속할 수 있는 유일한 곳이라고 해도 과언이 아닌 공적 기관이죠. 학교는 전국에 있고, 지역 속에서 더 중요한 역할을 완수해야만 한다고 생각합니다. 지역 아동들에 대해 사회와의 '탯줄'과 같은 기능을 학교가 하도록 해야만 합니다. 어린 아이를 통해, 그 뒤에 있는 가족의 문제를 발견하고 지원할 장소가 되길 기대합니다. 그러기 위해서는 인원 확충이 필요하지요.

▪ 지금 자립을 위한 지원이 필요한 아동에게 구체적이고 즉시 효과있는 대책이나 시스템은 없습니까?

　예를 들면, 조금 전 개별지원사업은 "절대, 내버려두지 않는다"고 하는 것이 이념이기 때문에, 거기의 도움을 빌리는 것도 좋은 일입니다. 아직 모델 사업이기 때문에 전국 구석구석까지 확대되고 있지는 않지만요. 후생노동성의 '지역 청년 서포트 스테이션'이라고 하는 기관도 있습니다만, 카운셀링이나 아르바이트의 이력서 작성요령을 어드바이스 하는 것과 같은 이미지를 갖고 있기 때문에 기능이 약하지요. 단, 모든 도ㆍ도ㆍ부ㆍ현에 있습니다. 그렇지만 그러한 공적인 청년 지원기관이 있는 것을 학교나 아이들이 모르는 경우가 많아요. 활발하게 이용하고 유익한 기관이므로 더 이용할 수 있도록 하면 좋겠습니다.

　행정은 종적으로 이루어져 "우리 부서의 일이 아니다"라며 서로 다른 부서로 떠 넘기고 있어요. 이런 점을 방지하는 것이 개별지원사업의 주안점이죠. 여러 보살핌이 필요할 때 모든 창구에 동행하거나 의료기관이나 헬로 워크(Hello Work)에도 함께 가서 녹초가 된 당사자 대신 설명해주기도 합니다. 임시 신원보증인처럼 곁에서 지원하는 것이 개별지원사업입니다. 그 만큼 어려움이 큰 사람을 대상으로 하고 있지요. 청년에 관해서는 부모가 먼저 상담하러 오는 경우도 많습니다만, 부모와 관계가 나쁘다든가, 오히려 부모가 본인의 족쇄가 되는 경우, 청년이 스스로 오거나 다른 지원 기관이 찾아낸 경우는 데리고 와서, 때에 따라서는 거주할 장소를 확보해주기도 합니다.

■ 그렇게 이어지면 좋습니다만, 이어지는 것이 힘들지요. 특히 아동에게 중요한 정보가 도달되지 않고 있어요.

　학교에 다니는 동안 연결될 수 있도록 하는 시도가 일부에서 시작되고 있습니다. 어려움에 처한 아이가 많은 고등학교에 개별지원사업이나 취업지원을 맡고 있는 시민단체의 사람이, 재학 중에 요일을 정해 학교에 와 주고 있어요. 학생에게 편하게 말을 걸기도 하고, 상담에 응하기도 하면서 얼굴을 익히기도 합니다. 학교를 나오자마자 고립되지 않도록 재학중에 지원기관과 연결해놓겠다는 것입니다. 원래 그 시민단체는 고립되어 있는 아이를 타깃으로 하고 있습니다만, 고립된 아이를 찾아내기보다 고립될 것 같은 아이를 조기단계에서 지원으로 연결하는 편이 좋다는 발상으로 학교에 도입되기 시작했지요.

　단지 어디든 잘 될 것이라고 낙관할 수는 없어요. 학교는 매우 벽이 높고 두터운 경우가 많지요. 시민단체 등이 상주하는 형태로 지속적으로 학교에 들어오는 것을 싫어하는 경우도 많고요. 예산도 없는 경우가 많습니다. 학교는 '외부와의 제휴'라든가 '열린 학교'라고 하지만 학교 선생님과 외부 조직이 신뢰를 기본으로 관계를 구축하는 것은 굉장히 어렵습니다. 지금 예로 든 경우는 개인과 개인의 신뢰관계로 시민단체 사람과 교장이나, 애쓰고 있는 선생과의 개인적인 관계가 확실히 있고, 학교가 단독으로 시작한 것입니다. 그러므로 제도로서 확대되기까지는 먼 여정이 기다리고 있지요. 그렇지만 다른 곳에도 그러한 것을 시작하고 있다고 듣고 있습니다.

▪ 청년 지원 단체 활동은 18세 이상을 대상으로 하고, 반면에 아동 지원 활동은 18세까지라는 구분이 있어요. 최근 그 연장선이라고나 할까, 지원이 끊어지지 않게 하려는 움직임이 일고 있어요. 학교에 등교하지 않거나 고립된 아이들을 지원하는 단체에서 들었습니다.

그러한 움직임은 중요하다고 생각합니다.

▪ 부모의 경제력 격차는 아동의 학력이나 의욕에도 영향을 미친다고 하지요. 취재한 4명 중 2명은 한 번 중퇴했어요. 그만두면 생각보다 어려워서 아르바이트도 없습니다. 그래서 재입학했습니다. 졸업까지 의욕을 유지시켜 취직이나 진학으로 연결할 수 있는 방법은 없을까요?

학교에 '소속감'이 있는지 없는지가 중요합니다. 스스로 인정을 받고 있는지 어떤지가 중요한 것은 아닐까 생각합니다. 교원과 학생 사이에서 관계를 형성할 수 있는가 하는 것이지요. 그 아이에게 있어서 좋은 선생님, 좋은 동료가 있고, 그러한 관계를 기반으로 해서 배움이 성립되고 있는지 없는지가 관건입니다.

• 르포의 고등학교에는 좋은 선생이 있어 퇴학당할 아이를 몸을 던져 지켜 주고 있습니다. 그렇지만 그런 선생들만 있는 것이 아닙니다. 계속 다니고 싶은 의욕을 가지려면 학교의 분위기도 중요합니다.

직원실을 개방하고 있어 아동이 거침없이 많이 찾아오는 학교도 있습니다. 부담 없이 선생님과 먹고, 시시한 잡담이 자연스럽게 이루어질 수 있도록 함으로써, 그로부터 심도있는 상담으로 이어지곤 합니다. '학력을 길러라, 길러라'가 아니라, 우선은 진정으로 소속감을 갖는 장으로서 그들의 존재를 긍정하는 일이 아슬아슬한 상태에 있는 아이들에게는 필요합니다.

• 아이를 고립시키지 않는 것은 중요합니다. 가족과 선생님, 친구들과 더 이상 관계 형성이 안 되면 고립됩니다. 취직도 어려운 상황에서, 사회에서 고립되면 가장 밑바닥 생활이 되는데도 불구하고, 빈곤의 대물림이 생깁니다. 그렇게 되지 않게 할 아이디어는 없을까요?

정말로 어려운 문제입니다… 유럽에서는 학교 외에 '유스 워크(Youth Work)'라는 청년 대상의 아동관과 같은 것이 있어 밴드나 댄스 연습이 가능합니다. 그대로 눌러 붙어 컴퓨터 연습도 가능하지요. 청년들 스스로 기획해서 이벤트를 하고 청년들의 거처로, 동시에 자발성을 분출합니다. 전문직 청년들도 거기에 있어 오빠, 언니 같은 느낌으로, 동료로서 지원하는 곳입니다.

• 취재한 아이들은 모두 쉬지 않고 일을 하느라 바쁩니다. 그런 장소가 있어도 갈 여유가 없습니다. 통학 중 전철 안에서 혹은 걸으면서 취재한 아이도 있습니다. 아르바이트 수입으로 학비를 지불할 뿐만 아니라 집에도 보태줍니다. 본래 아이는 돈 걱정 없이 학습을 보장받아야만 한다고 생각하

시는지요?

"그렇게 생활이 어려우면 생활보호를 받으면 어떤가"라는 말이 나오지만…

- 생활보호는 부모가 신청할 때까지 '창피하다'는 기분이 강해서, 좀처럼 받으려 하지 않는 경우가 많지요.

일본은 스스로의 노력이라든가 주위의 신세를 지고 싶지 않다는 것이 강한 규범으로 굳어진 사회입니다. 정부가 매우 소홀히 해 온 것과 개인이 스스로 해야 한다는 생각 등이 표리일체로 침투해 있습니다. 국민도 자구노력을 해야만 한다고 생각해서 '국민의 생활을 뒷받침하는 것은 세금을 받고 있는 국가의 책임'이라는 의식이 없습니다. 국가나 행정은 작을수록 좋다고 여기지요. 그것이 결국, 자기 스스로의 목을 죄고 있습니다.

- 생활보호는 최후의 보루라고 생각합니다만, 그 전에 직접 아이를 경제적으로 지원 가능한 시스템은 없습니까? 예를 들면, 아동 수당을 부모에게 주지 않고 아이가 직접 받을 수 있도록.

르포에서도 장학금이 가족의 집세가 되는 사례가 등장하고 있지요. 영국에 '차일드 트러스트 펀드'라고 하는 제도가 있고, 아이가 태어난 순간 일정액이 계좌에 입금되고 있어요. 돈이 적립되고 18세가 될 때까지 찾지 않아요. 그러는 사이 이자가 붙지요. 언젠가는 자립할 수 있도록 인생의 출발선부터 뒷받침하는 것입니다. 아이가 스스로 찾아 사용하는 것이 가능합니다. 가능한 한 일찍부터, 사람들이 갖고 있는 자원의 차이를 줄이려는 대책입니다.

▪ 고등학교의 수업료가 무상화되는 한편, 급식비나 교과서 대금의 보조가 폐지되는 등 역으로 부담이 늘고 있는 지역도 있습니다.

더욱 국가가 교육에 비용을 투입할 필요가 있습니다. 소득세의 누진성을 크게 늘리고 상속세를 대폭 올려 부유층으로부터의 재분배를 확충하는 일을 이제는 더 이상 피할 수 없습니다. 소비세율에도 손을 대지 않을 수 없고요. 교육면에서의 지출이 가계에 너무 의존하고 있어요. 거기에 초점을 맞춰 다양한 형태로 호소해 나갈 필요성이 있지요. 예를 들면, '교육비의 실질적인 무상화'를 들어 데모를 하는 사람도 있어요. 일본 대학의 학비도 너무 비쌉니다.

▪ 정시제 고등학교 졸업생의 진로는 취업이든, 진학이든 힘든 상황입니다. 특히 사회적 자립에 필수적인 취업지원에는 어떤 방책이 있습니까?

마법과 같은 해결책은 없습니다만, 어려운 상황에 처한 아이가 많은 일반 고등학교의 선생이 "이 아이들에게 일반 과목의 내용을 무리하게 가르치는 것이 무슨 소용이 있을까 하는 기분이 든다"는 말을 하고 있습니다. 아이들이 노동시장에 나갈 때, 조금은 뒷받침이 될 수 있는 직업교육을 확충하는 것이 중요한 하나의 대책입니다. 다만 직장을 어떻게 확보할 수 있냐 하는 문제가 정말로 어렵습니다. 일할 곳이 없고, 있어도 조건이 나쁜 가운데 어떻게 하면 해결책이 될까.

황당한 이야기입니다만, 저는 1995년 폐지된 실업대책 사업을 리뉴얼하여 다시 한 번 해야 한다고 생각하고 있습니다. 반대는 많습니다만. 옛날에는 지자체가 실업자를 직접 고용해 공원이나 도로 정비 등의 일을 시켰습니다. 그러나 임금이 올라가 비판을 받았지요. 단지, 저는 '어기에 오면 일이 있다'고 하는 장소를 공적으로 만들 필요가 있다고 생각해요. 일을 찾아도 전혀 없을 경우, 높은 임금은 아니지만, 이곳에 오면 즉시 일자리가 있다는 장소를 공적으로 만들어야 한다고 생각합니다.

그러나 실제로는 과거처럼 지자체가 직접 고용하는 것뿐만 아니고, 여러 시민단체 등이 공적인 사업을 수탁하고 실시하는, 다양한 단체에서 고용을 제공하는 방향으로 나아가야 하겠지요. '중간적인 노동시장'의 필요성이라고 하는 것이지요. 갑자기 풀타임으로 일하는 것이 아니라, 그 전 단계인, 임금도 그다지 높지 않고 고용시장에 바로 나갈 정도는 아니지만, 무언가 일할 곳이 이곳에 있다고 하는 시스템입니다. 생활에 최소 필요한 수입을 보장할 '베이직 인컴(기본수입)'이라는 단어를 빗대어, 저는 이런 최저 생활을 보장하는 고용을 '베이직 임플로이먼트(기본고용)'라고 부르고 있습니다.

지금이야말로 베이직 임플로이먼트를 보장할 필요가 있습니다. 태평양전쟁 이후, 실업대책 사업에 반대가 많아서 쇠퇴해 버렸어요. 그러나 공교롭게 그것이 종료한 95년 이후, 실업대책 사업의 필요성은 높아지고 있어, 오히려 지금이야말로 필요하다고 보는 것입니다. 실현되기까지의 여정은 멀지만요. 동일본 대지진의 피해지에서도, 행정에 의한 임시고용뿐만 아니라 행정이 아닌 곳에서 무언가 '일자리 창출', '일자리 붐'을 통하여 피해자분들에게 가설주택을 순찰 지원하게 하고 기와조각과 자갈을 철거하는 일을 시키는 경우도 있습니다. 저는 그러한 일을 해 주는 사람에게 현금을 지급하는 활동을 추진하고 있는 '캐쉬 포 워크 저팬'이라고 하는 단체의 멤버입니다. 일용직이 될지도 모르지만 일을 해 준 것에 대해 공적으로 보답하는 것과 같은 구조를, 지금이야말로 만들 필요가 있습니다.

▪ 중간적인 노동시장을 단계적으로 실시하여 또 언젠가는 본격적인 노동시장에 나가려고 하는 것입니까?

중간적 취로와 병행해서 직업훈련을 받음으로써 스텝 업(단계적 증대)하는 것이 이상적입니다. 단, 장애를 가지고 있는 분이라든가 장애자 카드는 없지만 그렇게 열심히 일할 수 없는 경계선에 있는 청년들에게는 단계가 아니라, 그곳 밖에는 장소가 없을지도 모릅니다. 그래도 예를 들면 작업장에서 일해 월 1만 엔 정도 밖에 벌 수 없는 경우보다 좀 더 밀도가 높은 일을 할 수 있는 곳이 필요하지요. 최저 임금을 조금 나눌 정도의 임금이라도, 억척같이 일하는 것이 아니라도, 일정 시간만 일해 수입의 부족분은 생활보호와 조합한다든지. 생활보호만이라면, 그것이야 말로 사회참여에 연결되기 어려워 고립되기 쉽습니다. 그 때문에도 베이직 임플로이먼트를 만들 필요가 있어요.

　일을 단계적으로 높이는데는 기본고용으로 훈련을 실행하여 맞춘 형태가 좋겠지요. 간호나 도우미로 하루 4시간 움직이고, 하루 4시간은 강의를 받아 자격증을 딴다든가 여러 시스템을 생각할 수 있지요. 실업수당을 수급할 수 없는 사람에게 직업훈련을 받게 하고 월 10만 엔의 생활비를 지급하는 '구직자 지원제도'가 2011년 10월부터 시작되었어요. 필요한 제도입니다만, 방식이 서툽니다. 실질적인 훈련의 유용성도 의심스럽고, 지역 격차도 커 고르지 못해요. 단지 생활비를 받으면서 훈련을 받을 수 있다는 것은 고마운 제도이지요. 생활보장과 세트로 기술이나 자격을 얻을 수 있는 훈련의 장을 제공하는 시스템은 앞으로 무슨 일이 있어도 필요하다고 생각합니다.


【문고판 추기(追記)】
민주당 정권 하에서 시작한 내각부의 퍼스널 개별지원사업은 2012년도로 종료했다. 영국의 차일드 트러스트 펀드도 2010년도에 폐지되었다.

## 2장
# 빈곤의 대물림 끊어내기

## 아이에게 줄 돈이 없다

'납부하지 않은 도시락 대금을 부탁했지만 아버지, 할머니, 어머니는 서로에게 미루고 전혀 결말이 나지 않았다.'

2009년 봄, 오사카시에 있는 공립중학교. 2학년생 담임이 된 야마구치 아츠에 선생은 유미(15세)에 관한 생활기록부를 전임자로부터 인수받았다. 1년간의 미납액은 8천 엔. 4월도 몇 회인가 미납한 채다. 유미가 다니는 중학교는 경제적으로 학교생활이 곤란한 가정에 학비 등을 지원해 주는 취학원조제도 대상이 80%를 넘는다.

어려운 경제 환경 속에 살고 있는 아이들과 마주하고 있는 학교는 빈곤 대물림의 해소와 아동의 사회적 자립 지원을 교육의 중심 과제로 삼고 지역사회 네트워크를 활용한 다양한 실천 활동에 전념하고 있다.

'이 경우는 보호자와 제대로 의논하면 해결이 가능하지 않을까? 가정 형편도 알 수 있을 것이고.'

야마구치는 한가한 시간이나, 귀가 중에 자주 가정방문을 했다. 구두창이 얼마나 닳도록 가정방문을 했는가가 교육의 성과로 나타난다고 하는 '구두창 닳기 교육'이다. 이 학교는 학생지도 기본의 하나가 되었다.

"모자가정에서 어머니는 매일 밤, 술을 마시러 외출하고 아이들만 있는 경우도 있고, 집에 욕실이 없어서 친구들에게 멸시당해 울고 돌아온 아이들도 있어요. 이혼을 둘러싸고 벌어지는 법정에서 일본어를 못하는 필리핀 어머니를 위해 재판소에 따라가 통역을 하는 아이도 있어요. 심한 학대로 이웃 사람이 수차례 경찰을 부르는 가정도 있고, 담당하고 있는 학급의 문제는 다양합니다. 여러 문제를 안고 있는 가정의 아이와 소통하려면 가정 사정을 알지 못하면 무리지요. 보호자와 관계 형성이 되지 않아 대화를 나눌 수 없으면 학생지도는 불가능해요."

유미의 집은 주택이 밀집한 좁은 골목 구석에 있는 낡은 목조 건물 2층의 연립주택이었다. 어머니 대신 할머니와 아버지, 동생 모에(13세) 네 명이 살고 있다.

"보다시피 궁핍한 생활로 너저분해요."

할머니와의 대화는 처음에는 현관에서 하다, 야마구치가 발걸음을 옮기자 곧 방으로 안내를 받았다.

창은 골목 쪽을 향해 있는 부엌에 하나 밖에 없다. 거실로 이어지는 카펫을 깐 마루는 걸을 때마다 꺼지듯이 휘어졌다. 천정은 낮고 거실은 전등이 켜 있지만 어둡다.

60대 후반의 할머니는 야마구치에게 어려움을 조금씩 말하기 시작했다.

"아들의 월급으로 빚을 갚고나면 집에 들어오는 수입은 10만 엔을 밑돕니다. 내 연금 3만 엔을 합쳐도 빠듯해 아이들에게 돈을 줄 수가 없어요."

집세와 광열비 지불은 가계를 압박했다. 남은 생활비로 할머니는 끼니를 해결해야 하는 것이 큰 일 이었다.

"우리 집에서는 좋은 음식을 만들어 줄 수 없으니까, 모에는 이웃 집에 가서 맛있는 것을 먹고 와요. 입조차 까다로워 내가 직접 만든 음식은 먹지 않는다니까요."

할머니는 야마구치에게 하소연한다. 게다가 유미가 중학교에 입학한 2008년 4월부터, 이전까지 시행되던 학교 급식이 폐지되었다.

오사카시는 그해 3월 일부 중학교에서 실시하던 급식을 "보호자 부담의 공평성 원칙에서 바람직하지 않다"는 이유를 들어 폐지했다.

"중학교 급식에 관해서는 '시민의 소리' 등에서 실시 학교가 확대되기를 바라는 의견도 있고, 모든 중학교에서 급식 실시에 의해 보호자 부담의 공평성을 담보하는 것은 선택사항 중 하나지만, 이 도시는 가정에서 만든 도시락 지참율이 높고, 보호자로서도 도시락을 만들어 보내는 것을 가정의 역할로 여기며 의미를 느끼는 분들이 많으며, 학생도 원하고 있고, 가정 도시락이 실질적으로 정착하고 있다고 볼 수 있다."('중학생의 점심식사에 대한 고찰'의 정리)

시내의 모든 중학교에서 급식을 실시하는 것보다, 일부 실시교의 급식을 폐지하는 쪽이 실상에 맞는다는 이치다.

문부과학성에 따르면 전국 대부분 초등학교에서 급식을 실시하고 있지만, 중학교는 2008년에 91%에 그쳤다. 실시율이 낮은 지자체를 보면 오사카부가 17%로 눈에 띈다. 그 외에는 시가현, 와카야마현이 각각 57%, 가나가와현이 65%였다.

문부과학성은 "재정면에서 어려움이 있고, 도시락이 부모 자식 간의 관계 형성에 좋다고 생각하는 지자체가 있기 때문"이라고 했는데, 오사카시가 그 전형적인 예다.

도시락을 지참할 수 없는 학생은 업체의 도시락을 사전에 예약해서 사는 시스템이다. 당일 아침까지 보호자가 휴대전화로 주문 가능한 시스템이다.

대금은 원래 1식 350엔이, 1년 6개월 후인 2009년 9월부터 70엔이 보조되어 280엔이 되었다.

"그날의 도시락 대금이 없는 아이는 외상으로 하고, 교원은 전원이 도시락을 사기로 한 약속 때문에 필요한 수만큼 도시락을 아이들에게 돌린다"고 야마구치가 말했다.

도시락이 모자라 먹지 못하는 교원은 컵 라면으로 대신한다.

이 중학교가 학교 자체의 조리방식으로 학교급식을 실시할 때는 급식비가 취학원조의 대상이었기 때문에 미납문제는 없었다. 그러나 도시락 대금은 원조의 대상이 아니다. 아무래도 생활고로 미납자가 나왔다.

점심은 학생 전원이 교내의 런치 룸의 테이블에서 반별로 모여 먹는다. 룸 안의 조리실에는 학교 자체가 조리하여 급식을 제공할 때 사용하던 큰 냄비나 솥이 지금도 잘 정리되어 있다.

급식 폐지로 "도시락 대금의 지불은 경제적 빈곤을 표면화시켰을 뿐이에요"라고 학생지도 담당 이시야마 히로시가 말한다.

"급식은 점심 때, 학교에서 영양을 확실히 섭취할 수 있을 뿐만 아니라, 정신적인 면에서도 누구든지 편안하게 주위의 아이들과 함께 식사할 수 있어요. 도시락은 내용물을 숨기고 먹는 아이나, 도시락을 싸 오지 못해 그 자리에 있을 수 없는 아이들을 양산하죠. 경제적 빈곤이 인간관계를 만들지 못하고 고립시키는 심각한 빈곤으로 아이들을 몰아넣고 있어요."

인간관계를 풍부하게 해야 할 학교에서의 식사가, 격차 속에서 아이들의 관계를 멀어지게 한다.

"정말로 돈이 없어. 도시락 대금 3백 50엔을 마련하는 것도 힘들어요."

할머니의 말씀에 야마구치는 수 차례 방문하고도 미납금 이야기는 꺼내지 못하고 만다.

## 취학원조 서류조차도 준비하지 못해

확 트인 창으로 교정이 멀리 보이는 중학교의 학생지도실. 야마구치의 가정방문이 계속되던 5월 하순, 유미의 할머니가 찾아오셨다. 취학원조 신청서류를 구비하지 못해 곤경에 처했기 때문이다.

"선생님 잘 부탁드려요."

소파에 앉으며 유미 아버지의 건강보험증 복사본을 테이블 위에 놓았다. 유미가 학교에서 신청서를 가지고 간 것은 4월 초. 마감은 6월이었다.

"신청서는 학급 전원에게 나눠줬어요. 취학원조는 여러분들의 학교생활을 지원하기 위해 돈이 나오는 제도이기 때문에 적극적으로 이용하라고 말했어요."

담임 야마구치의 이야기다.

취학원조는 생활보호를 수급할 '요보호자'와 시 · 구 · 정 · 촌(일본 행정구역 단위)이 생활보호에 준한다고 인정한 '준요보호자'를 대상으로 급식비나 학용품, 수학여행비 등을 지급하는 제도다. 문부과학성의 조사로는 취학원조율의 전국 평균은 2001년도 9.7%에서 2008년도에는 13.9%로 증가했다.

"학교가 신청서류를 회수하여 빠진 서류가 있는지 체크한 후 교육위원회에 일괄해서 제출합니다만, 생활에 쫓기는 가정은 서류를 제대로 구비하거나 기입하지 못해 제출하지 못하기도 해요."

취학원조는 본래 신청유무에 관계 없이 인정 기준을 채우는 아이를 지원하는 것이 원칙이지만, 실제 운용은 보호자가 신청을 해야만 하는 '신청주의'로 되어 있다.

"취학원조를 받을 수 없으면 학교의 징수금을 지불할 수 없어 미납액이 큰일입니다. 가정방문을 할 때 기입한 서류를 받느라 뛰어 다닙니다.

마감 시간에 맞추지 못할까봐 제가 달려가 서류 작성을 돕는 일도 있어요"라고 야마구치가 말했다.

신청서류 준비를 하는 유미의 집에는 복잡한 사정이 있다.

할머니가 유미와 모에를 키우고 있는데 취학원조 신청자는 보호자로 신고된 아버지로 되어 있다.

"아버지의 수입을 말할 것 같으면 소득이 많아서 유미의 경우는 취학원조 인정기준을 벗어나 대상이 되지 않아요."

상담을 받은 이시야마가 말했다.

그런데 아버지는 빚을 안고 있어 꽤 큰 금액을 상환하고 있었기 때문에 상환 후의 소득을 보면 원조 인정 대상이 된다. 취학원조의 인정 기준은 지자체에 따라 차이가 있지만, 오사카시는 전년의 세대소득이 생활보호 기준의 1.0배였다.

"빚을 상환하느라 연금 생활을 하는 할머니와 아이들의 생활은 궁핍했기 때문에, 이전이라면 취학원조의 필요성이 인정된다는 학교장 명의의 문서를 내면 신청은 가능했다."

재정난을 이유로 서류심사 절차가 엄격해지고, 지금은 빚을 상환하고 있는 것을 증명할 수 있는 서류 등의 제출이 필요하다고 이시야마가 말했다.

"아버지가 일일 고용직이거나 파견 근무로 소득이 불안정한 경우나, 소득은 있어도 고액의 빚을 상환하고 있는 경우는, 서류를 간단히 구비할 수 없어요."

이해 4월 모에도 유미와 같은 중학교에 입학했다. 할머니는 두 사람의 학비랑 도시락 대금으로 엄청난 부담을 받았다.

취학원조가 인정되면 수급액은 두 사람으로 모에의 입학준비 보조금을 포함해 연 10만 엔이 넘게 된다.

"취학원조가 없으면 아이를 키울 수 없는 상황입니다. 생활이 어렵고, 아이들은 목욕탕에 주 1회 밖에 갈 수 없다고 털어놓고 있었습니다"라고 이시야마는 말한다.

그러나 취학원조 문제가 정리되기 전에 할머니와 자매의 생활은 파탄이 났다.

### 엄마를 만날 때 먹는 맛있는 식사

취학원조 상담으로 유미 할머니가 학교를 방문한지 이틀 후의 일이다.

"지금 며느리와 손주들이 물건을 가지러 왔어요. 선생님 빨리 와 주세요."

야마구치는 방과 후 할머니로부터 전화를 받았다. 전날 밤, 생활태도를 지적한 할머니에게 아이가 물건을 던져 큰 싸움이 났다.

"맙소사! 둘 다 나가. 이렇게 생활비를 아껴 키워주고 있는데, 이제 더 이상 모르겠다."

할머니 말씀에 집을 뛰쳐나간 유미와 모에는 아침이 되어도 돌아오지 않았다. 학교도 결석했다. 전화를 받은 야마구치는 모에의 담임과 자전거를 타고 유미의 집으로 서둘러 갔다.

"넌 칠칠치 못해."

"저는 잘 하려고 했어요."

거실에서는 할머니와 유미 어머니 치에가 언쟁을 하고 있다.

유미의 부모는 지금 중학교의 학군과는 전혀 다른 지역에서 맞벌이하여 집을 사고, 거기서 자매가 초등학교 저학년 때까지 성장했다.

그러나 아버지가 빚을 지고 치에가 물건을 치우지 않고 집안일을 하지 않아 점점 부부관계가 악화되었다. 그러는 동안 아버지는 집을 나와 할머니 댁에서 함께 생활하기 시작했다.

치에는 밤에 거의 집에 돌아가지 않았고, 아이들에게 식사나 돈을 가끔 주고 있을 뿐 방임 상태가 되었다.

방임은 아동학대의 하나로 아이에게 밥을 주지 않고, 목욕도 시키지 않는 등 돌보지 않으며, 학교에도 보내지 않고, 병이나 상처가 났을 때 의사에게 치료를 받도록 하지 않고, 약을 먹이지 않는 등의 행위이다. 2008년도에 전국의 아동상담소가 접한 방임 사례는 약 1만 5천 9백 건이나 된다.

사정을 안 아동상담소가 유미와 모에를 일시 보호하였고, 그 후 자매는 같은 아동양호시설에서 약 2년 간 보냈다.

"할머니가 양호시설에서 데려온 것은 유미가 초등학교 5학년 말경이었다"고 야마구치가 말했다.

치에는 할머니가 유미와 모에를 거두는 동안, 유미에게 할머니께는 비밀로 하라고 하고 휴대전화를 사주고 연락을 하며 때때로 밖에서 딸들과 만나고 있었다.

"인도요리 레스토랑이라든지, 어머니는 여러 곳에 데리고 가요"라고 유미는 말했다.

거실에서 치에는 이혼 서류마저 꺼내 할머니와 언쟁을 계속하였다.

"최종적으로 누가 데리고 가고, 어디를 거처로 하여 양육할 것인지. 그 결론이 어떻게 날 것인지가 걱정이었어요."

유미와 모에의 결론은 가출해서 치에와 연락을 주고받은 그 시점에서 정해졌다.

생활이 어렵고, 예의범절에 까다로운 할머니와 사는 것보다, 만날 때 맛있는 요리를 사 주는 치에와 사는 것을 선택하는 것은 당연했다.

"그렇지만 유미는 어머니와는 밖에서 만날 뿐 어디에 살며 어떤 생활을 하고 있는지 알지 못했어요."

야마구치는 말했다.

이 중학교에서는 새 학년이 시작되면 학생지도 담당 이시야마와 각 담임 교사가 학생 한 사람 한 사람의 지도안을 의논하는 '학급미팅'이 있다.

야마구치는 유미에 대해 도시락 대금 미납 외에는 전임자로부터 인계받은 것이 없고, 학교에서 문제가 있는 행동도 발견하지 못했기 때문에 학급미팅에서는 특별히 의논해야 할 보고사항도 없었다. 그런 만큼 눈앞에 펼쳐진 사태의 갑작스런 전개에 놀랐다.

결국, 치에가 유미와 모에를 맡기로 했다.

야마구치는 할머니 댁을 나온 유미의 교복이나 가방 등을 치에의 소형 자동차에 싣는 것을 도왔다. 유미를 전송하면서 모녀가 갈 곳은 있다고 생각했다. 그러나 그 후, 세 명이 차를 타고 나타난 곳은 예기치 못한 장소였다.

## 차에서 숙식

오사카시 구역 소회의실. 이시야마의 요청으로 유미 일가의 지원을 의논하는 교육 사례회의가 열렸다.

"여중생 두 명과 어머니가 차에서 생활하고 있습니다. 긴급보호가 필요합니다."

구의 복지 담당 아동상담소의 직원, 지구 센터의 생활 상담원 등이 소집되었다.

그러기 4일 전 세 모녀는 싸운 채 헤어져 할머니의 집에서 소형 자동차로 나왔다.

치에는 "딸들을 맡겠다"고 말했지만 정규직도 아닌 경비원이나 택배 등의 일로 전전하는 생활. 지인의 집에 머물고 있어 아이들과 살 집도 없었다.

"어디로 가면 좋을까."

갈 곳이 없어 곤란한 치에는 경찰에 보호를 요청했다. 긴급 일시 보호로 모자생활 지원시설에 입소했지만 그날 밤. 세 모녀는 아무말 없이 자취를 감췄다.

모자생활 지원시설은 아동복지법에 의한 것이다. 18세 미만의 아동을 가진 모자가정 등의 입소를 허용해 안정된 생활과 자립을 지원한다. 전국 모자생활 지원시설 협의회에 의하면 입소 이유는 가정폭력이 약 반수를 차지한다.

"긴급피난으로, 게다가 모자생활 지원시설은 학교 구역 밖에 있기 때문에 아이들이 입소 중에는 우리 중학교에 다닐 수 없는 것을 알고 '그렇다면 싫다'고 했어요"라고 이시야마가 말했다.

모녀는 차에서 잘 수밖에 없었다. 좁은 차 안 바닥에는 플라스틱 물병과 샌들이 흐트러져 있고, 할머니 댁에서 가지고 나온 물건으로 가득했다. 세 사람은 간신히 공간을 만들어 잤다.

"차에서 자고 있어 긴급피난으로 지원 시설에 갈 수밖에 없어요."

차에서 생활하고 있는 실상을 안 이시야마는 치에와 연락을 취해 교육사례회의가 있는 날 아침 학교 상담실로 불렀다.

치에는 "방법이 없다"고 이시야마의 말에 응했지만, 유미와 모에는 "시설에서는 지금의 학교에 다닐 수가 없다"고 또 거부했다.

"그럼 우리 중학교에 다닐 수 있다면 입소할 수 있겠니?"

이시야마의 말에 "그렇다면 좋아요"라고 겨우 수긍했다.

이시야마는 할머니를 만나 다시 한 번 아이들을 양육할 생각이 없는지 확인했다.

"귀여운 손자들이지만 이제 더 이상 돌보지 않을 거예요. 여유가 없어요."

할머니는 거절했다.

그날 오후 교육 사례회의. 이시야마가 이제까지의 경위를 설명하고, 모자 지원 방침을 제안했다.

"시설에 있는 동안 생활보호를 인정받아 주거를 확보하고 방임상태였던 모자관계의 재생 등 생활환경의 조정을 시작했어요."

이시야마의 방침이 확인되면 행정도 바로 움직인다.

"아동상담소가 맡아서 모자생활 지원시설에 입소할 수 있게 되었지만 아이들이 우리 학교에 다닐 수 없는 문제가 남았어요."

사례회의에서 이시야마는 중학교 교원이 책임을 지고 유미와 모에를 학교에 데리고 갔다 오는 복안을 냈다.

"중학교에 다니고 싶다는 조건을 달면 긴급성이 없으므로 입소 조건에 적합하지 않다고 볼 가능성도 있다. 그러나 모자가 처한 사정을 구체적으로 사례회의에 보고해 의논하고 있으므로, 아이들이 제멋대로라고 할지도 모르지만, 자동차 생활로부터 구제하기 위해서는, 아이들의 통학문제가 실은 가장 중요한 열쇠인 것을 행정담당자가 알아야 합니다. 알지 못하면 가족은 방랑을 계속하게 돼요. 사례회의의 존재 의의는 큽니다. 행정, 지역, 시설의 담당자들과 함께 의논하여, 특례의 조건으로 입소를 인정받았어요."

이시야마 자신이 자동차로 등하교 시키는 것을 조건으로 유미와 모에는 다시 학교로 돌아오게 되었다.

## 학대, 비행, 취학곤란…

이시야마는 모자생활지원 시설에 입소한 유미와 모에의 사례를 월 1회 열리는 지역의 교육 돌봄회의에 보고했다.

돌봄회의는 중학교 학군에 2003년 발족되었다.

월1회 열리는 회의에는 보육소나 초중학교에서 학대, 비행, 취학 곤란 등 대응이 필요한 아이들을 파악하여 보고한다. 사례별로 구체적으로 어떤 지원이 필요한지 각각의 입장에 대해 멤버들이 의견을 내고 실제의 대처 방안을 검토한다.

소수로 개별 대응하는 교육 사례회의에 비해 돌봄회의는 학교, 행정 담당자, 지역의 민생위원, 아동위원, 보호사들 등 아이들과 관계된 약 20명이 멤버로 구성되어 복수의 사례를 검토한다. 이른바 사례회의의 친위원회적인 존재다.

"교육현장은 정보도 포함해서 폐쇄적이 됩니다. 돌봄회의에서 학교가 중심적인 기능을 맡아 지역과 연결해 넓은 네트워크를 형성하여 사회자원이나 인재를 활용해 가면 서로 정보공유도 가능하고 지원을 받는 것도 가능할 거예요. 여러 타입의 아이에게 대응한다고 보면 학교만으로는 안 되고 다른 기관이나 직종의 사람들과 교류하지 않으면 불가능해요."

이시야마의 말이다.

아동이 안고 있는 교육적인 과제는 학교에서 지도가 가능하다해도, 중요한 유대관계를 갖는 가정의 경제적 복지적인 과제까지는 학교가 해결할 수 없다.

"생활보호의 이용 방법이나 언제까지 필요한지, 부모의 취업지원은 어떻게 할 것인지, 가정의 상태를 보면서 문제 해결의 최종적인 예측을 하는 데 있어 돌봄회의가 기능을 발휘합니다."

돌봄회의의 지원 대상 아동은 '리스트'에 등록된다. 등록 후는 특별한 문제가 보이지 않는 아이의 가정도 상황이 안정되면 '지켜볼 것'이라고 기록하고, 특히 돌봄회의의 경과보고는 필요하지 않다.

유미의 경우가 그러했다.

"학대 때문에 양호시설에 있었기 때문에 초등학교 때 돌봄회의에 등록

되었어요. 할머니의 양육에는 문제가 없어 지켜보는 경우였지만 생활의 한계로 아이들이 가출함으로써 문제가 한꺼번에 표출되자 보고 대상이 되었죠"라고 이시야마가 말했다.

돌봄회의에서 월례 보고 사례는 중학교의 경우 약 20건, 리스트 등록자의 약 20%다.

갑자기 문제가 표면화된 경우 돌봄회의를 기다리지 않고 소수로 기동성이 있는 교육 사례회의가 소집된다.

"각각의 경우 상황에 대해 직원이 공유하지 않으면 안 되는 정보는 제가 직원회의에서 이야기해요. 직원과는 매일 얼굴을 마주하기 때문에 그때 여러 정보 교환을 합니다. 다른 상황이 생기면 가정방문을 하기로 하고. 저희는 무언가가 있으면 가정방문을 항상 하려고 생각하고 있으니까, 거기서 또 정보를 얻을 수 있죠. 그러므로 학교의 정보량은 압도적으로 많습니다. 돌봄회의와 연결되어 있으면, 문제가 발생할 때 곧 바로 사례회의를 긴급 소집해 다음 대응으로 넘어갈 수 있어요."

유미의 경우도 이시가와가 요청해 필요한 멤버가 조속히 소집되어 대응할 수 있었다.

"돌봄회의와 사례회의는 아이를 파악하는 지역의 안전망 두 바퀴가 되고 있어요."

## 집 정리도 불가능한 엄마

유미가 할머니 댁을 나와 한 달이 지난 7월, 생활보호를 받아 세 모녀의 생활은 다시 시작되었다.

"주거를 확보하고, 생활을 재건하는 것이 급선무였어요."

지구 센터의 생활상담원 요시모토 마리가 말했다.

생활보호 신청 수속은 요시모토가 도와주기로 모자생활 지원시설에 있는 동안 정해졌다.

　새롭게 세 명이 생활할 아파트를 요시모토와 학생지도 담당 이시야마가 마련하고, 사용하지 않는 가전기구나 가구 등을 얻어 준비했다.

　"할머니 집은 욕실이 없었으니 있으면 좋겠어. 어머니도 힘드니, 주 2일은 우리 둘이서 교대로 요리를 만들자." 아이들은 그런 이야기를 했다.

　치에는 새로운 생활을 마음속에 그려 보았다.

　재출발 할 때도 교육 사례회의가 열렸다. 보건사와 복지사무소의 케이스워커(Case Worker, 사회복지활동 전문가)도 참여했다. 방치 상태의 모자관계의 재구축이 필요했기 때문이다.

　치에가 병원에 가서 정신과 진료와 건강진단도 받도록 결정됐다.

　여름방학이 끝나고 치에와 생활을 시작한지 약 2개월 지났을 때다.

　"부엌이 더럽다. 식기가 쌓여 어디에 무엇이 있는지 알 수가 없어."

　유미가 학교에서 자주 자기 집의 부엌을 입에 올렸다.

　"그러는 동안 '어머니가 기분이 안 좋다'고 우는 일도 있어, 이를 방치할 수 없다고 생각했어요."

　담임인 야마구치는 유미의 상황을 학생 지도 담당 이시야마에게 알렸다.

　야마구치는 지역의 행정과 창구역할을 하는 이시야마와 유미의 생활에 대해 자세히 정보교환을 하였다.

　학교에서는 교육 돌봄회의를 통해 얻어진 지역이나 행정의 정보는 이시야마가 필요에 따라 담임에게 전한다. 한편, 학교생활에서의 아이들의 변화는 이시야마가 집약하여 사례회의에서 공유한다.

　10월에 야마구치는 이시야마와 함께 유미네 집에 청소하러 갔다.

　"이시야마 선생에게 '부엌이 심각한 것 같아요'라고 하자 '부엌만 그런 게 아니예요. 장난이 아니네요'라고 했어요."

현관을 들어서자 좌측에 부엌이 있었다. 야마구치는 한 번 보고 유미가 말한 의미를 이해할 수 있었다.

부엌은 식기나 포크로 가득 차 있어 아무 것도 보이지 않았다.

"사용하고 그대로 쌓아두어 굉장하네요."

야마구치는 부엌을 맡았다. 식기를 씻었지만 놓을 장소가 없어 플라스틱 통에 담았다.

"백 엔 샵에서 사온 수저 들이 너무 많아 설거지를 해도 싱크대 바닥은 보이지 않았어요."

야마구치는 두 시간 반 동안 식기를 씻어서 양동이로 옮겼다. 양동이 세 개 분이나 되었다.

"식기류를 버리지 않고 사서 보태기만 할뿐 아니라, 새도 없는데 새장, 대형 쓰레기인 선반을 주워오기도 했어요. 물건은 늘고만 있을 뿐. 이전에도 쓰레기 집이었다고 할머니로부터 들은 적이 있어요."

거실 청소는 비닐봉지에 불필요한 물건을 챙겨서 버렸지만, 치에게 물어보니 "놔둬요"라고 하여 정돈할 수 없었기 때문에 스스로 판단해 서슴지 않고 버렸다.

"마지막으로 청소기를 돌려 바닥을 청소하고, 한나절만에 아주 깨끗한 집으로 만들고 돌아왔어요."

이시야마로부터 두 번째 청소 제안을 받은 것은 크리스마스 이브이다.

"산뜻한 기분으로 설을 맞으면, 어머니의 기분도 바뀔지 몰라요. 해 봅시다."

이브 당일, 학교에서 리어카에 비닐봉지를 싣고 집으로 향했다.

"또, 깜짝 놀랐어요"라는 야마구치. 불과 2개월 전 깨끗이 청소했는데, 어느새 도로 아미타불이었다.

"빨래를 하고 청소기로 밀고 바닥을 닦아 대여섯 개의 쓰레기 봉지를 버렸어요."

야마구치는 회고했다.

"엄마는 아무 것도 하지 않으면서 저희에게는 정리하라고 명령해요."

아이들은 불만을 쏟아냈다. 그렇지만 모자간의 갈등은, 방 정리만으로는 해결되지 않았다.

### 티슈로 입을 틀어막다

"작은 방을 정리하지 않는 것만으로, 가정 안에 악순환이 일어나다니."

생활 상담원 요시모토는 치에를 담당하고 있었다.

교육 돌봄회의의 사무국도 겸해, 학생지도 담당인 이시야마와 긴밀히 제휴를 맺고 있다.

"집안이 그렇게 뒤죽박죽이면 어디서부터 정리하는 것이 좋을지 나도 몰라."

유미의 집은 연말에 두 번째 대청소를 했지만 새 해가 되자 내부 상태는 원점으로 돌아가 있었다.

"집이 뒤죽박죽일 거라고는 예상을 했지만, 이 정도까지인 줄은 몰랐어요."

치에가 말했다. 정리를 할 수 없다는 것은 본인도 알고 있었다.

"어머니와 이야기해 보면 혼자서 살고 싶고, 아이들과 함께 살 자신이 없다는 불안감이 있어요. 스스로 정리할 수 없는데, 실은 아이들에게 이것저것 잘난 척 할 입장도 아니고, 어머니는 마음속에서 갈등하고 있어요. 그러나 누구에게도 속마음을 털어 놓을 수 없어 매우 고통스러웠을 거라고 생각해요."

요시모토가 말했다.

치에가 유미와 모에의 생활 태도를 지적하면 "자기가 해야 할 일부터

하고 나서 얘기하세요"라고 받아들이지 않았다.

"어머니도 아이들의 기분을 알지만 부모로서 말하지 않을 수 없다는 생각이 먼저 드는거죠."

요시모토는 평상시 모녀 사이가 좋다고 했다.

치에도 "딸은 귀엽고 사랑스러워요"라고 했다.

"그러나 아이의 반발에 부딪치면, 어머니도 힘으로 억누르려고 해요." 라고 요시모토가 이야기 했다.

그 악순환 속에서 주위의 이해를 받지 못하고 고립된 치에는 어쩔 수 없이 양육의 고통을 때때로 아이들과 심하게 부딪치면서 터트렸다.

"선생님 도와주세요."

모에로부터 중학교에 전화가 걸려온 것은 학년 말인 3월이다.

"어머니와 아이들 간에 큰 싸움이 벌어졌어요. 그때까지도 주위에서 민원이 들어왔기 때문에 어머니가 아이들의 입을 티슈로 틀어막아 소리가 나오지 못하게 했다고 했어요."

유미의 담임 야마구치가 말했다.

유미가 지각할 때는 반드시 치에와 무언가 옥신각신한 일이 있다. 야마구치는 시간을 내어 유미의 이야기를 들었다.

"어머니는 아이들이 정리를 하지 않는다고 말하고는 전기밥통 속에 밥을 내동댕이친다든가, 화가 나서 전기 고대기 코드를 거칠게 잡아당기기도 했답니다."

이 학교는 담임이 학생의 생활 상태를 파악하기 위한 하나의 방법으로 개인 노트를 활용한다.

"학생 자신이 전하고 싶은 것을 적어 담임과 주고받습니다. 매일 쓰는 학생도 있습니다만 유미는 적지 않아요. 문장력은 있는데 자기 일을 노트에 적어 선생님과 상담하는 것이 매우 창피해서 싫다며 저와의 커뮤니

케이션은 말로 해요. 교실에서는 어머니가 기분이 나쁘다든가, 이런 것을 말했다든가 친구들에게 말하면서."

요시모토는 치에에게 정신과 진찰을 받아보라고 몇 번이나 말했다. 진찰은 재출발 할 때인 전 해 여름 사례회의에서 상의해서 결정했다.

"의사와의 면담을 세 번 어겼어요. 그러나 대수롭지 않다는 답장이 와요. 어머니의 병이 그러한 일을 시키기 때문에, 그것을 끈기 있게, 또 해 봅시다 라는 식으로 지원하고 있어요."

치에는 그즈음, 드디어 진지하게 진찰을 생각하기 시작했다.

"아이들과의 관계가 자신이 생각해도 무서워진 것인지, 무언가 하지 않으면 안 된다는 생각이 든 것인지, 드디어 그렇게 할 마음이 생긴 거예요."

요시모토가 말한다.

## 어머니와의 생활은 더 이상 할 수 없어

치에가 티슈를 딸들의 입에 넣은 사건이 있은 후, 교육 사례회의가 열렸다.

주제는 유미와 모에의 처우였다.

"집 안은 엉망이 되어 있으며, 어머니가 아이들을 학대하는 일까지 일어나고 있기 때문에 어떻게 하면 좋을 것인가라는 이야기였어요."

이시야마가 말했다.

치에는 아이들만을 남겨두고 밤중에 집을 비우는 일도 있었다. 다시 방임하지 않도록 아동 시설에 입소시키는 것도 논의되었다.

"아이들에게 기분을 물었더니, 어머니와의 생활을 기대했어요. 그리고 초등학교 시절 양호시설에서 지낼 때 집단생활에 적응하지 못했기 때문에 시설에 대한 거부감이 컸어요. 아이들 측에서 보면 시설로 돌아갈 바에는 어머니와 생활하는 것이 좋은 거죠. 친구들과 함께 보내거나 스스로 보낼 자유 시간이 중요합니다."

회의의 결론은 "아이들의 피난 장소를 확보해 두고 상황을 지켜보자"는 것이었다.

"꿈을 갖고, 부모에게 응석을 부리는 것이 아이들입니다. 이 아이들은 힘든 생활 속에서 쭉 자신의 기분을 표현하지 못한 채 참아 왔어요. 그건 자존감을 형성하고 사회에서 자립해 나갈 힘을 익히는 데 장애가 됩니다."

방임할 가능성은 있지만 아이들의 의향을 우선시한 것은 "자존감을 소중히 하고 싶었던 까닭"이라고 이시야마가 말했다.

"회의에서 시설 입소라는 선택 사항은 있습니다만, 학교와 지역이 아이들의 기분에 맞추려고 했어요. 어머니의 양육 능력도 포함해서 아이의 의사에 따르도록 지켜보자는 것이 근본에 깔려있기 때문에 아이들의 생각을 최대한 존중해주기 위해 모두가 더 나은 방안을 생각을 하는 거예요. 지역도 옆에서 무거운 짐을 조금 뒷받침하는 경우입니다."

생활 상담원인 요시모토의 이야기다.

이날, 회의에서는 치에의 지원방침도 의논했다.

"정신과에서 진단받고 장애 카드를 취득하고, 집 정리를 위해 도우미 파견을 요청하기로 했다"는 요시모토. 요시모토는 치에를 데리고 정신과에 가 진료를 받게 했다. 한참 후 진료 결과가 나왔다. "발달 장애와 우울증"이었다.

선천적 뇌기능 문제가 원인인 발달장애는 언어가 늦거나 대인관계에 어려움이 있는 자폐증, 읽고 쓰는 등 특정 분야가 어려운 학습장애(LD), 주의력이 떨어지기 쉬운 결함다동성장애(ADHD) 등의 총칭이다.

문부과학성은 초중고생의 6.3%가 이러한 가능성이 있다고 보고 있다(2002년도 조사). 어른이 되어도 증상이 계속되고 '정리할 수 없는' 특징을 가진 사람도 있다.

유미는 중학교 3학년, 모에는 2학년으로 진급했지만, 그 후도 치에와 몇 번인가 문제가 생겼다.

5월에 있었던 교육 사례회의에서는 상황을 주시하는 지원을 열심히 했다.

"평일은 제가 아침 7시 반, 요시모토 선생이 밤 8시에 아이들의 모습 보러 가정 방문을 계속했다"는 이시야마.

"모자관계가 이 상태로 계속 유지될 수 있을지, 어떻게 끌고 나갈 수 있을지, 그러한 것은 생각하고 있지 않아요. 때를 놓쳐도 안 되고, 어려운 점입니다. 지역에 있는 아동시설에 언제든지 입소할 수 있게 양해는 구해 놨어요. 단지 그 때 무리하게 아이들을 입소시켜도 도망쳐 나와 버릴 거라고 생각했어요. 입소시키려 해도, 아이들이 납득할 수 있는 프로세스를 만들어 주지 않으면. 이 다음에 어머니와 무슨 문제가 있으면 맡아주시라는 식으로, 아이가 마음 정리를 할 때까지는 지금의 방식으로 간다는 판단을 했어요."

그렇지만 정신적으로 불안정한 치에는 불행하게도 새로운 부인과 병이 발견되었고 자해행위도 시도했다.

유미는 6개월 후 고등학교 수험을 앞두고 있다. 이시야마에게도 모자가 함께 사는 것은 이제 한계라는 생각이 들었다.

"앞으로 6개월 동안 너무 힘들게 생활하여 어머니의 건강이 악화되고 유미의 상황도 나빠져 입시 공부도 잘 할 수 없다면 어머니도 아이도 고통스런 생활에 지치는 것보다, 어머니는 입원하여 병을 고치고, 유미는 안정된 환경에서 공부해 입시를 치르게 하자."

7월의 긴급 사례회의의 판단이다. 유미와 모에를 통학 가능한 아동시설에 일시 맡기는 방침이 결정되었다.

두 사람은 치에와 계속해서 살고 싶었지만 이번에는 입소를 마다하지 않았다.

이시야마가 말한다.

"유미가 고등학교에 합격하고 건강을 회복한 어머니와 다시 살도록 학교와 지역에서 지원을 계속할 예정이예요."

## 학교에서 온 독촉장

중학교 학생지도실. 2010년 4월 소파에 앉은 졸업생 미키(28세)는 다크서클이 생기고, 피로감에 쌓여있다.

"지금대로라면 저는 쓰러져버릴 것 같아요. 아이들도 키울 수 없어요."

이시야마에게 불안을 호소했다.

이시야마의 제자였던 학생이 언니 미키를 데리고 상담하러 온 것이다.

미키는 중학교 3학년 때 "절대 유산시키고 싶지 않다"고 료이치(13세)를 출산. 지금은 료이치가 이 학교 2학년생, 동생 가즈야(12세)가 1학년생이다.

후생노동성의 조사에 따르면, 미키처럼 10대에 출산하는 비율은 1980년에는 0.9%로 1%를 밑돌았지만, 90년대에 상승하여 피크인 2002년에는 1.9%로 증가했다. 그 후는 약간 감소해 2009년에 1.4%였다.

"식비를 할머니께 빌리거나, 쌀을 얻지 않으면 먹을 수 없는 상황입니다."

미키는 건강이 나빠 일도 할 수 없었고, 두 아이를 데리고 수입은 거의 없었다.

몸이 급격히 나빠진 것은 이시야마를 방문하기 약 3년 전부터다.

"전신주와 전신주 사이를 걷는 것만으로 심장에 무리가 와 호흡이 힘들고 주저앉아야 해요. 제가 쓰러지면 아이들의 생활을 지킬 수 없을 것 같아 병원에 갔어요."

검사결과는 부정맥. 의사는 "수술은 필요 없지만 정신적인 불안이라든가, 여러 가지 부담이 심장에 영향을 주고 있다"고 했다.

"아무 것도 생각하지 않으려고 노력하며 무덤덤하게 생활해요."

미키는 일을 계속했지만 건강은 악화될 뿐.

"일하는 도중 발작이 일어나면 몸이 움직이지 않고 발마저 경련이 일어나요. 안정을 찾을 때까지 아무 것도 못하죠. 계속해서 일하러 갈 수 없어 해고되는 경우가 많았어요."

수입은 불안정해서 국민건강 보험료 지불도 밀리기 일쑤였다.

"관공청에서 '많이 밀려 있어요'라고 전화가 걸려오기 때문에 갚을 때 조금씩 냈지만, 돈도 시간도 없어 통원할 수 없었어요."

주위로부터 "생활보호를 받아보라"는 권유를 받은 적도 있다.

"당시는 생활보호에 절대 기대지 않고 우선 자기 힘으로 최선을 다 해보겠다고 생각했어요. 할머니랑 부모가 있으니 어떻게 되겠지"라고.

그러나 미키의 생각과는 달리 생활은 궁핍해지기만 했다. 일은 그 날의 컨디션에 따르기 때문에 급료를 당일에 받는 일을 찾았다.

"낮에 할 수 있는 일은 없어서 밤에 스낵바 같은 곳에서 일했어요. 술도 마시지 않으면 안 되고, 건강이 악화될 뿐. 더욱 일할 수 없는 악순환이었어요."

료이치는 3월까지 약 1년간 다른 중학교에 다녔다.

취학원조는 받고 있지만, 그 돈은 생활비로 쓰이고, 학비 납부는 뒷전이 되었다.

"학교로부터 납부하라는 편지가 몇 번이나 왔어요. 그럭저럭 지불했습니다."

결국, 생활을 꾸려 나갈 수 없어 세 모자는 친정으로 돌아왔다.

"더 이상 주위 사람들을 의지할 수 없고, 어떻게 하면 좋을지 모르겠어요."

## 담배피는 초등학생

중학교 3학년 때 료이치를 낳은 미키는 졸업 전부터 일을 했다.

"육아는 부모의 도움을 받고 있어요. 부모님도 넉넉하지 않아요. 우유 값이나 종이 기저귀 값, 식비의 일부를 줄 수 없냐고 하셨어요."

18세가 될 때까지는 나이를 속이고 일했다.

"지금까지 여러 가지 일을 했어요. 화장품 가게나 양장점. 낮에는 급료가 싸고 월급으로 받아야 하기 때문에 밤에 일급을 받는 일을 하러 가기도 했어요."

두 개의 일을 병행하면서까지 생활비를 버는데 쩔쩔매는 미키는 여유롭게 료이치나 동생 가즈야와 마주할 시간을 갖지 못했다.

"일이 끝나 귀가하면 피곤해 잠자기 바쁘고, 식사시간이 아이들과 맞지 않으면 부모로부터도 "아이들을 도통 돌보지 않는 엄마는 실격"이라는 말을 들었다."

일로 몸이 힘들어서라고 말씀드려도, 이해해 주지 않으셨다.

"일도 육아도 모두 잘 안 되고 화가 폭발해서 집을 뛰쳐나온 적도 있어요. 오기로 낳았지만 아이가 어떻게 될 것인가, 제가 어떻게 키울 것인가는 생각하지 않았어요."

부정맥에 몸살까지 겹친 미키는 아이들이 사춘기에 접어들 무렵은 점점 돌볼 여유가 없어졌다.

아이들은 일찍부터 문제가 있는 행동을 하기 시작했다.

"초등학교 때 도둑질과 흡연, 심야배회를 하고, 그래서 학교가 여러 차례 지도를 했지만 좀처럼 개선의 기미가 보이지 않는 경우였어요. 부모에게도 강하게 얘기했지만 잘 되지 않고, 연락도 쉽지 않았어요. 지역의 교육 돌봄회의에서도 어떻게 대응할지 오랜 동안 보고 대상이 되었어요."

이시야마의 말이다.

료이치와 가즈야는 초등학교 때부터 알고 있다.

"금발에 귀걸이를 하고, 지역에서 불량스런 태도로 하고 담배를 피웠어요."

축구부의 고문도 하고 있던 이시야마는 만날 때마다 "중학교에 들어오면 축구하게 해줄께"라고 말을 걸었다.

료이치는 1년간 다녔던 이전의 중학교에는 거의 등교하지 않았다.

"아침에 다녀오겠습니다 하고 나온 채 친구들과 아지트에서 놀았어요. 학교에서 '1주간 등교하지 않고 있습니다'라는 연락이 와서 사방으로 찾아다니고, 밤에도 귀가하지 않고 가출 비슷한 것도 했어요."

미키가 말했다.

가즈야도 초등학교를 종종 결석하여 문제가 많았다.

"가즈야도 료이치와 함께 왔다 갔다 해서, 저는 언제나 화가 났어요. 집에서는 항상 아이들과 싸움하는 상태였어요."

그러나 지금의 중학교 축구부에 들어가 둘의 거친 생활은 변하였다.

## 축구 중점 고등학교에

미키가 아침에 일어나면 료이치와 동생 가즈야가 벌써 부엌에 있다.

"학교에 가지고 가려고 전기밥통의 밥으로 주먹밥을 만들고 있었어요. 아이들이 이렇게 변했다는 생각에 눈물이 글썽거렸어요."

전에 다니던 중학교에서는 등교하지 않던 료이치와 초등학교를 결석하곤 했던 가즈야는 4월에 동시에 축구부에 들어갔다.

"3개월 동안, 지각이나 결석은 거의 하지 않았어요. 할머니도 '다시 태어난 것 같다'라고 말씀하셨어요."

이시야마는 이야기 한다.

"무언가 하고자 하는 에너지는 갖고 있었어요. 거기에 축구가 있었던 거죠. 축구부는 두 아이처럼 생활상의 문제를 안고 있는 아이들이 많아요. 그 때문에 모두 열심이죠. 동료들과의 관계 속에서, 축구는 목표를 공유하기 좋은 환경입니다."

그러나 미키는 두 아이의 축구용품을 갖추는 것은 어려웠다.

"미키에게 '형의 유니폼과 용품만 사서 주세요. 동생은 학교에서 준비할테니까요'라고 했어요. 우리학교는 졸업생에게 사용하지 않은 물건은 놓고 가라는 편지를 써서 재활용하고 있어요."

료이치는 "축구를 열심히 해서, 스포츠 특기로 고등학교에 가려고 합니다."

"아이들을 보고 저도 병을 고쳐 제대로 된 일을 하고 싶다는 생각이 들었어요."

미키의 이야기를 들은 이시야마는 4월 하순, 교육 사례회의 소집을 요청했다.

"중요한 것은 료이치와 가즈야가 이 학교에 들어와 축구부에서 열심히 활동을 시작한 거예요."

생활이 꽉 막히면 재차 쓰러질 수 있다. 이시야마는 바쁜 생활을 안정시킬 필요가 있다고 판단했다.

"졸업생인 미키와 아이들의 자립을 지원하기 위해 사례회의를 열기로 했어요."

어떤 지원이 필요할지는 미키나 아이들의 이야기를 들으며 당사자의 필요에 맞는 형태로 방침을 세울 생각이다.

"아이들의 장래에 어떤 영향을 끼칠지, 어머니의 인생은 어떠할지. 어디서 비전을 찾아내 생활보호를 이용해 갈 것인지입니다. 거기서부터 생각하는 것이 지원의 방침이예요."

이시야마는 생활재건의 열쇠를 미키의 건강회복으로 보았다.

"우선 생활보호를 받을 수 있어야죠. 의료부조를 활용하여 몸을 제대로 치료해야 해요. 그리고 취업지원으로 연결하여 자립시켜야죠."

의료부조는 생활보호에 속하는 부조의 일종. 수급자의 진찰, 약제, 수술이나 입원 등 치료에 드는 의료비가 전액 공비로 지원된다. 수급자는 복지사무소에 의료권의 발행을 신청하여, 진료 시에 지정 의료기관에 제출한다.

이시야마가 요청한지 2개월 후 교육 사례회의가 열렸다.

"사례에 따라서 생활보호를 신청하지 않겠냐는 결론도 있어요. 실제, 생활보호보다 취로를 우선시 한 경우도 있어요. 생활보호와 같은 공적인 제도를 활용할 경우는 객관성을 확보하기 위해서도 사례회의를 소집하고 자신의 방침에 대해 모두의 의견을 들어 확인하거나 수정을 합니다. 독선에 빠지지 않도록 판단도 팀이 함께 해야 합니다. 팀으로 대처하기 때문에 개인이나 학교의 대응보다 생활보호의 신청절차도 아주 섬세하고 안정되게 돼요."

미키의 경우는 이시야마의 방침이 결정되어 2개월 후 생활보호가 인정되었다. 이시야마는 아이들에게 설명했다.

"생활보호로 어머니는 치료에 전념할 수 있고, 생활은 안정될거야. 학교생활을 잘 해야지."

미키는 최근 가즈야로부터 이런 말을 듣고 있다.

"축구선수가 되면 엄마에게 집도 사 주고, 밥도 먹여줄게. 엄마는 힘들 때도 돌봐주었으니까."

## 사립고등학교에 보낼 여력이 없어

2009년 말 중학교 학생지도 담당 이시야마 히로시는 졸업생 유타(19세)의 어머니 기미에로부터 편지봉투를 받았다.

"기쁜 일을 알려드리겠습니다."

그 해 봄, 고등학교를 졸업하고, 식품관련 회사에 취직한 유타의 급여 명세서 복사본이 들어 있었다.

"초과근무수당도 있지만 액면대로 월 약 30만 엔. 이런 선배도 있다고 수업에서 교재로 활용했어요."

유타 일가는 아버지의 가정폭력을 견디지 못해 다른 지방에서 도망쳐 왔다. 유타가 초등학교 6학년 때 일이다.

"저에 대한 폭력뿐만 아니라 아동 학대가 시작되었어요. 아이들이 울면서 '저 사람이 나가지 않으면 우리들이 나갈거야'라고 호소했어요. 뭔가를 하지 않으면 안 될 것 같아 부끄럽지만 관청에 가 전부 이야기를 하고 '이런 상태이기 때문에 도망치고 싶습니다'라고 부탁했습니다. '평생 돌아오지 않을 작정으로 떠나세요'라는 약속을 받고, 아무 연고도 없는 오사카로 도망쳐 왔어요."

기미에의 이야기였다.

오사카 시내의 모자생활지원시설에서 지낸 후, 일가는 이 중학교가 있는 지역으로 이사왔다.

"유타는 중학교에 입학하자 학교에 가지 않았지만, 야구를 좋아해 야구부에 들어가 설 자리가 생기자 일상적으로 등교하게 되었어요"라고 이시야마가 말했다.

유타는 성실해 열심히 몰두하는 성격이었기 때문에 학교생활은 특별한 문제가 없었다. 그러나 집에서는 다른 모습을 보였다.

"밖에서의 긴장과 스트레스를 집에서 폭발시켰어요. 가장 큰 원인은 어머니의 흡연이었어요."

기미에는 누누이 끊는다고 유타에게 약속했지만, 유일한 숨구멍이어서 약속을 지키지 못했다.

기미에에 따르면 유타는 초등학교 시절, 옷에 베인 담배 냄새 때문에 "담배 피웠지"라고 선생님으로부터 의심을 받고, 아니라고 하면 "경찰에 데리고 갈거야"라는 협박을 받아 억지로 인정하고 만 나쁜 기억이 있다.

"초등학교도 그래서 가지 않게 되었어요. 그러므로 담배 이야기가 나오면 제게 끊으라고 화를 내고 언제나 싸움이 났어요. 물건을 보면, 벽에 구멍을 뚫거나 컴퓨터를 부수거나 전화기도 손으로 찌그러뜨렸어요."

유타의 가정 내 폭력은 고등학교에서 수험준비를 할 때 더욱 심해졌다. 고등학교는 야구로 유명한 사립학교에 가고 싶었다.

"기미에는 파트타임 도우미만으로 생계가 어려워 생활보호도 받고 있어요."

"파트타임에서 받는 급료를 합치면 월 18만 엔 정도였어요."

유타를 사립에 보낼 여유는 도저히 없었다.

"공립이라면 뒷바라지를 할 수 있지만, 사립은 학비가 전혀 달라요. 여동생도 있고요."

유타는 장학금을 받아 공립 고등학교에 진학했다. 중학교에서는 보호자를 위해 연 3회 독자적으로 장학금 설명회를 열고 있다. 오사카시의 공적 장학금이 없으면, 고등학교 진학이 어려운 가정은 70% 이상이나 된다.

"장학금도 학자금도 부모가 상환하는 조건이어서 아이의 진로 안정은 바랄 수 없어요. 글을 쓸 수 없는 부모에게는 저희들이 서류를 대신 써주지만, 부모와 아이가 공동작업으로 진로를 열어 갈 때 학교가 중개하는 형식을 취하고 있죠."

이시야마의 이야기다.

고등학교에 입학한 후에도, 유타는 야구를 계속할 예정이었지만 야구부에 들어가는 시기를 놓치고 말았다.

"야구에는 안경보다 콘택트 렌즈가 편리해서 사용법을 익히는 동안 들어갈 기회를 놓치고 말았어요"라고 말하는 유타.

야구 연습이 없어져 귀가는 빨라졌다.

"야구를 한다면 연습으로 진이 빠져, 엄마와 마주 할 기력도 없었을텐데, 야구를 하지 않으니 엄마와 얼굴을 마주하는 것이 대여섯 시간 정도로 길었어요. 그래서 화를 내는 일이 많아졌어요."

기미에의 흡연과 야구를 할 수 없다는 초조함으로 유타의 폭력은 격해졌다. 기미에가 전화해 이시야마가 여러 번 유타의 집으로 달려가곤 했다.

"유타가 난폭해서 어머니와 여동생이 집을 나온 적도 있어요. 유타를 시설에 보내야 한다는 이야기도 나왔죠. 어머니는 더 이상 안 된다. 견딜 수 없다고 하셨어요. 그렇지만 고등학교 생활을 계속하면서 성장했어요. 끝내면 성장은 멈춥니다. 그러므로 어떻게든 계속 가는 것이 중요하다고 어머니를 다독이기도 했어요. 고등학생 나이에 아이를 시설에 보내는 것은 매우 난처한 이야기가 되니까요."

이시야마가 이야기했다.


## 부모님께 조금이라도 도움이 되고 싶다

유타가 고등학교 1학년인 9월, 중학교 학생지도실을 찾아왔다.

"역시 야구가 하고 싶어요, 고등학교 감독에게 부탁해 야구부에 들어갈 수 있게 해 주실 수 있을까요?"

이 중학교에는 '추가지도'라는 지원이 있다.

"고등학교 졸업 때까지 아이들의 행동을 추적합니다. 중퇴한 학생이 있으면 다른 고등학교로 보낸다든지, 취업과 연결시켜 준다든지, 사회에서 자립할 수 있을 때까지 지원해요."

이시야마는 유타가 콘텍트 렌즈 때문에 야구부에 들어갈 기회를 놓쳤다는 것을 알지 못했기에, 상담을 받고 재빠르게 움직였다.

"교장과 연락을 취해 직접 야구부 감독을 만나 유타의 사정을 이야기했어요."

이시야마는 유타의 일로 왜 중학교 생활지도 담당이 관계하고 있는지 추가지도에 대해서도 고등학교 측에 설명했다.

"'본인의 취학 이전의 상황도 고등학교에 이야기를 했습니다. 고등학교의 선생도 확실히 살펴봅시다'라면서 협조를 약속해 주었고, 고등학교의 카운슬러를 포함해서 몇 차례인가 상담할 기회를 가졌어요. 중학교와 제휴해서 과제를 안고 있는 아이들을 졸업까지 지도하는 것은 고등학교 측에도 플러스. 이야기를 듣고 유타가 야구부에 들어오는 것을 흔쾌히 받아줬어요."

약 2주 후, 유타는 다시 야구 글러브를 끼고 그라운드에 섰다.

"타이밍을 놓쳐 감독에게 직접 이야기하는 것이 어려워 어쩌면 좋을지 모를 때 상담 가능한 것은 이시야마 선생님 밖에 없었어요"라는 유타.

야구부 일은 해결됐지만, 유타의 가정 내 폭력이 해결된 것은 아니었으므로 이시야마는 졸업 때까지 월 1회의 면담을 약속했다.

"엄마의 흡연 문제는 선생님을 만나 불만을 쏟아내면 그 때는 후련하지만 다시 화가 났어요."

유타는 담배 냄새가 싫었을 뿐만 아니라, 기미에의 건강도 걱정하고 있었다. 그런 까닭에 기미에의 흡연에 신경을 쓰는 마음이 더욱 컸다.

그렇지만 "면담을 계속했기 때문에 엄마와의 관계는 그럭저럭 이어 나갔어요"라는 유타.

야구에 몰입해 피곤해서 녹초가 되어 귀가하는 생활이 시작된 탓도 컸다.

"집에 있는 시간이 줄어 일요일도 연습과 시합으로 나가는 시간이 많았고, 눈에 띠게 안정되어가는 것을 느끼게 되었어요"라고 기미에가 말했다.

유타는 야구 연습에 열중했지만, 친구들과의 생활환경의 차가 몸으로 느껴졌다.

"생활이 고통스럽고 모자가정으로 돈이 없는 것을 알고 있었어요. 친구들과 비교해, 왜 이렇게 돈이 없는 것일까 하고 지겨웠어요. 원하는 운동화가 있어도 싼 것 밖에 살 수 없었어요. 글러브를 주문하고 싶어도 무리. 원하는 물건을 살 수가 없고, 무엇이든지 참아야만 했으니까요."

야구랑 학교가 재미없어 유타는 중퇴할 생각을 한 적도 있다.

"몇 번이나 있었어요. 그렇지만 입으로 말한 것도 행동으로 옮기는 것은 중요하잖아요. 중퇴하면 어떻게 될지 대강 상상이 되고. 예를 들면, 전국에서 제일 수준이 낮은 학교라도 졸업하는 것만으로 다르다는 생각이 들었어요."

유타는 면담하면서 그런 생각과 부딪쳤다.

"선생님이 없었으면 아마도 학교를 그만두었을지 몰라요. 그야말로 범죄를 저질러도 이상하지 않을 정도로 불안정한 시기가 중학교에서도 고등학교에서도 있었어요."

연습은 끝까지 남아서 했고, 개인 훈련을 하고 더 열심히 했지만 결국, 보결 선수로 끝났다.

취업 활동은 육체를 쓰는 일이 좋다고 생각해 식품 유통관련 회사에 응시했다. 리먼쇼크 후의 취직난이었지만 "고등학교는 개근. 야구를 보결선수로 계속한 인내력을 평가받았어요"라고 기미에가 말했다.

"어머니나 본인도 전문학교나 대학에 간다고 한 적이 있었지만, 고등
학교 선생님과 이야기 하는 도중에, 빨리 집에서 나와 자립하는 것이 이
경우는 좋을 것이라고. 본인이 상담을 받으러왔을 때도 열심히 일해서
자립해 보는 게 어떻겠냐고 말하고, 고등학교와 방향을 조정하면서, 그
런 가운데 헤쳐나갔어요."

이시야마가 이야기했다.

유타는 지금 회사 기숙사에서 생활하고 있다. 전문학교 학생인 여동생
을 위해 월 약 5만 엔을 집에 보태준다.

"부모에게 폐를 끼쳤으니 좀 기여하고 싶어요."

유타는 자립의 길을 걷기 시작했다.

## 마이너스에서 출발

"삼가 이 편지를 읽고 있는 당신은 어디서 무엇을 하고 있을까요?"

합창 콩쿠르에서 가수인 안젤라 아키 씨의 '편지~삼가 열다섯의 그대
에게'를 노래하는 중학생의 영상이 흘러 나왔다.

2010년 2월 하순, 중학교 3학년 교실. 노래에 눈시울을 적시는 여학생
도 있다.

영상이 끝나자 학생 개개인에게 3장의 왕복엽서가 배부되었다. 유타도
'자신에게 보내는 세 통의 편지'를 썼다.

"1년 후, 3년 후, 5년 후의 자신에게 응원의 메시지를 써서 제출하도
록." 담임의 목소리가 들려왔다. 각자 고등학교 입학, 졸업, 성인이 되는
나이다.

"작년까지는 고등학교 1년째, 2년째, 3년째인 자신에게 보낸 성원의
편지를 남기고 졸업했어요. 매년 2월에 그 왕복 엽서를 졸업생에게 보내
요. 회신 없는 아이들은 어떻게 지내고 있는지 조사해요. 고등학교 1학

년 때 중퇴한 학생이 많아요. 중학 3학년 때 지각이 30회 이상인 아이는 고등학교를 졸업하는 경우가 50%도 못되죠. 추가지도를 하여 다른 고등학교에 연결하기도 하고, 취업으로 연결시켜 자립의 길을 걷게 합니다. 자립해서 납세자가 되는 것은 빈곤의 대물림을 차단하는 데 중요하기 때문이죠. 추가지도의 열쇠는 학생이 인간관계를 형성하여 졸업할 수 있도록 하는 것입니다. 저런 선생은 두 번도 만나기 싫고, 연락도 필요 없다는 생각으로 졸업하면, 아무리 이쪽에서 접근해도 아이와 연결되지 않습니다."

이시야마가 말했다.

3학년이 된 유미를 야마구치 가나에는 연속해서 담임했다.

"유미가 제대로 고등학교에 입학할 수 있다면, 자립으로 향하는 다음 단계를 밟게 할 거예요. 제가 어디까지 도와줄 수 있을런지?"

유미와 여동생 모에는 안정된 환경에서 생활할 수 있게 아동시설로 옮길 것이다.

"유미에게는 3년간 열심히 해서 고등학교를 졸업하고 스스로 일을 찾아내야 한다고 말했어요. 그렇지 않으면 빈곤에서 벗어날 수 없어요. 본인도 그것을 알고 있지만 안정된 사랑이 없으면 아이는 힘들 때 참고 이겨내지 못해요. 학대받고 있는 아이나 불안정한 가정에서 자란 아이는 한참 분발해야 할 때 혹 하고 힘이 빠져 쓰러지거나 헤이해져 참고 견디지 못해요. 그것은 아이들의 탓이 아니지요. 아이는 무력하니까요."

담임들은 시간날 때 마다, 교실의 학생들 책상 속을 살펴본다.

"공부를 싫어하는 아이는 파일이나 노트 정리를 잘 못합니다. 방과 후나 수업이 비어 있는 시간에 책상 속에 두서없이 방치한 프린트나 시험지를 꺼내 노트에 붙여 팽팽하게 하거나 파일에 감거나 깨끗이 정리해요. 1개월 정도 방치해 두고 있는 아이는 한 반에 다섯 명 정도가 돼요."

학생들의 파일 정리를 담임이 할 일인가 하는 의문은 야마구치에게도 있다.

"너무 응석받이지만, 딱 맞춰 펼쳐 놓으면 충실감이 있어 스스로 할 맘이 생기기도 하거든요. 스스로 할 수 있는 것이 최상이지만, 저희가 하지 않으면 안하니깐 자꾸 쌓여요. 기다리고 있으면 절대 나아지지 않아요."

집에 돌아가도 가정학습을 할 수 있는 환경이 아닌 아이도 많다.

"보통 안정된 환경에서 제대로 생활할 수 있다면, 학력이 신장될 것 같다고 생각되는 아이도, 가정 분란 등 언제나 싸움이 있어 조용히 뭔가에 대응할 수 있는 환경이 아닙니다. 그러므로 학력이 부진하다고 생각해요. 방치해두면 마이너스 상태가 되는데 이를 제로까지 되돌려요. 그리고 다시 의욕을 찾게 해 플러스로 올리도록."

야마구치에 따르면 학력보장의 대응으로는 공부 모임을 열어 전원 참가를 원칙으로 하여 숙제를 완수하게 한다. 3학년생은 가을 문화제가 끝나고 나서 보충학습을 한다.

"학원에 갈 수 없는 학력 부진이나 수업을 따라가지 못하고 의욕이 없는 아이를 대상으로 짭니다. 공부를 하면 점수를 딸 수 있다는 자신을 얻는 것이 중요하기 때문에, 여기는 꼭 외우라고 알려준 부분은 반드시 시험에 내서 점수를 받게 하죠. 조금이라도 점수가 좋으면 다음에도 열심히 할 것이라고 생각하기 때문입니다."

이러한 것들이 축적이 되어 예전에는 격차가 나던 고등학교 진학률이 오사카시의 평균과 거의 비슷하게 되었다.

야마구치가 이야기한다.

"반드시 학력이 올라갔기 때문에 합격률이 높아진 것은 아니라고 봐요. 저도 예전의 학교에서 경험했지만 중학교에서 고등학교 진학과 관련이 없는 아이는 학교에 오지 않아요. 와도 교실에 들어오지 않고요. 선생과는 적대관계죠. 그런 환경에서 고등학교 입시를 치를 수가 있겠어요. 최후까지 아이 하나하나의 진로에 제대로 책임지는, 고등학교에 보내는 학교 집단 만들기를 하는 가운데 학생을 저버리지 않고, 누구도 탈락되지 않게 하는 방침으로 지도한 결과 진학률이 올라간 것이라고 봅니다."

빈곤을 교육 과제의 중심에 놓고 대응해 온 이 중학교에서 이시야마 히로시는 학교와 지역, 행정과의 조정, 창구역으로서 10년 이상 일하고 있다.

"빈곤문제는 뿌리가 깊어요. 이를 해결하기 위해서는 학교가 지역사회와 연계해 폭넓은 네트워크를 만들어 관계기관이나 지역의 아동과 관련된 사람들이 만들어가는 것이 가장 이상적이죠."

이시야마 자신도 교육 돌봄회의나 사례회의 등 아동을 받아들이는 안전망 만들기에 힘을 쏟고 있다.

"지역에서 문제가 있는 아이나 가정을 지원하고 있는 교육 돌봄회의의 대상이 되는 아동의 60%는 생활보호 가정이고, 한부모 가정을 합하면 70%나 돼요. 학대의 경우는 신체적인 학대로 나가기 이전 방임상태로 발견되는 비율이 높아요. 돌봄회의에서는 조기 발견하는 것뿐만 아니라 부모의 육아를 지원하면서 재발을 방지합니다. 그것을 어디까지 할지. 학대받은 아이가 결혼해서 안정된 생활이 가능할 때까지 지켜봅니다. 학대의 연쇄가 반복되지 않도록 지원대상의 리스트에서 지우지 않고 돌봄회의나 사례회의의 안전망은, 아이가 안정되면 마지막에 지원합시다라는 역할이에요. 그렇지만 빈곤의 대물림을 차단하는 데는 그것만으로는 부족합니다."

이시야마는 아이가 스스로 나아가야 할 방향을 선택해서 거기서 분발하면 한발 내딛을 수 있는 구조도 준비해 둘 필요가 있다고 말한다.

"아이에게는 성장하고 싶은 에너지가 있어요. 예를 들면, 생활보호 가정의 아이가 교사가 되고 싶어 하죠. 그 이유를 알면, 어떻게 지원해야 그 아이가 실제로 경력을 쌓아 자립해 갈 것인가가 보여요. 교육 프로그램에는 수업, 동아리 활동, 학급 활동도 있어요. 여러 가지 프로그램 가운데 아이를 조금만 지원해줘도 뒤처지지 않거든요. 지원하는 이유로서 그 아이들의 배경, 학대를 받고 있다든지, 생활이 어려운 가운데 분발하고 있다든지, 그러한 것을 전해 주위 사람들이 알도록 하여 아이가 제대로 자리잡게 지원하도록 해줍니다. 공부뿐 아니라 여러 가지 길이 있어, 아이들이 각자 자기가 가야 할 길을 발견하고, 자신을 높일 수 있게 지원해주는 것은 학교의 가장 큰 역할이지요."

지역의 안전망과 아이의 능력을 신장시킬 수 있는 구조가 있어서 처음으로 아이들은 자신을 향상시킬 수 있는 자존감을 유지할 수 있다고 이시야마는 생각하고 있다.

"두 기능의 주축이 되는 것은 학교. 그것을 학교가 자각해서 움직이면 아동빈곤 해소에 대한 대처는 지역에 뿌리를 내릴 게 분명하다."

【문고판 추기(追記)】

오사카시의 시립 중학교 급식은, 2013년도에 모든 중학교에서 가정 도시락과 택배 방식의 민간업체 도시락 중 하나를 선택하는 선택제로 바뀌었다. 업체 도시락은 취학원조 제도가 적용되어 반액이 지급된다(게다가 2014년도부터 1학년생은 선택제가 없어지고 업체 도시락으로 전환했다). 2016년도부터 전 학년이 업체 도시락으로 바뀐다.

이쿠타 다케시(生田武志) · 노숙자 네트워크 대표

## 교육과 복지를 연결하는 전문직이 절대 필요

이쿠타 다케시는 대학 시절인 1985년부터 '일용직 노동자 마을'이라고 불리는 오사카시 니시나리구 가마케사키 지역에 들어가, 2001년부터 '노숙자 네트워크'에서 활동하고 있다.

가마케사키를 중심으로 주1회 오사카시 번화가의 밤 순찰이나 노숙자와의 생활상담, 생활보호 신청 심부름, 노숙자 습격사건에 대한 대응 등, 노숙자 지원 활동을 계속하고 있다. 한편, 아이들에게 습격사건의 피해자인 노숙자들에 대한 이해를 높이기 위해 2001년부터 전국 초중고 등학교에 파견되어 '노숙자 문제에 대한 강의'를 하고 있다. 노숙자 지원 운동이나 학교 수업을 통한 체험으로부터 이쿠타는 아동빈곤의 문제 해결은 교육과 복지를 축으로 하는 학교와 지역의 네트워크를 만들어 학교가 정면으로 빈곤 문제에 임하는 자세를 갖는 것이 중요하다고 제언하고 있다.

■ 노숙자 현장에 관여하신지 25년 됐습니다만, 노숙자 현장은 크게 변했나요?

1990년대 초 버블경제가 붕괴된 후부터 노숙자가 급증했어요. 일용직 노동자들이 제일 먼저 해고되어 노숙자가 되었죠. 1990년대 후반은 이 현상이 일반화된 시기로 전국에서 여러 직종의 사람이 한꺼번에 노숙을 시작했어요. 2000년대 이후는 청년과 여성이 눈에 띠었던 시기였다고 생각해요. 최근에는 "20세인데요, 파견계약 해지로 오늘부터 노숙을 해야 히는, 무언가 안 될까요"라는 상담이 늘고 있어요. 어머니와 다섯 살 어린애의 노숙 등 점점 다양화되고 있습니다.

■ 노숙자 지원에 관여하면서 아이들과 만나게 된 건 언제쯤인가요?

가마케사키에서는 오일 쇼크 무렵부터 부모와 아이가 노숙하기 시작했습니다만, 제가 노숙 현장에서 아이들과 관련된 것은, 최근 4, 5년입니다. 부모와 아이가 노숙을 하는 경우는 가정폭력으로 도망진 어머니와 아이가 많아요. 처음에는 호텔에 머뭅니다. 돈이 없어지면 24시간 영업하는 패밀리 레스토랑에 앉아 있고, 거기서 돈이 바닥이 나면 노숙자가 돼요. 또 하나는 아버지가 실업자가 되어 살 곳이 없게 되고 가족까지 노숙을 하는 경우이죠.

■ 아동빈곤이 확대되고 있다고 실감하세요?

확실히 확대되고 있어요. 2000년경 예상했던 바는 그 동안의 일용직 근로자 대신 젊은 프리타 노숙자가 증가할 것으로 예상했어요. 가마케사키의 상황이 전국적으로 번지고 많은 청년이 노숙할 것이라고 예상했습니다만, 이는 10년이 채 안 되어 현실이 되었죠. 여기서 생각한 것이 아이들의 일이었어요. 가마케사키의 아동빈곤 상태는 대단히 심각했어요. 아버지가 일용직인 부자(父子) 가정이 많았기 때문이예요. 한 부모 가정에서 부모가 비정규직 노동자로, 아동의 빈곤문제가 집중되는 것이 육안으로 보였어요. 이러한 현상이 가마케사키뿐만 아니라, 지금 전국적으로 확대되고 있다고 느끼고 있습니다. 특히 어머니가 파트타임 등의 비정규직 노동자로 생활이 불안정한 모자가정이 급증하고 있어서, 가마케사키와 같은 상황이 틀림없이 진행되고 있다고 봐요.

■ 예를 들면, 어떤 체험이 있을까요?

제가 방문한 도쿄의 한 아동관에서는 지역의 아동에게 배식을 하고 있습니다만, 계기는 중학생인 아이들이 아침부터 와서 아침도 점심도 먹지 않은 채 슈퍼에서 주스와 과자를 훔쳐 먹고 있었어요. 그리고 저녁에는 그 그룹에서 나와 귀가하지 않고 학교 모래밭에서 자는 것 같았어요. 왜 귀가하지 않는가 하면, 대부분이 모자가정으로, 귀가해도 부모도 없고 돈도 없어서 집에 돌아가도 의미가 없는거죠. 어머니는 아이를 사랑하고 는 있지만 돌볼 여유가 없어요. 가정환경을 보면, 어느 지역이든 공통된 문제가 있지요. 아동빈곤은 이른바 가마케사키의 아이가 리허설을 하고 전국에서 실전을 맞이하기 시작한 상태죠.

■ 아동빈곤 해결에 지역 네트워크의 활용을 강조하고 있습니다만, 지역 네트워크와의 만남은 언제였나요?

23년 전부터 가마케사키의 '산노(山王) 아동센터'라고 하는 아동관에서 아르바이트나 자원봉사로서 아이들을 접해왔습니다만, 가마케사키에는 18년 전부터 산노 아동센터도 가입해 있는 '아이린(愛隣) 아동 연락회'라고 하는 지역 네트워크가 있지요. 월 1회, 아동관이나 보육소, 학교, 병원 같은 부모나 아이들과 관련 있는 시설의 사람들을 추적하여 아이들의 정보를 교환합니다. "최근 이 아이는 학교에 결석하고 있습니다만, 아동관에서의 상태는 이렇습니다. 어머니의 상태가 그쪽은 어떤가요?" "우리 쪽에 어머니가 오셔서 관련이 있으니, 이런 접근을 시도해 볼까요?"라고 하는 상황이죠. 지원이 필요한 가정에 대해서 정보 공유가 가능하고 지원방법에 대한 아이디어도 나올 수 있기 때문에 효과적이죠.

■ 르포의 중학교 지역은 월1회 교육 돌봄회의가 있고, 긴급한 경우는 사례 회의가 있어 문제에 대응할 체제가 되어 있군요. 아이린 아동 연락회도 같은 시스템인지요?

무언가 긴급하게 문제가 생겼을 때는, 현장에서 바로 의논해서 대응을 결정하고 있어요. 예를 들어 제 경우를 말씀드리면, 어머니와 아이가 노숙을 하고 거처할 장소가 없어, 어떻게 할 수 없는 경우 아동 센터나 보육소 등에 직접 연락해서 대책을 의논하죠. 아버지는 계시지만 함께 살 수 없어요. 그렇다면 어머니와 아이는 아버지와 세대를 분리해서 생활보호를 받는 편이 좋은 것 아닌가 하는 생각을 하죠. 방향이 결정되면 당사자와 상담해, 구청에서 생활보호 지원을 시작해요. 일상적으로 이러한 상담을 받고 있는 사람들이므로, 어떻게 하면 좋은 것인지 그때그때 빠르게 대응하고 있어요.

▪ 지역 네트워크가 작동하는 열쇠는 무엇일까요?

가마케사키나 르포의 중학교 지역은, 빈곤 가정이 집중하는 심각한 상황이기 때문에 학교와 지역이 제휴할 네트워크가 발달할 수밖에 없는 면이 있어요. 학교와 지역을 잇는 네트워크의 열쇠는 케이스워커 역할이 학교에 있는지 여부입니다. 르포의 중학교는 네트워크의 거점이 되고 있고, 교원이 사실상의 케이스워커 역할을 하고 있죠. 그런 의미에서 지금 절대로 필요한 것은 교육과 복지를 연결하는 복지 전문직인 학교사회복지사입니다.

각 학교에 학교사회복지사를 두고, 그 사람을 중심으로 지역과의 네트워크를 만들어요. 사례회의를 갖고, 배려를 필요로 하는 아이들에 관해서 의논해 가는 것이 가장 좋아요. 지금 상태에서 학교 선생에게 케이스워커 기능을 기대한다 해도, 어떤 선생에게 물어도 잡무에 쫓겨 시간이 전혀 없다고 말하는 상태이기 때문이죠.

▪ 르포의 중학교는 '구두창 닳기 교육' 의식이 철저해, 가정의 움직임이 학생 지도 담당에게 정보로서 바로 들어오는 한편, 지역으로부터 정보가 필

요에 따라 학생지도 담당에게 들어가고, 학교와 지역의 정보가 통합되는 구조로 되어 있군요. 학교사회복지사를 배려해도, 교직원과 의식의 공유가 불가능하면 잘 기능하지 못하는 것 아닌가요?

르포와 같은 중학교는 꽤 특별해, 그와 같은 체제가 어느 학교에서나 가능하다고는 생각하지 않아요. 작업양이 초인적이므로. 물론 학교사회복지사를 두고 혼자서 열심히 하라고 하는 이야기는 아닙니다. 학교 전체의 후원은 당연합니다만, 거기에는 우선 교직원에 대한 연수가 필요하다고 생각해요. 아동빈곤 문제에 대한 이해를 높이고, 문제 해결에는 이러한 대응을 해 가자고 하는 공통 인식을 모두가 갖고 있지 않으면 앞으로 나아갈 수 없어요. 학교뿐만 아니라 교육 위원회도, 교직원 연합도, 아동빈곤 문제에 대한 이해를 할 필요가 있어요. 우선 학교사회복지사의 조직 만들기를 제대로 한 후에 교원 연수 등 충실을 꾀하고, 지역의 네트워크를 만들어 가야죠.

▪ 지역 네트워크의 중심은 역시 학교인가요?

네트워크의 중심이 어디가 되는가는 지역성의 차이도 있다고 생각해요. 르포의 지역에서는 중학교가 되어 있습니다만, 가마케사키에서는 아동관이나 보육소가 어린이의 생활에 밀착하고 있기 때문에 중심이 되어 있죠. 학교사회복지사가 학교에 들어와 지역과의 조정 역할을 한다면, 사례회의가 지속적으로 움직여 가는 동안, 어딘가가 네트워크의 거점이 될 것입니다. 지역 단위로 생각하면 중학교가 움직이는 경우가 많아요. 르포의 중학교와 같을 수는 없다고 해도 학교가 지역에 네트워크를 만들어 중심이 되는 것은 가능하다고 생각해요.

▪ 학교사회복지사를 각 학교에 배치하려면, 돈 문제가 발생하나요?

마지막은 예산 문제입니다. 사회 전체로서 조금 더 아동 수당을 늘리지 않으면 안 됩니다. 일본은 고령자에 대한 사회적 지원은 많지만, 아이와 청년들에 대한 지원은 매우 적어요. 그 청구서가 오고 있어요. 아동의 실태를 보고, 모두가 학교사회복지사가 필요하다는 것을 이해하지 않으면 안 됩니다.

- 학교사회복지사의 배치가 실현되어도 학교가 빈곤문제와 정면으로 대응하는 것은 어려운 것 아닌가요? 예를 들면, 학교의 이미지가 나빠진다든지?

그것은 '이지메' 문제와 비슷한 면이 있군요. "본교에는 이지메가 없다"고 말하는 학교가 매우 많았습니다만, 물론 그러한 일은 없었죠. 빈곤 문제도 마찬가지로, 어느 학교를 조사해도 한부모 가정이 급증하고 있고, 부모가 비정규직인 가정도 급증하고 있기 때문에, 더 알아보면 이제 그냥 두고만 볼 수 없는 상황이라는 것은 확실하다고 생각해요.

노숙자가 된 청년과 상담을 하고 느낀 것은 모자가정과 학대 가정이 많다는 것이었어요. 모자가정에서 생활보호를 받고 있어 돌아갈 수 없다든가, 폭력이 심해 저 집에는 죽어도 돌아갈 수 없다는 등. 즉, 부모를 의지하지 않는 청년이 점점 빈곤하게 되어 노숙하게 되죠. 한부모 가정이나 비정규 고용의 가정, 학대 가정이 늘어나는 것에 대해, 학교도 애쓰고 있지만, 그러한 아이들 중 상당히 많은 경우는 사회의 출발선부터 불리한 입장에 놓여 있어요. 제 생각은 그러한 가정 배경을 가지고 있는 아이들은, 곧 노숙하거나, 거기까지 가지 않으면 빈곤상태에 빠질 가능성이 높아요. 노숙의 현장과 학교의 과제가 점점 잇닿고 있다는 느낌이 들죠.

- 노숙문제에 대한 공개 수업에서 학생의 반응은 어떻습니까?

통상 90분으로 되어있습니다만, 학생들의 노숙자에 대한 반응은 180

도 바뀌고 있어요. 특히, 학생들이 직접 체험한 야간 순찰이나, 노숙자의 일상을 영상으로 보는 것은 효과가 있어요. 노숙자는 게을러 아무 것도 하고 싶지 않기 때문에 보통 누워 지내고 있다는 생각을 하기 쉽습니다만, 박스를 모아 시급 백 엔 정도로 열심히 살고 있는 사람이 있다는 것을 알게 되면 생각이 바뀌는 아이가 많아요. 어떤 학생의 감상문입니다만, 노숙자는 집이 없지만 노숙자들끼리 서로 돕기도 하고, 지역에서 집이 있는 사람과 따뜻한 인간관계를 만들어 마음의 안식처가 있는 사람이 있습니다. 반대로 노숙자를 예고 없이 방문한 학생은 집은 있지만 자기가 정말 힘들 때 상담할 수 있는 친구나 서로 믿을 만한 친구가 없기도 하고 거처도 없습니다. 그러므로 거처라는 의미의 '홈(Home)'이 없는 아이들이, 집이 없는, 즉 '하우스(House)'가 없는 노숙자를 덮친다라고 쓴 적이 있습니다.

노숙이라는 빈곤 상태의 배경에는 생활보호의 문제, 한부모 가정의 문제, 비정규 고용의 문제 등이 있지요. 학교도 지금, 사회에서 일어나고 있는 복지나 고용의 문제와 마주하지 않으면 안 되는 시대에 와 있다고 생각합니다. 학원이라면 명쾌하게 "우리는 돈을 받고 공부를 가르칠 뿐이다"라고 말할 수 있지만, 적어도 학교는 "여기는 공부를 가르치는 곳이므로 아동의 빈곤문제는 생각하지 않아도 좋다"고 할 수 있는 상황은 아니니까요.

▪ 노숙 문제에 관한 강의를 지속하며, 학교의 빈곤문제에 대한 의식에 변화가 있다고 느끼세요?

10년 전에 비해서 관심은 확실히 확대되고 있어요. 처음 우리가 수업을 하고 싶다고 말해도, 알고 지내는 몇몇의 선생님들만 의뢰를 할 정도였습니다만, 지금은 전혀 연관이 없는 학교에서까지도 요청이 상당히 들어오고 있으니까요.

학교로 오고 있는 아동의 빈곤 상태는 점점 진행되고 있다고 봅니다. 지금의 실태를 어렴풋이 느끼고 있어도, 눈길을 주지 않는 선생님이 많아요. 원래 현재로서는, 혼자서 열심히 해도 아무 것도 할 수 없는 것을 알고 있기 때문에 요지부동이죠. 역시 학교사회복지사가 필요하고, 학교에 시스템을 만들고, 아동의 빈곤 문제에 관해서도 학교로서 뭔가 할 수 있을 것이라는 전망이 보이면, 모두가 발 벗고 나설 것이라고 생각해요.

송년파견마을도 그렇습니다만, 그 존재로 인해 빈곤은 항상 일어날 수 있다고 사회에 인식되지 않았습니까. 그런 의미에서는 빈곤문제의 대응은 학교도 아동빈곤 문제를 의식하고 아이들을 위해 해야만 하는 일을 다시 한 번 생각한다면 크게 바뀔 가능성이 있지요.

- 르포에 등장하는 중학교는 빈곤이 심각한 학교라는 지역성의 차이로 바라볼 수 있지만, 아동빈곤이 확대되면, 그 실천은 모델로서 유용하지 않을까요?

그와 같은 실천을 하고 있는 학교는 좀처럼 없지만, 전혀 관계가 없다고 말할 수 있는 학교는 없어요. 지금, 노동자의 40%가 비정규직이고, 생활보호 세대도 점점 증가하고 있으므로. 다소 이 중학교 학생들과 비슷한 문제를 갖고 있는 아이들이 있기 때문에, 빈곤이 확대되면 시대가 금방 따라가, 이 중학교의 실천은 선구적인 예로서 참고가 되겠지요.

빈곤 문제가 사회 문제로 크게 부각된 것은 리먼쇼크가 있던 2008년이었지만, 그것은 어른들의 빈곤이었어요. 아동빈곤 문제가 나타나는 것은 시차가 있어 10년 후나, 20년 후 실제로 다가온다고 생각해요. 즉, 현재 빈곤 상태에 있는 청년들이 가족을 이뤄, 그들의 아이가 학교에 등교하는 것은 10년 후가 됩니다. 아동의 빈곤 문제가 서서히 심각한 양상으로 번질 것은 틀림없어요. 그런 의미에서도 아이와 청년에 대한 사회적 지원이 절대 필요하기 때문에, 이에 대해서는 노숙 현장도, 학교 현장도, 지역도, 행정도 협력해서 맞서지 않으면 안 되는 시기라고 봐요. 당연한 것이지만, 아이들은 모두 평등하게 태어나는데, 부모가 다른 것만으로 선택할 수 있는 것과 가능성의 폭이 전혀 다른 것은 불합리하지 않습니까.

- 한 마디로 지역이라고 해도 다양하고, 여러 문제를 안고 있습니다. 어느 지역에 네트워크가 생겨 아동빈곤 문제 해결의 기능을 하고 있을까요?

어느 지역도, 옛날처럼 모두가 얼굴을 알고 이야기를 나누는 쪽방 같은 세계는 다행인지 불행인지 없어요. 르포의 지역은 사례회의나 돌봄회의에 의해 중학교를 중심으로 한 지역 네트워크화라는 형태로 지역을 다시 만든 선례라고 생각해요. 종래의 가족에 기대하기 어려운 것처럼, 종래의 지역에도 큰 기대는 할 수 없으므로, 새로운 지역 네트워크를 만들어 갈 수 밖에 없는 상태입니다.

3장
# 보건실의 긴급요청

## 아침을 찾는 행렬

수업 전, 아직 열쇠가 채워진 초등학교 보건실. 다섯 명 정도의 '단골' 아동이 책가방을 내려놓고 복도에 쭈그리고 앉아 있다.

"선생님, 배고파요."

"빨리 열어주세요."

학수고대하고 기다리던 양호교사 고노 에츠코가 도착하자, 아이들은 소리를 쳤다.

아침을 먹지 않은 아이들의 관심은 고노가 '비장의 아침 식사'라고 부르는 급식하고 남은 빵과 우유. 아이들은 맛있는 듯 빵을 볼이 미어지게 넣고, 우유를 천천히 들이켰다.

오사카부 내에 있는 이 공립 초등학교는 2008년부터 보건실에서 아침 식사를 제공하고 있다. 계기는 어느 여자 아이가 오면서부터. 이 아이는 실업자가 된 아버지가 실종되고, 엄마와 둘이서 월 5만 엔의 연금으로 살아가고 있었다. 옷은 더러워져 있고, 급식 외에는 이틀간 아무 것도 먹지 않아 배고파 했다.

"너무 놀라서 가지고 있던 과자를 주었습니다만, 그때 처음으로 '아동 빈곤'이라는 문제가 있다는 것을 알게 되었어요. 그러고 보니 그 외에도 가정 사정으로 아침을 먹을 수 없는 아이들이 있었어요. 점점 급식으로 주던 빵과 우유를 아침 식사로 내놓게 되었지요."

고노는 자초지종을 말하였다.

학교의 보건실은 아이들의 '피난처' 같은 존재다. 특히 몸집이 작은 초등학생은 곧잘 "힘들어요" 하면서 찾아온다. 아이가 몸과 마음의 변화를 호소하는, 학교에서 가장 먼저 상태가 나쁜 것을 알 수 있는 귀중한 장소다. 이 때문에 열성적인 양호교사가 있는 학교에서는 부모의 학대를 알 수 있는 단서가 되는 경우도 적지 않다. 초등학생의 빈곤 현장을 찾으려던 중, 우리가 보건실에 주목한 이유는 거기에 있다.

그 때문에 먼저, 취재에 협조해줄 양호교사를 찾아야만 했다. 어느 현장이든 그렇지만 프라이버시의 문제가 있다. 특히 학교 취재는 최근 점점 어려워지고 있다. 나날이 어린이나 부모 지원 때문에 분주하다. 특히 현장인 보건실을 취재하도록 승낙해주는 양호교사를 찾을 수 있을까? 몇 명의 양호교사를 만나 보았지만 예측대로, 이야기는 들려줄지언정, 학교 취재에 대해서는 승낙해 주지 않았다.

간신히 응해주신 분이 50대 베테랑 양호교사 고노였다.

중소기업의 공장들이 모여 있는 이 지역은 2005년, 2006년경부터 부모의 경제 상태가 급격히 악화됐다. 급식비나 학용품비 등의 취학원조를 받는 가정은 이전에 비해 배로 증가해 40%가 되었다.

고노는 "보건실은 아이들의 긴급상황을 아는 시발점"이라고 했다. 가정환경 변화의 부작용은 아동의 마음이나 몸에서 나타난다고 역설했다.

"우리 학교는 70%의 학생이 충치이고, 40%는 시력이 저하되어 있어요. 그렇지만 돈 때문에 치과에 가지 못하고, 안경을 맞추지 못하는 경우도 적지 않아요. 충치 아동은 전국적으로는 줄고 있습니다만, 우리 학교는 많아지고 있죠."

아동빈곤이 '건강격차'까지 낳고 있는 것을 현장 경험이 많은 고노는 심각하게 받아들인다.

일반 교실과 같은 크기의 보건실에는 전자동 세탁기와 커튼이 설치된 간이 샤워 시설까지 있다. 더러워진 옷을 빨고, 아이의 얼굴이나 손발을 씻기 위해 샤워 장치를 사용하는 일도 있다. 땀이 많은 여름철은 특히 귀중한 설비다.

쉬는 시간이 되면, 조용해진 보건실에 아이들이 우르르 몰려와 고노는 대응하느라 정신이 없다. 몸이 안 좋다고 호소하는 아이의 체온을 재는 전자 체온계가 "삐삐삐삐" 하고 끊임없이 울리고, 그러는 사이 보건실 구석에서는 세탁기가 요란한 소리를 내며 체육복을 빨고 있다.

고노와 같은 초중고등학교의 양호교사는, 문부과학성에 따르면 2009년 5월 현재로 전국에 약 4만 명이다. 초중학교는 원칙적으로 배치가 의무화되어 있으며 보건실에서는 급한 병이나, 상처를 대응처치 하는 것 외에 상담 역할도 크다. 학교에 자주 등교하지 않거나, 학교에 왔어도 교실에는 들어가지 않고 보건실에서 공부하는 보건실 등교의 아이들 지도도 한다.

일본 학교보건회의 2006년도 조사에 따르면, 보건실을 이용하는 초등학생은 한 학교당 하루에 41명으로, 2001년보다 5만 명 늘었다. 찾아오는 배경 요인 중 '마음의 고민'이 41%로 올라, 9% 증가했다.

"배고파, 배고파."

아침, 학교에 늦게 온 2학년생 아야코(8세)가 무서운 기세로 보건실로 달려와 계속 외쳐댔다. 보건실에는 매일 얼굴을 내민다. 고노가 빵과 우유를 주면 순식간에 먹어 치운다. 곧잘 기운차게 맨발로 뛰어다니기 때문에 발바닥은 새까맣다.

본인은 아무 것도 신경 쓰지 않고 "봐봐, 아주 새까매요"라고 발바닥을 들어 올리면서 순진하게 웃는 얼굴을 하고 있다.

입고 있는 티셔츠는 쭈글쭈글하다. 목덜미는 더러워져 있고, 목욕도 하지 않고 자는 날도 많다고 한다.

아야코뿐만 아니라, 보건실을 자주 방문하는 아이들 중에는 옷이 더럽거나, 옷이 작아져 배가 나오는 아이들이 있다.

보건실의 장롱에는 집에서 준비할 수 없는 아이들을 위한 체육복도 마련되어 있다. 고노는 아이에게 체육복을 꺼내 입혀 체육 수업에 보냈다.

"저 아이의 집은 모자가정으로 힘들어요. 어머니는 매우 활기차고 건강한 분이었지만, 아이 세 명을 떠맡고 어려운 생활이 계속되자 결국 건강을 잃고 말았어요."

고노는 아이의 가정을 떠올렸다.

## 비오는 날 샌들로 등교

여름 방학 전 폭우가 내리던 날, 아야코와 함께 언니인 4학년생 시즈카(9세)가 비치샌들을 신고 등교했다. 운동화는 구멍이 나 있어, "어차피 발이 젖을 거예요"라며 둘 다 샌들을 신고 온 것이다.

"어머니께 신발을 사 달라고 말씀드려야지."

초등학교 보건실에서 고노가 두 아이에게 말했다.

"우리 집은 돈이 없어 살 수 없어요."

아야코는 이렇게 말하고 고노가 준비한 아침 식사인 빵과 우유를 입에 넣었다.

실내화도 작아져 발뒤축을 꺾어신고, 엄지발가락 끝을 꼬부려 신고 있다. 아야코의 발 사이즈는 21센티였지만 신고 있는 실내화는 19센티다.

이 초등학교에서는 생활 상태가 특히 걱정되는 아동에게 '건강체크'라고 하는 기록을 의무화하고 있다. 아침 · 저녁 식사의 내용, 목욕을 했는지의 여부, 체온 등을 매일 기입해 가정생활에 변화가 있는지를 지켜

본다.

아야코와 시즈카는 라면, 규동(일본식 소고기덮밥), 햄버거 따위의 외식이 많았다. 나중에는 시판되는 반찬이나 도시락이 중심이었다. 목욕을 하지 않는 날도 눈에 띠었다. 식사시간은 늦고, 취침 시간도 늦었다.

취침 시간과 아침 식사 사이에는 상관관계가 있다고 한다. 일본 스포츠 진흥 센터에 따르면, 아침밥을 매일 먹는 초등학생은 늘고 있다. 2007년 조사에서는 식사의 형태나 내용은 별개로 하더라도, 매일 먹는 아이는 91%로 증가했다. 단, 주 2, 3일 먹지 않는 날이 있는 아동은 7%, 거의 매일 먹지 않는 아동은 2%이다. 매일 아침을 먹는 아이의 95%가 오후 11시 이전에 자는데 비해, 거의 먹지 않는 아이의 41%는 11시 넘어 잠자리에 들고 있다.

아야코와 시즈카의 가정도 이렇게 아침 식사를 하지 않는 가정의 전형적인 예였다.

여름방학이 끝나고, 폭염이 계속되던 9월 상순. 초등학교에서는 녹차가 든 물통을 지참하도록 가정에 연락했다.

그러나 아야코는 보건실에서 패트병에 들어있는 보리차를 마시고 있었다.

"물통은?"

의아하게 생각한 고노가 물었다.

"어머니가 이거 가지고 가래요."

아야코는 태연하게 대답하고 패트병을 내밀었다.

패트병은 어머니가 자동판매기에서 싸게 팔고 있는 것을 산 것이라고 한다.

"끓는 물에 넣는 보리차 팩을 사용하면 더 싼데."

고노는 복잡한 생각이 들었다.

아야코와 시즈카는 어떤 환경에서 살고 있는 것일까? 고노에게 부탁해 가정방문을 함께 가기로 했다.

"어수선 하지만, 들어오세요."

집을 방문하자 어머니 메구미(35세)가 안으로 들어오라고 했다.

작은 단독주택. 1층은 거실과 부엌, 욕실, 화장실. 애완용 고양이의 오줌 냄새가 코를 찌른다. 물건이 널려 있고, 부엌 구석에 전기밥솥을 올려놓는 받침대는 망가진 대형 텔레비전이었다. 중고품을 싸게 샀지만 바로 고장나, 버리지 않고 그대로 두고 있다고 했다. 꽤 경사진 계단을 올라 2층으로 가자 침실이었다.

"요리를 좋아해 이전에는 그라탕이나 햄버거 등을 자주 만들었어요. 아이들도 좋아해서. 지금도 상태가 좋을 때는 만들어요. 그러나 보통은 외식하거나 반찬을 사오기 때문에, 식비는 좀처럼 절약할 수가 없어요."

거실에 앉아서 메구미가 말했다. 가사 일이 생각처럼 잘 안 된다고 했다.

"우울증으로 3개월 정신과에 입원했어요. 약은 지금도 먹고 있어요. 모든 게 괴롭고, 의욕이 나지 않아요."

귀찮은 듯 한숨만 내쉬고 있다.

우울증은 스트레스나 피로 등 여러 가지가 원인으로 기분이 축 처지고 흥분되거나 판단력이 저하되는 정신적 증상이나 수면장애, 식욕저하, 두통 등 신체적 증상이 나타난다. 후생노동성에 따르면 우울증이나 조울병 등 '기분장애'라고 진단되는 환자의 총수는 1999년 44만 명이었는데, 2008년에는 104만 명이 되어 21.4배 급증했다.

"예전에는 과자나 케이크도 만들었어요. 지금은 재료를 측정하는 것조차 힘들어요. 카레같은 것은 사먹는 편이 싸게 느껴져요, 그만 손이 많이 가지않는 간단한 쪽으로 생각하고 말아요. 아이들이 한참 자랄 나이라 먹는 양이 많아서, 큰 고기를 사서 잘라 사용하면 좋겠지만, 그런 것이 귀찮아요. 병 때문에. 이전에는 친구들과 함께 싸게 파는 대형 슈퍼에 가 대량 구매해서 작게 나누어 랩으로 쌌어요. 지금도, 그렇게 하지 않으면 안 된다고 생각은 하지만 몸이 따라주지 않아요. 위기감이 들어요. 필사적으로 애써 보지만 잘 안 돼요."

아이들을 돌보는 것도 불충분하다는 자각은 있다. 그러나 의지가 있어도 뜻대로 되지 않는다고 한다.

"식사 시간도 계속 늦어지고 있어요. 8시나 9시, 자칫하다가는 10시가 되고."

아이들의 차림새에도 눈길이 미치지 못해, 둘은 더러워진 옷을 입고 등교하는 일도 있다.

메구미는 퇴원 후인 2010년 3월, 학교와 복지관계자의 지원도 있어 생활보호 수급자로 인정되었다.

그러나 건강은 불안정해 외식에 의존하는 경우가 많고, 지출이 늘어 가계는 어렵다. 아이들에게도 여파가 있다.

"아이들의 신발은 세일할 때 한꺼번에 사둬요. 그런데 금방 너덜너덜해지고 구멍이 나 버려요. '도대체 어떻게 신을 신고 다니길래'라고 체념하고 있지만…"

메구미는 쓴 웃음을 지었다.

"양말도 신는 것을 그다지 좋아하지 않아서, 신는 날이 드물고. 맨발로 자주 학교에 가고 있어요."

"비 오는 날 샌들은 역시 가엾다는 기분이 듭니다만"하고 메구미에게 물어 보았다.

"저 아이들은 샌들을 좋아하니깐. 더럽고 너덜너덜한 샌들이지만, 번화가에도 샌들로 갈 정도예요."

맥빠진 웃음이 돌아왔다.

## 일과 간호로 우울증에 걸려

아야코는 학급에서 친구를 잘 사귈 수 없었던 것인지 보건실에 매일 얼굴을 내밀고 있다. 메구미는 빚이 쌓인 남편과 이혼하고 아이 셋을 데리고 우편배달 계약 사원으로 생계를 꾸려 나갔다.

"자전거를 좋아해 배달 일은 재미있었어요."

고등학교 때부터 자전거를 타고, 자전거로 아르바이트를 했다. 자전거를 타면 힘든 일이 있어도 생기가 났다.

그러나 아이들 일로 상사와 부딪쳤다.

"아이가 병으로 입원했을 때도 그 상사는 '왜 곁에서 돌봐야 하는데'라며 싫은 내색을 했어요. 저희는 '모자가정이니까요'라고 설명을 해도 전혀 이해해 주지 않았어요."

결국, 다른 우체국으로 옮겼지만, 거기는 근무 시간이 길고, 매일 연장근무를 요구했다.

"우체국 민영화 무렵부터 근무 시간이 길어져 연장근무를 포함하면 하루 10시간이나 되었어요."

메구미는 푸념했다.

게다가 사실상의 '노르마(노동 기준)'가 있어 압력이 덮쳐왔다.

"연하장은 자기 부담으로 많이 샀어요. 추석과 연말에는 답례용품인 우체국의 카탈로그 상품에서 가능한 한 싼 식품을 골라 사서 아이들과 먹을 수밖에 없었어요."

장시간 노동의 여파는 육아에 나타났다. 아야코의 보육소 마중은 중학생인 오빠 도모히로(15세)에게 자주 부탁하고, 메구미는 자고 있는 얼굴밖에 볼 수 없는 날이 늘어갔다.

"아야코는 2학년이었지만 외로웠던 것인지 오른쪽 엄지손가락을 빠는 버릇이 생겨, 지금도 고쳐지지 않고 있어요. 수건이나 모포를 만지는 것을 좋아하고. 촉감 좋은 헝겊을 언제나 만지고 싶어 해요. 여러 차례 하지 말라고 해도 그만두지 않아요. 선생님은 '친구들과 이야기하는 것이 어려운 듯하다'고 하셨어요. 언제나 나이가 위인 아이들과 함께 있고, 보살핌을 받고 싶은 것 같아요. 애정부족인지…"

건강하게 뛰어다니는 아야코에게 상상할 수 없는 일이지만, 메구미는 고통스러운 듯 말했다.

아야코가 초등학교에 입학하기 전 해 여름, 메구미는 외할머니의 전화를 받았다.

"아무도 함께 살아주지 않아."

외할아버지가 병으로 누워 움직일 수 없자 가족회의를 열었지만 귀찮은 간호를 해 줄 사람은 없었다.

메구미가 두 살 때 어머니는 병으로 돌아가셨다. 아버지는 초등학교 3학년 때 실종되었고, 외할머니와 외할아버지 밑에서 자랐다.

"'얼굴이 아버지를 닮았다'고 외할머니가 미워했어요."

그런 가정이 싫어 고등학교시절 집을 뛰쳐나왔다.

"외할머니는 그래도 내게 부탁하면서 같이 살자고 하셨어요. 고민했지만, 울면서 부탁하셔서 하는 수 없이 받아들였어요."

메구미는 외할머니 댁으로 아이들과 함께 이사했다. 일로 지친 몸으로 외할아버지를 간호하는 것은 큰 타격이었다. 점점 육아를 소홀히 하게 되었다.

"외할아버지의 기저귀를 가는 것은 아기와 달라 방향을 바꾸는 것만 해도 힘이 들어요. 한밤중에 하는 간호는 정말로 고통스러웠어요."

직장에 부탁해 근무시간을 단축하고 수입이 줄어도 분발했다.

"그래도 12월까지는 집안이 온화한 분위기였어요."

크리스마스 이브에는 피자를 예약하고, 밤에는 평소보다 빨리 7시 경에 귀가해 프라이드 치킨과 케이크를 외할머니랑 아이들과 함께 둘러앉아서 먹었다. 텔레비전 위에는 작은 크리스마스 트리가 반짝반짝 빛나고 있다.

일이 가장 바쁜 연말연시는 그래도 어떻게든 넘겼다.

상황이 바뀐 것은 새해가 밝은 2009년의 설, 메구미가 연하장 배달에 쫓겨 있는 동안에 친척이 모여 행사를 한 것이 계기였다.

그때까지 외할머니 가까이에 살고 있던 이모는, 간호나 금전 문제로 갈등을 빚고 있어 두 분의 관계는 서먹서먹했다. 그러나 그 행사에서 관계가 부드러워지고, 화해의 조짐을 보였다고 한다.

이모는 그때 이후로 매일 오셨고, "간호하는 방법이 맘에 들지 않아", "아이들이 시끄러워"라고 하면서 메구미에게 불만을 늘어놓았다.

"이모는 어머니의 여동생이에요. 외할머니 측에서 보면 진짜 딸이니깐로 얼굴을 마주하고 말을 나누게 되면 의견이 맞았어요, 아이들은 이모가 오면 언제나 무서워서 벌벌 떨었어요. 2층에만 있고, 화장실에도 내려가지 못했어요."

메구미는 집에서 편안하게 있을 수도 없고, 과로와 스트레스로 이상이 생겨 정월 초 정신병원에서 진료를 받았다. 거기서 우울증 진단을 받은 것이다.

어려운 날들이 계속되었다.

"일도 간호도 그만둘 수는 없었어요."

4월이 되자 아야코는 그 지역에 있는 초등학교에 입학했다.

"저는 이모들과의 관계가 나빠 외톨이가 되었기 때문에 아야코에게는 입학 축하도 없었어요. 오빠와 언니 때는 모두가 축하한다고 용돈을 주었습니다만, 그 해만은, 아야코에게만은 외할머니를 포함해 친척 그 누구도 돈을 주지 않았죠."

위 두 아이는 입학 전, 물통이랑 색연필, 필통, 손가방과 같은 학용품류를 한꺼번에 사 주었다.

"도모히로에게는 포켓몬, 시즈카에게는 키티 캐릭터 상품으로 한 벌 사 주었어요. 그러나 아야코에게는 돈이 없어서 거의 백엔 샵에서 샀어요. 학교에 가지고 갈 컵 등도. 물건의 질은 떨어졌어요. 저 애만, 그리고 지금도 배낭을 사 주지 못한 채입니다."

메구미는 '어쩔 수 없다'는 식으로 담담하게 말했지만 어조에는 막내만 챙기지 못한 것에 대해 미안한 마음이 가득하다.

메구미는 '일과 간호 양립은 무리'라고 생각해 조부모와의 동거해체를 결단. 아야코가 입학한지 1개월 만에 전학하게 되었다.

## 전학 첫날부터 보건실

"우리 집은 모자가정이에요. 이사가 아직 안 끝나 이삿짐도 지금부터 조금씩 날라야 돼요. 중학생인 큰아이를 포함해 아이들이 세 명 있어요."

2009년 5월, 초등학교 1학년생이었던 아야코의 전학 첫날, 메구미는 교장과 양호교사 고노와 인사를 했다.

두 살 위인 시즈카는 그날 '힘들어'라고 호소하면서 양호실에 얼굴을 내밀었다.

"사정은 잘 알 수 없지만, 힘든 집이구나. 지원이 필요할지도."

고노는 걱정이었다.

"그때는 마치 야반도주나 다름없었어요."

자택의 거실에서 메구미가 회상했다.

조부모와 따로 살기로 결정한 메구미는 주위와의 갈등이 싫어서 비밀리에 방을 빌려 1개월에 걸쳐 조금씩 물건을 옮겼다.

이사 간 셋집에서, 아이들은 엄마와 자기들만의 생활에 기뻐했다.

"2단 침대를 사서 여기에 두자. 책상은 여기에 놓고."

"텔레비전은 벽걸이로 사서 바꾸고 공부용 책상은 2인용이 좋아."

시즈카와 아야코는 어린이 방을 어떻게 사용할 것인지 재미난 듯 의논했다.

"'언제 사줘?'라고 졸라대지만 '언젠가, 언젠가'라고 속여 왔어요."

메구미는 쓴 웃음을 지었다.

휴일, 가족이 함께 가구매장에 가면, 시즈카가 침대로 달려갔다.

"갖고 싶어."

집에 돌아와서도 시즈카는 카탈로그를 펼치고 있다.

"2단 침대가 좋아, 이런 식이 예뻐. 핑크가 좋아. 내가 위에, 아야코는 밑에서 자는 것으로 해."

그러나 1개월 지나고, 2개월 지나도 가구를 살 수 없었다.

"'네 명이 함께 살 수 있는 것만으로 좋지'라고 하면 오빠는 중학생이어서 사정을 알고 '그래요'라고 답해 주었다. 그러나 밑의 두 아이들은 어쨌든 '갖고 싶어, 갖고 싶어' 하면서 듣지 않았다. '지금, 돈이 없으니까'라고 하면 입을 다물긴 했어요."

집세는 월 5만 엔. 보증금과 답례금, 가구 구입 등으로 60만 엔이 넘게 지출이 되었다. 휠체어를 탄 외할아버지를 태우기 위해 산 중고차 대금 30만 엔도 있다. 이삿짐을 운반하느라 연장근무를 할 수 없어, 월수입은 15만 엔으로 줄었고, 매월 신용카드의 비용이 가계를 압박했다.

"이사한 지역의 시에 근무하는 담당자가 수속 절차 설명을 잘못해, 4월분 원조비를 받을 수 없었어요. 3인분에 4만 엔이 되었다고 생각해요. 꽤, 마음이 안 좋았어요."

"수속 절차 방법에 대해 제대로 설명하지 않았다"고 담당자에게 따졌지만 "했다", "안 했다"고 서로 말싸움만 오고 갔다.

단지, 이사한 직후 바로 보건실을 방문하게 된 자매의 표면적인 인상은 고노에게 있어서는 그다지 나아진 것이 없었다.

"이 학교에 처음 온 무렵은, 아이들이 아침을 먹고, 복장도 말쑥했어요."

고노는 당시의 아야코와 시즈카의 모습을 설명했다.

"어머니는 어떻게든 생활을 일으켜 보려고 분발하고 있었어요."

사실상, 메구미는 우편배달을 마치면 요리랑 세탁 같은 집안 일을 해냈다.

그러나 그 투지는 오래가지 않았다. 전학하고 1개월 지난 후부터 아야코와 시즈카가 몸에 이상을 호소하면서 보건실에 오는 날이 많아졌다.

"특히 시즈카가 '좀 힘들어요'라고 하며 자주 오게 되었어요. 시즈카는 가족의 상황을 잘 말해 주어서, '아야코가 자주 물건을 잊어버려요' 등 무엇이든 말해주었어요."

고노는 변화를 감지하게 되었다.

그즈음, 메구미는 지쳐가고 있었다. 5월분의 급식비는 내지 않았고, 은행계좌의 이체 절차조차 밟을 수 없었다. 학교에서 독촉을 받으면 "내겠습니다. 이체할께요"라고 대답했지만, 금전적으로도, 정신적으로도 여유가 없었다. 그 후도 급식비의 체납은 계속되었다.

"이삿짐을 운반하기 위해 조부모 집과 새 주거지를 왔다 갔다 했기 때문에 분주하고. 게다가 봄에는 인쇄물이 많아 일이 꽤 바빴기 때문에, 우울증을 감추고 일했어요."

고노는 아야코와 시즈카에게 집에서 어떤 식사를 했는지, 목욕은 했는지 등 기록을 보건실에서 '건강체크' 용지에 매일 기입하도록 했다. 매일매일의 기록에 따라 가정 상황에 문제가 있는지 알아보기 위해서다. 생활이나 건강의 변화를 알면, 대응도 하기 쉽다. 건강체크 시트는 아이들을 지키기 위해 중요한 도구다.

"그즈음, 어머니의 귀가가 늦어졌어요. 아이들은 저녁밥을 먹지 않고 자고, 아침에 일어나서 욕실에 들어가는 날도 있었어요."

시즈카는 매일 몸이 안좋다고 호소하면서 아침부터 보건실을 들리게 되었다.

"건강 체크를 시작한 것은 6월 12일입니다. 15일은 '건강함'이라고 적혀 있어요. 그러나 다음 날은 '머리가 아프다', '기분이 좋지 않다'고 적혀 있어요. 17, 18일은 아침을 먹지 않은 것 같아요. 점점 가정 사정이 보이기 시작했어요. 전학 와 처음 한 동안은 밥을 먹고 왔지만, 어머니의 상태가 나빠지자 먹지 못하게 된 것이지요."

고노가 회상했다.

주의 신호가 감지되어 학교가 지켜보기 시작했다.

## 간식도 참다

5월에 전학 와서 잠깐 동안 1학년인 아야코와 3학년인 시즈카는, 방과 후 보건실에서 보냈다. 메구미는 일 때문에 귀가가 늦어져, 고노가 저녁 늦게까지 보살피기로 했다.

6월에 매일 건강체크 카드 기입을 시작된 후, 여름이 다가오자 아야코와 시즈카의 옷이 더러워진 게 눈에 띄기 시작했다. 같은 옷을 며칠 간 계속 입기도 하여 주위로부터 '예쁘다'고 듣던 흰 스커트는 며칠이 지나자 아주 거무튀튀해졌다. 식사도 불규칙하게 되고, 자매는 밤늦게까지 자지 않고 있었다.

고노는 메구미를 어떻게든 지원하려고 둘을 학동교육에 맡기기 위해 입실 절차를 서둘렀다.

"빨리 안정되도록, 신경을 써 어머니에게 학동교실 입실을 위해 신청 서류를 보내 주었어요."

고노는 그렇게 회상했다.

학동교실은 한부모 가정이나 맞벌이 부부로 보호자가 하루 종일 부재 중인 초등학생을 빈 교실 등에 방과 후 맡기는 제도이다. 전국학동보육 연락협의회에 따르면, 여기에 다니고 있는 아동 수는 증가해, 2010년 5월에는 80만 명으로 과거 최대였다. 2014년 5월에는 93만 명으로 다시 늘어 과거 최다를 갱신하고 있다.

방과 후의 학동보육은 메구미의 육아에 큰 도움이 될 수 있다.

"그러나 좀처럼 작성한 서류를 받을 수 없었어요. 어머니는 귀가가 밤 8시나 9시가 되었죠. 그때부터 가사 일이 기다리고 있고요. 시간이 없어요."

고노가 모자가정의 어려움을 설명했다.

그러나 신청서류는 시청에 가지고 가 담당자와 면담하는 것이 원칙이었다.

"어머니로부터 '평일은 일을 해야 하니까 시청 접수처가 끝나는 오후 5시까지 가는 것은 무리'라는 말을 들었어요."

고노가 관계자 사이를 뛰어 다니며 간신히 서류를 정리해 신청을 마친 것은 7월 중순. 입실은 8월 1일부터로 결정됐다.

고생해서 겨우 아야코와 시즈카를 입실시켰는데, 고노에게 의외의 일이 발생했다.

"둘은 처음에 며칠 갔을 뿐, 그 후는 학동보육을 결석하게 되었어요."

걱정한 고노가 가정방문을 하자, 아이들이 목욕을 하고 있다. 메구미의 모습은 보이지 않았다.

"어째서 가지 않았니?"

고노가 말을 걸었다.

"어머니가 '학동은 가지마'라고 하셔서요."

학교에서 급식이 없는 여름방학 동안. 학동보육은 도시락을 지참하게 되어 있다. 그러나 도시락을 만드는 것은 메구미에게 큰 부담이었던 것 같다. 아야코와 시즈카는 "도시락을 싸주세요"라며 부탁했지만, 메구미는 "힘들어서 조금 무리야"라고 말하고, 둘에게 사 온 빵을 가져가도록 했다.

"가지 말라고 한 이유는 어머니가 도시락을 만들 수 없기 때문이었니?"

고노가 묻자, 아야코가 곤란한 듯한 얼굴을 하고 "수금원이 오자, 집에는 돈이 없어요"라고 답했다.

고노는 자신이 손수 만든 도시락을 두 개 준비해서 학교에 가지고 갔지만, 그 후에도 둘은 학동보육에 가지 않았다. 메구미에게 어떻게든 말을 들어보려고 고노가 몇 번이나 휴대 전화를 걸어보았다. 그러나 결국 여름방학 동안은 연락을 할 수 없었다.

2학기가 시작되자 아야코와 시즈카는 방과 후, 다시 학동보육<sup>*</sup>에 가게 되었고, 반드시 오후 3시 반이 되면 보건실에 온다. 고노는 어떻게 된 일인가하고 이상하게 생각했다.

이윽고 이유를 알았다.

"둘 다 '간식은 참기로 했어요'라고 말했어요. 간식비를 지불할 수 없으니 먹으면 안 된다고 생각해 간식 시간이 되면 학동보육실을 빠져 나와 보건실로 온 거죠."

간식비는 1인당 월 천 엔이었다. 메구미는 2인분 월 2천 엔을 낼 수가 없었다.

---

* 보호자가 가정에 없는 초등학교 아동을 수업종료 후에 적절한 놀이나 생활할 수 있는 장소를 마련해 주어 아동의 건전한 육성을 도모히는 교육사업.

고노는 재차 가정방문을 했다.

아이들을 방으로 들여보내고, 첫눈에 '정리를 못해 심해지고 있구나'라는 생각을 했지만, 메구미는 만날 수 없었다.

다음 날 아이가 보건실에서 고노에게 말했다.

"아무 것도 먹지 않았어요. 어머니는 '몸이 괴로워'라고 하면서 일을 쉬고 있어요."

## 이제 한계입니다

"이거 부탁드릴게요."

다시 가정 방문을 한 고노에게 메구미는 침대에 누운 채 가냘픈 손으로 봉투를 내밀었다.

안에는 작은 글씨로 "이제 한계입니다"라고 연필로 갈겨 써 있었다.

고노는 9월의 어느날 아침, 수업 시간이 지나도 등교하지 않는 아야코와 시즈카가 걱정이 되어 집에 찾으러 갔던 것이다.

메구미는 직장에 가지 않고 자고 있었다. 방으로 올라가, 머리맡으로 간 고노에게 건넨 봉투의 내용은, 시청의 홈헬퍼 파견을 신청하는 용지였다. 메구미는 몸을 움직이지 못하여 스스로 신청하러 갈 수 없기 때문에 대신 신청서를 내달라고 부탁했다.

고노는 난처한 메구미의 상황을 보고 '이 정도로 힘들었던 것인가' 하고 다시 한번 느꼈다.

메구미는 추석 전부터 건강을 잃고 누워 있었다. 고노가 몇 번이나 전화를 건 사실을 휴대전화의 착신자 이름을 보고 알았다.

"사람과 이야기하는 것이 고통스러워 전화도 받을 수 없었어요."

메구미는 우울증을 숨기고 우편배달을 계속했지만, 자리에 눕기 전에 정신적으로 좋지 않은 상태가 계속되었다.

"시즈카가 6월에 교통사고를 당해, 가족에게 언제 어떤 일이 일어날지 모른다는 불안에 사로잡혔어요."

자전거를 타고 있던 시즈카가 자동차와 접촉사고로 넘어지는 사고가 나, 구급차로 병원에 이송되었다. 먼저 고노에게 연락을 했고, 휴대전화로 연락을 받은 메구미는 당황한 채 직장에서 병원으로 달려왔다.

"처음에는 상황을 알 수 없었고, 의사가 '골반골절이면 1개월 이상 입원할지도 모른다'라고 했어요. 너무 초조해서. 직장을 쉬지 않으면 안 된다고 생각했죠. 곧 상사에게 전화를 해, 우선 다음 날은 쉬게 해달라고 부탁했어요."

다음 날 검사 결과, 타박상일 뿐이라는 진단이 나와 3일간의 입원을 마치고, 메구미는 안도의 한숨을 쉬었다.

그러나 7월 하순에는 외할아버지가 돌아가셨다. 메구미가 조부모 댁을 나온 후, 외할아버지는 바로 입원하셨다. 메구미가 떠난 후 외할아버지의 간호가 잘 안 되었던 듯하다.

"내가 참고 외할아버지 간호를 계속했더라면 뭔가 달라지지 않았을까." 메구미는 자신을 책망했다.

상가집에서 밤샘하던 날 친척이 자리를 비운 사이 돌아가신 외할아버지의 얼굴은 보았지만, 다음 날 장례식에는 친척과 얼굴을 마주하기 싫어 참석하지 않았다.

"그 때, 마음속에서 무언가가 무너졌어요. 외할아버지 생각이 나면 일을 할 수가 없게 되고, 동료에게 폐를 끼치는 것이 싫었어요."

자전거를 타고 가다 외할아버지 연세 정도의 사람을 보면 움찔했다.

일에 집중을 할 수가 없어, 상사에게 "컨디션이 좋지 않다"고 말하고 유급 휴가를 받았다.

"시즈카의 사고로 생과 사에 관해 고민하고 있을 때, 외할아버지가 돌아가셨다. 고통스러울 때, 점점 죽음을 생각하게 되었어요. '아이들과 함께 죽을까'도 생각했어요. 남겨 두는 것도 불쌍한 것 같아서."

약을 먹고, 혼자서 침대에서 오로지 누워 지내는 생활이 계속 되었다.

"집은 쓰레기장처럼 되어 버렸어요."

속수무책이었고, 여름 방학 동안 아이들은 십여 년 전에 재회한 후, 가끔씩 만나고 있는 메구미의 아버지에게 당분간 맡겨졌다.

여름 방학이 끝나고 9월 들어서도 메구미의 건강은 좀처럼 좋아지지 않았다. 그 때문에 생활이 파탄될 수 있다고 생각한 메구미는 시청에 지원을 부탁하러 갔다.

육아지원 담당과에 홈헬퍼의 파견과 아이들을 주말만 시설에 맡기는 방법을 상담했다.

"청소 등 일상생활의 지원을 위해 도우미 파견은 가능합니다만, 아이를 주말에 맡기는 것은 무리입니다."

직원이 설명했다.

고노도 같은 날 일가의 모습이 걱정돼 "육아가 힘든 것 같다"고 담당과에 전화했다. 시청을 방문한 다다음 날, 메구미는 도우미 신청 봉투를 고노에게 맡겼다.

그리고 이틀이 지난 후 새벽.

"아파, 아파."

메구미는 계단 아래서 신음 소리를 내고 있었다. 화장실에 가려고 일어나 나오다 2층에서 굴러 떨어진 것이다.

"우울증 약으로 멍해져 있는데 계단의 경사가 심해서."

당시의 상황을 메구미가 설명한다.

그때는 별탈 없었지만 다음날 새벽, 이번에는 머리부터 계단에 떨어졌다.

"구급차를 불러."

몸을 움직일 수 없어, 아이들에게 소리를 쳤다.

"가벼운 타박상이었지만, 정신적으로 맥을 못주었어요. 아이들은커녕 자신도 돌볼 수 없었어요. 이제 입원할 수밖에 없다고 생각했어요."

메구미는 당시를 회상하면서 말했다.

### 아동보호 치료실로 면회가는 어머니

계단에서 떨어진 이른 아침, 메구미가 고노에게 고통스러운 듯한 목소리로 전화를 걸었다.

"오늘부터 입원해서 아이들을 일시 보호로 아동상담소에 맡겨 놓았어요."

"헉…"

갑작스런 전화에 놀란 고노는 바로 메구미의 집으로 달려갔다.

그날 새벽, 계단에서 떨어진 메구미는 병원에서 막 돌아왔고, 목에 보호대를 두루고, 망연자실한 상태였다. 수속은 끝났고, 오후에 우울증 치료로 입원한다고 했다.

우체국의 상사에게는 아침에 메구미가 전화를 했다.

"지금까지 말씀드리지 않고 있었지만요, 병이 나 출근할 수 없어요."

처음으로 우울증을 털어 놓았다. 메구미는 계약 사원이었지만 입원 중에는 휴직으로 처리되고, 치료 수당은 월 10만 엔이 지급되었다.

가장 큰 문제는 세 명의 아이들이었다. 모자가정이므로 메구미가 입원해 있는 동안 아이들만 생활하게 둬서는 안 된다. 곤란한 메구미는 육아 지원과에도 전화해서 상담을 했다.

"계단에서 떨어져 입원하게 되었어요. 아이들을 맡길 수 있을까요?"

고노 외에 시청이나 아동 상담소의 담당자가 모여 협의했다. 보호자가 없으면 아이들은 아동상담소에서 일시 보호할 수밖에 없다.

일시 보호는 아동상담소가 학대, 비행 등으로 긴급히 수용할 필요가 있는 아이들이나, 양육자가 없는 아이들을 보호하는 제도다. 대상은 18세 미만으로 일시 보호소 등에 2개월 이내를 목표로 입소시킨다. 후생노동성에 따르면, 2008년도 접수 건수는 1만 9천 278건으로 늘었다.

아야코와 시즈카는 아동상담소의 일시 보호소에 맡기기로 설득했지만, 도모히로는 "시설에 가기 싫어"라고 하면서 강하게 거부했다. 초등학생 때 한 번 입소한 일이 있었기 때문이다.

"큰 아이는 끝까지 시설은 싫다고 우겨대, 내 친구에게 맡아 달라고 부탁했어요."

메구미가 말했다.

어머니는 병원, 아이 세 명 중 딸 둘은 보호소, 아들은 지인의 집으로, 가족은 흩어져 생활하기 시작했다.

1개월 후 아야코와 시즈카는 일시 보호소에서 아동보호 치료시설로 옮겼다.

메구미는 병원에서 1, 2주간에 1회, 두 아이를 면회하러 계속 다녔다. 만나면 끌어안고 볼을 비볐다. 딸들도 기뻐서 메구미에게 달려들었다.

"집단등교*로 학교에도 익숙해져 있고, 시설에서도 여러 행사가 있어 둘은 재미있었던 모양입니다."

딸들을 좀처럼 만날 수 없어 외로웠지만 메구미는 안심했다.

아야코와 시즈카는 같은 방에서 자고 일어나, 양호시설이 있는 학군의 초등학교에 다니고 있다.

"그때까지는 제가 움직이지 못하고 누워 있는 환자와 같은 상태여서,

---

* 초등학교에서 집주소를 중심으로 그룹을 지어 아침에 정해진 시각에 정해진 장소에 모여 함께 등교하는 제도.

정해진 시간에 밥을 지을 수 없었기 때문에 딸들은 시설 생활이 좋았다고 생각해요."

큰아이 도모히로는 메구미가 입원해 외로웠던지 병원에 매일 면회를 왔다.

"비가 내리지 않으면 저녁까지 있다 돌아갔어요. 휴일은 아침부터 왔고요."

그리고 지인의 집에서 바른 규칙 생활을 몸에 익혀서인지 학교를 잘 가지 않던 도모히로는 이윽고 중학교에 다니기 시작했다.

일과 육아 스트레스로 우울증이 악화. 마음도 몸도 피폐해져 입원한 메구미는 생활에 조금씩 여유가 생겨, 그만큼 아이들에게 애정을 쏟았다.

그러나 그런 메구미의 평온한 생활은 오래 가지 않았다.

## 기초생활보호 대상자가 되다

어머니와 세 자녀가 3개월 만에 모여서 재출발을 시작한 것은 그해 크리스마스부터였다.

아야코와 시즈카는 아동보호 치료시설의 생활에 익숙해져 있었지만, 퇴원 후 메구미는 자신이 맡겠다고 우겼기 때문이다.

"시설에서는 '어머니가 퇴원해도, 아이들은 바로 되돌려 보낼 수 없다'고 하였지만, 무슨 일이 있어도 꼭 보내 달라고 부탁해 그렇게 되었어요."

퇴원한 메구미는 열심히 생활환경을 만들려고 애썼다. 아이들에게 아침밥을 먹여 학교에 보내고, 시청으로부터 주 2일 파견 오는 헬퍼와 함께 부지런히 부엌을 정리했다.

"빨리 직장에 복귀해 우편배달 일을 하고 싶어."

메구미는 직장 복귀를 기대하고 있었지만 빗나갔다.

"약을 먹으면 자전거를 탈 수 없다고 들은 거예요."

직장 복귀는 미뤄지고 휴직을 계속하게 되었다.

수입은 치료 수당에 아동부양 수당 등을 포함해 월 약 16만 엔. 집세와 광열비로 반절 정도가 나가고, 가계는 말이 아니었다.

초등학교에서 시즈카는 말수가 적었지만, 보건실에서는 "집에 가기 싫어"라는 말을 흘린 적도 있다.

직장 복귀가 무산된 일가를 어떻게 지원해 갈 것인가. 양호교사 고노도 출석해 학교랑 복지관계자와 함께 지원을 위한 사례회의를 열었다.

"생활보호가 필요합니다."

의견은 일치했지만, 권유해도 메구미는 좀처럼 수속을 밟기 위해 스스로 움직이려고 하지 않았다.

메구미는 심리적인 문제를 안고 있다.

"시청 담당자에게 남편과 오빠의 연락처를 줘야 하고, 두 사람에게 동의서를 받아야 합니다."

어린 아이가 있고, 일상적으로 사용하고 있는 이동수단인 차도 내 놓아야 한다. 게다가 빚이 있는 것도 신청을 주저하는 큰 이유였다.

"생활보호를 신청하는 데는 개인파산이 필요하다고 들었어요. 그 무렵, 신용카드의 비용이나 대부금이 150만 엔 정도 있었지만 일만 하면 지불할 수 있다고 생각하고 있었어요."

입원할 때 보험금이 들어와, 메구미는 어떻게든 돈을 변통해 생활해 나가겠다고 생각하고 있었다. 그 때문에 주위에서 생활보호 신청을 위해 적극적으로 나서도, "알았어요"라고만 하고 좀처럼 받아들이지 않았다.

그러나 그러는 동안 입원비 할부가 시작되고, 식사준비를 하지 않고 외식에 의지하게 되어, 수중에 있는 돈은 점점 줄어 들었다.

"이제 더 이상은 안 될 것 같아."

복직의 전망도 보이지 않고 메구미는 퇴원해서 3개월 후, 드디어 개인 파산을 하고 생활보호를 받는 길을 택했다.

"생활은 매우 편하게 되었어요. 아이들과 보낼 수 있는 시간 여유가 생긴 것이 가장 좋아요. 휴일은 전차를 타고 가족 모두 천체투영관에 갈 수 있게 되었어요."

메구미는 즐거운 듯이 말했다.

일과 간호에 쫓겨, 자고 있는 아이들의 얼굴밖에 볼 수 없었던 생활이 거짓말 같았다.

4월에는 도모히로가 중학교 3학년이 되었다. 고등학교 입시가 큰 과제로 다가왔다. 도모히로는 학교에 가지 않아 학력이 그다지 늘지 않고 있다. 그 때문에 메구미는 도모히로가 고등학교 입시를 신중하게 생각하고 있지 않다고 생각했다. 그래도 어떻게든 고등학교만이라도 졸업시키고 싶었다.

어느 날 패밀리 레스토랑에서 메구미는 도모히로에게 고등학교 중퇴로 힘들었던 자신의 이야기를 들려주었다.

"고등학교를 졸업하면 사회의 대우가 달라. 엄마도 졸업했다면 미용사나 간호사가 되는 전문학교에 갔을지도 몰라. 우체국의 정사원 시험도 통과했을지 모르고. 도모히로가 흥미롭게 여기는 자동차 정비자격도, 고등학교를 졸업하지 않으면 시험조차 칠 수 없어. 고등학교를 나온다면 장래가 넓어지는 거야. 고등학교에 가지 않는다면 백 퍼센트 후회할 것이라고 생각해."

필사적으로 설득하는 메구미의 말을 도모히로는 신중한 표정으로 묵묵히 듣고 있다.

아야코는 어리고, 아직 더 보살펴 주어야 한다, 시즈카는 컸으니까 이제 조금 엄마의 집안일을 도와주었으면 좋겠다. 도모히로는 어떻게든 고등학교에 진학해 주길 원한다. 메구미는 그렇게 생각하고, 생활보호를 받아 시간적 여유가 있는 동안 아이들과의 생활을 재기하고 싶지만, 일은 좀처럼 쉽게 돌아가지 않았다.

## 스스로 밥짓는 아이

"쌀을 씻을 때는 꽉 누르고."

부엌에서 초등학교 양호교사 고노가 아야코와 시즈카에게 쌀 씻는 시범을 보였다.

"오므렸다 펴고, 오므렸다 펴고."

아이들이 노를 흉내 내 작은 손을 폈다가 쥐었다 하면서 네 홉의 쌀을 씻는다.

"스스로 밥을 지을 수 있도록 가르쳐 줄테니, 함께 하자."

보건실에서 고노가 2학년과 4학년으로 올라간 아야코와 시즈카에게 그렇게 제안한 것은 6월이었다.

아이들이 쓰는 건강체크 카드의 '아침밥' 칸에는 연일 '없음'이라는 글자가 줄지어 있다.

어머니 메구미는 3월부터 생활보호를 받고, 경제적으로는 조금 편하게 되었지만, 건강은 안정을 찾지 못하고 식생활도 흐트러지기 십상이었다. "아이들에게 밥을 지을 힘이 있다면, 부모를 의지하지 않고, 배고프다는 생각을 하지 않고 해 먹을 수 있지 않을까."

고노는 기대하면서 쌀을 갖고 메구미의 집을 방문했다.

"밥이 됐어. 차리자."

고노가 아이들에게 말을 걸었다.

메구미는 순간 겸연쩍은 표정을 지었다.

"…밥공기를 깨뜨려서 두 개 밖에 없어요."

부끄러운 듯이 말했다.

아야코와 시즈카는 밥공기를 사용하고, 메구미와 도모히로는 국그릇에 담았다.

준비한 즉석 미소시루를 꺼내는 고노를 보고 메구미가 냉장고에서 물만두를 꺼내 냄비에 넣었다.

"잘 먹겠습니다."

"맛있어."

식탁에 미소가 번졌다.

"아이들과 함께 요리를 하면 어머니도 움직일 수 있다"고 느껴서, 고노도 기뻤다.

심한 늦더위가 계속되던 9월 말, 보건실에서 고노가 아야코와 시즈카에게 제안했다.

"함께 내일 마실 보리차를 만들까."

보건실에서 아침을 먹는 아이들 중에는 집에서 물통에 차를 준비해 올수 없는 아이들이 있다. 아야코와 시즈카도 그랬다.

"아야코", "시즈카". 패트병에 펜으로 이름을 쓴다.

"좋아, 살살해."

아야코의 손에 고노가 자기 손을 받쳐, 주전자에서 보리차를 병에 담아 냉장고에 넣으면서 말했다.

"이제 안심이야. 아침에 갖고 가면 좋아."

고노는 "함께 하자"고 자주 말한다.

"함께 하며 아이들의 커뮤니케이션이 늘어나는 것은 매우 중요합니다. 부모 자식이나 타인과의 관계를 형성하고, 인간관계를 풍부하게 하면 아이들은 방치되지 않고 외롭다는 생각도 하지 않아요."

메구미는 정말 가사 일이랑 아이들을 돌보기 위해 더 노력하고 싶다.

"우울증으로 정신과에 가면 '집안일은 가능하게 됐나요'라는 질문을 받아요. 회복의 바로미터인 모양입니다."

직장 복귀를 간절히 바라지만, 전망은 없고, 생활을 다시 재기하려는 시도를 계속하고 있다.

적극적으로 버팀목이 되어 주는 고노를 메구미가 어떻게 보고 있는지 물었다.

"처음에는 보건실 선생이 어째서 우리 집에 오시는 것인지, 참 곤란한 일이라고 생각했어요. 이제까지 다른 학교에서는 그런 적이 없었어요. 그러나 지금 생각해보면 고마운 참견이었어요. 생활보호 수속 등 여러 가지를 해주었어요. 저는 인간관계가 서툴러서, 익숙해질 때까지는 거북했어요."

고노의 일은 모든 양호교사가 할 수 있는 일이 아닌 것 같다. 교원의 본래 업무를 떠나, 자원봉사 같은 면이 있다.

일본 학교 보건회의 2006년도 조사에 따르면, 보호자가 보건실을 이용하고 있는 초등학교 비율은 64%에 이른다. 이용자는 학교 한 곳당 다섯 명에 불과했다. 상담 내용은 아이의 몸과 마음의 문제가 많았다.

"엄마들도 부담 없이 상담했으면. 아이들만의 보건실이 아니라, 부모 자식의 관계 만들기도 지원하고 싶어요."

따뜻하고 조용히 말하는 고노의 보살핌은 계속된다.

### 기다려 주세요

2009년 12월 토요일 아침. 아야코와 같은 학교에서 당시 4학년생이었던 나오(11세)는 추위에 떨면서 교문 앞에 서 있다.

"평소라면 토요일이어도 학동보육이 있지만, 그때는 독감이 유행해서 학급 폐쇄가 계속되었다. 학급 폐쇄 중에 아이들은 맡지 않는다고 거절했어요."

아버지 쇼헤이(39세)가 회고했다.

나오에게는 가벼운 발달장애가 있어 혼자서 집에 있는 것은 어렵다. 그러나 이 날은 일이 있어 도저히 아이를 보살필 수 없었다. 곤란한 쇼헤이는 양호교사인 고노 에츠코에게 전화를 했다.

"학교라면 안심할 수 있어 나오를 하루 종일 운동장에 있게 했으면 하는데요."

쇼헤이는 고노에게 어려움을 호소했다.

학교 폐쇄 중에 아동은 자기 집에서 지내도록 되어 있다.

"북풍이 쌩쌩 부는 운동장에 계속 밖에 세워 둘 수는 없잖아요."

어쩔 수 없이 고노가 휴일 출근해 나오를 보건실에서 맡아주기로 했다.

쇼헤이가 출근할 때 나오는 함께 집을 나왔다. 교문 앞에 도착한 것은 오전 8시 15분. 고노는 8시 30분 출근해서 불안하게 서 있는 나오를 발견했다. 고노는 나오가 안심해 하는 것을 알았다.

오후에는 진눈깨비가 내렸다. 스토브를 켜 놓은 따뜻한 보건실에서 나오는 쇼헤이가 만든 도시락을 열고, 고노가 사온 슈크림을 먹고 있다.

문득 표정이 어두워 지면서 나오가 투덜댔다.

"교문에서 기다리고 있는 동안 '선생님이 오시지 않으면 어떻게 하지' 하고 많이 걱정했어요. 보건실에 들어와 정말 좋았어요, 선생님! 여기서 맡아주시지 않았다면 저는 어떻게 됐을까요. 밖에 계속 있을까도 생각했으니까요."

고노가 나오의 기분을 대변한다.

"저 아이는 힘든 일이 있어도 언제나 '참지 않으면 안 된다'고 생각하고 있어요. 사실은 응석을 부리거나 매달리고 싶어 해요. 그러나 갈 곳이 없고, 맡아줄 사람이 없어요. 어떻게 하면 좋을지 잘 모르겠어요."

나오는 쇼헤이, 그리고 중학생 언니 아야(13세)와 함께 3인 가족이다.

쇼헤이는 전 씨름 선수였으나 무릎을 다쳐 은퇴했다. 한 동안은 찌개 요리점을 경영해 번성한 적도 있었다고 한다. 그 가게가 도로확장으로 철거되어 문을 닫았기 때문에, 파칭코 가게로 전직. 가게에는 정사원으로 채용되어 점장이 되기 일보 직전까지 승진했다. 연수입도 6백만 엔이나 되어 일은 순조로웠다.

그때 아내가 자살 시도를 반복하게 되었다.

"저희 집은 뒤죽박죽이 되었고 아내가 입원할 때 딸을 시설에 맡겼어요."

결국 나오가 2학년이 되었을 때 이혼. 귀가 시간이 한밤중인 파칭코 가게는 딸들을 돌보기 위해 그만두었다. 4개월간 계속해서 일을 찾은 끝에 기계수리 회사에 입사했다.

직장은 집에서 가깝고, 일은 매일 오후 6시에 끝났지만, 이번에는 계약사원이었기 때문에 수입이 줄었다.

"수입이 3분의 1이나 줄어 세 명이서 1주일을 2천 엔으로 지낸 적도 있었어요."

딸의 급식비 같은 비용을 학교에 지불할 수 없게 되었다. 당시는 아야도 초등학생이어서 두 사람의 학교 납부금은 월 약 1만 5천 엔이 필요했다.

쇼헤이는 학교에 가정 형편을 설명하고 이렇게 호소했다.

"내고 나면 밥을 먹을 수 없게 돼요. 기다려주세요. 매월 조금씩 낼 테니까요."

경제적으로 곤란한 가정에 급식비나 교재비를 원조하는 취학원조제도가 있다. 주로 전년의 수입이 시·구·정·촌의 인정기준을 충족하는가의 여부에 따라 지급은 결정된다. 생활이 어렵게 된 쇼헤이는 꼭 받고 싶었지만, 신청조차 할 수 없었다.

"작년에는 정사원이었기 때문에 연수입이 많아 인정기준을 넘었기 때문에 신청해도 통과되지 않았어요. 수입이 크게 준 최근의 생활을 고려

해주길 바랐죠. 생활보호의 경우는 최근의 수입을 기준으로 하는데, 취학원조 제도가 실태에 맞지 않는다고 생각해요."

그렇게 말하고 탄식했다.

나오와 아야는 방과 후 아이들을 맡는 학동보육에 들어갔다. 보육료는 둘이서 월 1만 천 엔. 그러나 쇼헤이에게 부담이 커 체납이 계속되었다.

"이전에는 간식비 뿐이었지만, 유료화 되었어요."

고노가 얼굴을 흐린다.

쇼헤이는 육아하기 쉬울 것 같아 전직했는데, 부자가정의 생활현실은 상상 이상으로 어려웠다.

## 야간 보건실에서 아빠를 기다리다

"선생님 힘들어요."

3학기가 시작되고 얼마 지나지 않아 신년 1월, 4학년인 나오가 비틀거리며 보건실로 들어왔다.

"아침에는 37.5도였던 열이 방과 후는 38.5도로 올라 있었어요."

고노가 말했다. 핑크색 커튼으로 칸막이한 침대에 눕혔다. 쇼헤이와 휴대전화로 겨우 연락이 된 것은 오후 6시다.

"나오가 열이 있어요. 몇 시쯤에 귀가하세요?"

"8시까지는 회사에서 나갈 수 없을 것 같습니다."

쇼헤이는 미안한 듯 작은 목소리로 말했다.

"그날은 휴식도 취하지 못하고 계속 일하고 있었습니다. 고노 선생이 휴대전화로 연락을 주신 걸 전혀 알지 못하고 저녁 무렵 화장실에 가서야 착신번호를 보고 전화했습니다. 그러나 도중에 작업을 그만둘 수 없어 걱정은 되었지만 일을 계속 해야만 했어요."

쇼헤이가 회상했다.

결국, 나오는 저녁까지 고노가 맡게 되었다.

"아빠가 좀처럼 기다려도 오시지 않으시네."

아주 조용해진 저녁의 보건실. 고노가 침대에 있는 나오에게 말을 걸었다.

오후 8시를 넘어도 쇼헤이가 오지 않자 하는 수 없이 고노가 집으로 데리고 갔다. 방은 발 디딜 곳 없이 어질러져 있다.

"언제나 이 근처쯤에서 자고 있어요."

나오는 물건이 어질러져 있는 책상을 가리켰다. 고노가 누울 장소를 정리하자 나오는 이불 속에 들어갔다.

쇼헤이가 귀가했지만 나오의 열은 한밤중이 되어도 내려가지 않아 병원의 응급실로 데리고 갔다.

"자고 있으면 나오가 '아빠, 아파' 하고 깨웠습니다. 링거를 맞고 약을 먹자 겨우 열이 내려갔어요."

그날 밤의 상황을 쇼헤이가 설명했다.

다음날 나오는 학교를 쉬게 하고 쇼헤이는 간신히 오후에 출근해도 된다는 허락을 받았다.

고노는 쇼헤이를 걱정한다.

"부자가정은 모자가정과 다른 어려움이 있어요. 계약사원이어도 남성의 경우는 회사 내에서 무거운 책임을 지고 있어 일이 많고, 그렇게 간단히 쉴 수가 없어요. 이웃과 교제가 그다지 없는 분이라면 고립되기 십상이죠. 여성이라면 이웃과도 의지하기 쉬운데요."

당시 쇼헤이의 회사는 사무소 일부가 인근 현으로 이전. 정사원은 전근하고, 남아있는 사원 중에 쇼헤이는 계약사원이었지만 '현장책임자'의 직함을 가지고 있었다.

시급은 조금 올랐지만 외부와의 대응 등 책임은 보다 무거워졌다.

그러나 쇼헤이는 건강에 이상이 있다. 요관결석과 요통이 있다. 한밤중에 자주 아랫배에 격심한 통증이 왔다. 진땀을 흘리며 이를 악물고 차를 운전. 구급실 병동에 뛰어 들어갔다.

"요관결석인데 구급차를 부르지 않은 사람은 처음입니다."

그런 식으로 의사가 황당해 한 일도 있었다.

"구급차로 가서 입원하게 되면 돌아갈 수 없으니깐 밤새 통증을 가라앉히고 다음 날은 직장에 가려고요."

파칭코 가게를 그만둔 후, 새로운 직장으로 옮기기 전 3개월은 국민건강보험료를 내지 못해 무보험 상태가 지속되었다. 그때 간염이 발생해 고열이 났기 때문에 당황하여 체납분을 내고 보험증을 받아 병원으로 달려갔다. 이때도 입원하라는 말을 들었지만 의사에게 사정을 설명하고 무리해서 집으로 돌아왔다.

"비관하지 않고 긍정적으로 생각할 수밖에 없어요. 뒤를 돌아보아도 방법이 없고요. 어떻게든 되겠지 무엇이든 하자라고 생각해요. 쓰러지면 끝나버리니까요."

쇼헤이는 웃어 보였다.

요관결석으로 몇 번이나 입원을 권유받았지만 쇼헤이는 도저히 일을 쉴 수가 없었다.

"쉬면 급료가 줄어들어요. 게다가 직장에서 책임이 무거우면 무거울수록 쉴 수 없게 돼요."

고통스러운 듯 이야기했다.

### 안경값은 15일분 식비

5학년이 된 나오는 안경을 쓰지 않고 있다.

"나오는 사실 시력이 나빠요. 칠판 글씨가 희미해서 읽을 수가 없다고 해요. 그런 상태로는 공부를 할 수 없어요."

고노는 걱정한다. 시력은 0.2와 0.7이지만 교실에서는 뒷자리에서 수업을 받고 있다.

아빠 쇼헤이도 알고는 있다.

"학교에서 보호자 면담 때 선생님으로부터 "자리를 앞 쪽으로 할까요"라는 질문을 받았지만, 본인이 "앞자리는 선생님한테 지명당할까 봐 싫다"고 하니까…"

쇼헤이는 "나오의 의사를 존중하니깐" 하고 조금 겸연쩍은 듯이 말했다.

몇 년 전까지 나오는 안경을 쓰고 있었지만, 부서진 뒤 사지 않고 있다.

"학교에서 안과 검진이 있을 때, 사시와 시력 저하를 지적 받아, '반드시 가세요'라는 말을 들었습니다."

나오에게 안경이 필요하다는 것은 충분히 알고 있지만, 사 줄 여유가 없는 상황을 쇼헤이는 한탄했다.

"공부를 생각하면 안경을 사주고 싶지만, 싸다고 해도 7천 엔에서 8천 엔은 해요. 15일분의 식비에 해당합니다. 먹는 것이 먼저여서 안경은 뒤로 미룰 수밖에 없어요. 냉정하게 생각하지 않으면 생활을 헤쳐 나갈 수가 없어요."

쇼헤이도 돈과 시간적 여유가 있으면 치료하러 데리고 가고 싶지만, "돈이 없고 바빠서"라며 가지 않고 있다.

고노는 행정의 대응에 불만을 호소한다.

"우리 시에서는 가난한 가정을 위한 충치 치료비는 나와도 안과는 그렇지 않아요. 인접 시는 안과도 해당되는데. 취학원조로 안경구입 비용이 나오지 않는 것은 이상해요. 공부에 큰 영향을 주는 안경은 꼭 현물지급해주면 좋겠어요."

인접 시와 경계를 넘는 것만으로, 아이들에게 필요한 보조 내용에도 왜 큰 격차 있는 것인지 고노는 의문을 나타냈다.

안경구입 비용은 취학원조로 독자적으로 지급하는 지자체도 있고, 원조대상의 항목은 지자체 간 상당한 차이가 있다. 취학원조를 받을 수 있는 소득의 기준도, 생활보호 세대의 거의 1.1배에서 1.5배가 시·구·정·촌에 따라 다르다. 문부과학성의 전문가 회의에서는 기준 통일을 요청하는 보고서를 준비하고 있지만, 좀처럼 실현될 것 같지 않다.

10월 초, 초등학교에서는 교정에서 운동회 예행연습이 반복되고, 교내에 안절부절 못하는 기류가 감돌고 있다.

"아빠가 운동회에 오신대요."

쉬는 시간, 나오가 보건실로 뛰어 들어와 고노에게 기쁜 듯이 말했다.

"그래, 잘 됐다."

고노도 웃는 얼굴로 답했다.

"최근 6개월간, 가정방문에도, 보호자 면담에도, 시간을 쓰지 못했습니다. 학교행사는 하나도 참여하지 못했어요. 적어도 운동회는 와야 할 것 같아서요."

그렇게 말하는 쇼헤이의 직장 환경은 바뀌어 있었다. 자택에서 걸어서 갈 수 있는 혜택 받은 좋은 환경에 있던 회사는 인접 현으로 전면 이전하여 통근 시간이 왕복 약 4시간이나 걸리게 되었다.

밤에 귀가하면 나오는 벌써 꿈 속. 자는 얼굴 밖에 볼 수 없는 날이 늘어났다.

게다가, 7월말부터 나오가 고열이 나 간병하느라 일을 쉬는 날이 계속되었다.

"순수입이 자그마치 10만 엔이나 줄었습니다. 이대로는 도저히 생활할 수가 없어요. 뭔가 다른 길을 모색하는 길밖에 없습니다."

쇼헤이는 퇴직을 결심. 일과 육아가 양립 가능한 직장을 집 근처에서 찾았다.

저소득의 모자가정 아동부양수당은, 법 개정으로 인해 8월부터 부자가정에게도 지급대상이 되었다. 전국에서 새로 15만 세대가 해당되어 쇼헤이도 도움을 받았지만, 급료가 너무 적어 밑 빠진 독에 물붓기였다.

"생활보호 신청이 필요할지도."

조건을 생각하면, 취직이 어려울 것이라는 각오를 하고 있다.

## 엄마의 늦은 귀가

아야코랑 나오와 같은 초등학교에 다니는 다이키(10세)는 4학년생. 키는 약 140센티, 체중은 50킬로를 넘는다. 비만이기 때문에 병원에서 받은 혈액검사에서 콜레스테롤 수치가 높은 것을 알고, 식생활 개선과 운동이 필요하다는 소견을 의사로부터 들었다.

보육소 시절부터 "크다"는 말을 들어왔지만, 갑자기 살이 찌기 시작한 것은 2학년이 되었을 무렵부터다.

3학년 여름, 교실 바닥에 자기 책상 안에 있는 물건을 모두 쏟아서 친구와 싸움을 한 '사건'이 일어났다.

다이키는 보건실에서 양호교사 고노에게 이유를 털어놨다.

"스트레스가 꽉 찼어요", "엄마가 이야기를 들어주지 않아요."

가정에서의 불만이 학교에서 폭발했다.

"언제나 '형이니까' 참으라고 해서, 집에서는 착한 아이처럼 연기한 것인지도 몰라요."

고노는 다이키의 기분을 살핀다.

어머니 노부코(39세)가 공장의 파트타임 근무를 끝내는 시간은 오후 7시경이었다. 서둘러 시장을 보고 귀가하는 시간은 8시경이 된다. 그리고 저녁식사 준비를 하기 때문에, 형제는 매일 배가 고파 기다리고 있다.

아이들은 배가 고프면 스낵과자를 먹었다.

"직장에서 귀가하는 시간이 늦자 기다리는 동안 먹어도 좋다고 사 주었어요. 그만 너무 주었나 봐요."

노부코가 반성한다.

의사로부터 "포테이토칩은 삼가 하세요"라고 들었다.

다이키는 편식도 두드러졌다. 야채는 먹지 않고 고기랑 밥, 면류를 좋아했다.

여름방학은 1학년생인 동생과 하루 종일 집에서 뒹굴고 좋아하는 포테이토칩을 먹으면서 케이블 텔레비전의 애니메이션 프로그램을 보고 지냈다.

"아이는 '집에서 뭐하고 있으면 돼요?' 하는 느낌이었을까요. 기다리는 동안 심심한 거예요. 텔레비전만 보면서 과자를 잔뜩 먹는 것은, 부모의 귀가를 기다리고 있는 스트레스 탓도 있다고 생각해요."

노부코가 말했다. 그렇다고 육아에 전념할 여유는 좀처럼 없었다.

아버지 시게루(49세)는 건설 회사를 그만두고, 지인의 소개로 전기공사를 도급 맡고 있지만, 일이 단숨에 줄었다. 가을에 리먼쇼크가 있던 2008년의 일이다. 수입은 불안정하고 소비자 금융에 빚도 있었다.

그런 조바심이 누적된 것인지, 집안에서 두 아들이 떠들면, 시게루는 "작작해라"라고 자주 고함을 쳤다.

노부코는 그해 여름, 임신한 것을 알고 결국 가을에 일을 그만두었다. 파트타임 수입이 없어지자 일가의 생활은 벽에 부딪쳤다.

"여유가 있을 때 저축을 해두었으면 좋았겠죠. 남편이 회사를 퇴직했을 무렵은 경기도 나쁘지 않았고, 이렇게까지 불황이 될 줄은 예상도 못했어요."

노부코는 후회했다.

시게루는 당초, 가정의 경제사정이 악화된 것은 자기 탓이라고 체념하고 있었지만, 일도 없고 이렇게 어려운 상황에서는 행정 지원을 받을 수밖에 없다고 생각하게 되었다.

"생활보호를 받을 수 있을까?"

의논 끝에 부부는 시청에 가 상담했다.

"좀 더 분발할 수 없습니까?"

좁은 방에서, 담당자는 사무적으로 부부에게 말하고 대신에 "이런 제도도 있습니다" 하고 팸플릿을 내밀었다. 5만 엔을 한도로 무이자로 빌리는 제도다. 생활보호와는 크게 달랐지만 노부코는 이 제도를 이용하기로 했다.

"그렇지만 5만 엔이라 없어지는 것은 순식간이었어요."

일가는 더욱더 곤경에 빠졌다.

## 돈도 없는데 입원이라니

"경제적으로 '이제 무리'라고 생각한 것은 제가 입원한 때였어요."

연말, 임신 7개월이었던 노부코가 감기가 악화되어 간염이 되었다.

"여유가 없는데, 입원하면 어떻게 해."

시게루는 곤란에 빠져 어찌할 줄 몰랐다. 입원비는 약 2주간 12만 엔에서 13만 엔이나 된다. 가계를 압박했다.

"그전에도 둘째가 식중독으로 입원 한 때는 15만 엔 들었어요. 제가 간염으로 입원한 것은 두 번째로 전에도 12만 엔 들었어요."

노부코가 아파서 든 비용을 계산했다. 의료비는 가계를 압박하는 가장 큰 골칫거리였다.

"조금 여유가 생기는가 했더니, 입원을 하다니."

시게루가 개탄하자, 노부코는 "그러게요"하고 한숨을 쉴 수밖에 없었다.

노부코는 어릴 적부터 천식이라는 지병이 있다. 아이들도 천식이랑 아토피 지병이 있고 몸이 허약했다. 부모와 자식의 입원으로 통원하면 치료비가 들었다.

아이들의 의료비에는 도도부현에 따라 보조제도가 있다. 후생노동성 2010년 4월의 보고로는, 도쿄 도는 중학교 졸업까지 입원과 통원을 보조하고, 군마, 가나가와, 아이치, 효고, 네 개의 현은 입원비를 보조한다. 군마는 2009년 10월에 통원보조도 시작했다. 그러나 대상이 되는 아이의 연령이나 소득제한의 유무 등은 큰 차이가 있다.

노부코는 2009년 봄, 무사히 세 번째 아이를 출산했지만, 출산비용까지 포함해 가계는 지출비만 늘어, 소비자 금융에 빚이 불어났다.

학교에 내야 할 돈도 곤란하게 되었다.

"'학교에서 필요한 물건이 있어요'라든가, 아이들은 여러가지 말을 해요. 그 때마다 '조금 기다려'라고 말할 수밖에 없었어요."

붓글씨 도구도 살 수 없는 상태가 계속되었다.

학교도 일가의 상황을 알았다. 급식비 등 납부금 체납이 계속 되었기 때문이다.

사정을 안 다이키 담임선생이 상담에 응하고, 학교 원조를 신청해서 간신히 4월부터 지급이 결정되었다.

그렇지만 가계는 개선되지 않아 다시 한 번 생활보호를 신청하기로 했다. 이전에 부부끼리 시청에 상담하러 갔을 때 안 되었기에, 이번에는 법률가의 힘도 빌렸다.

"빚을 정리하지 않을 수 없어 가을에 저는 개인파산을 신청했어요."

시게루 쪽은 생활보호 이야기가 제기되기 전에 개인파산을 했다.

생활보호 수급은 다음해 2월부터 시작되었다.

"생활보호로 의료부조를 받을 수 있게 되자 병원비 부담이 없어져 가장 감사했어요. 바로 병원에 갈 수 있는 것이 고맙죠. 전에는 정말 힘들었어요. 아이를 빨리 의사에게 데리고 갈 수 있었다면, 병을 키우지 않았을지도 몰라요."

노부코는 의료부조가 무엇보다 기쁜 모양이다.

"이전에 고열이 났을 때는 '감기일지도 모르니 병원에 가세요'라고 얘기를 들었지만 결국 데리고 갈 수 없었던 모양이에요."

양호교사 고노가 회상했다.

생활보호를 받게 되어 겨우 집안이 안정되었다. 시게루가 아이들에게 고함을 치는 일도 줄었다.

시게루와 아이들은 야구를 좋아한다. 때때로, 부모와 아이들이 함께 캐치볼을 한다.

"할인마트에서 2, 3천 엔의 글러브를 보고 사왔습니다. 아이들은 매우 기뻐했어요. 여유가 생기면 방망이도 사주고 싶습니다."

기쁨에 넘쳐 아이 생각을 하는 시게루는 분발해서 헬로우 워크(일본의 공공 직업 안정소)에 다닌다.

"생활보호는 빨리 끊고 싶어요"라고 노부코가 말하지만, 시게루의 구직은 간단한 것이 아니다.


## 아이의 신호를 놓치지 마세요

여름방학 직전, 초등학교 보건실에는 사방 1미터 정도의 종이 박스로 만든 '집'이 있었다. 문패랑 우편함, 화단까지 있다.

몇 개월에 한 번 화장지가 한꺼번에 학교에 반입될 때, 큰 빈 상자를 사용해서 만든 '비밀기지'다. 가정에 갖가지 사정이 있는 아이들이, 집을 만들면서 치유돼, 교실로 돌아가고 있다.

"굉장하네. 음, 응."

사내 아이가 집을 발견하고 환성을 질렀다. 그리고 다음 순간, 전혀 예상외의 행동을 했다. 갑자기 몸으로 부딪쳐 박스 집을 부순 것이다.

"안 돼. 모두가 만든거야."

그 자리에서 엄하게 꾸짖던 고노가 방과 후 참을 수 없는 표정으로 말했다.

"저 아이도 학대를 받고 있어요. 부러웠던 모양이예요."

고노는 아침을 먹을 수 없는 아이에게 빵과 우유를 주면서 사정을 듣는다.

"어제 저녁 밥은?"

"엄마가 계속 주무셔서 아무것도 먹지 못했어요."

이야기를 주고받으며 부모가 실직하거나 병 등으로 인한 생활의 변화나 가난한 가정 상황을 파악한다. 보건실의 아침 식사는 아이의 상황을 알아낼 수 있는 중요한 기회다.

그러나 보건실에서 건강한 모습을 보고 "몸이 안 좋아야 보건실에 오는거야"라고 꾸짖으면서 데리고 돌아가 버리는 선생도 있다. "노는 장소가 아니란다", "상태가 안 좋을 때만 가면 돼"라고.

"몸이 좋아도 보건실에서 노는 동안은 스스로 고통을 느끼지 않는 것 뿐. 건강한 것처럼 보이는 겉모습만 보면, 학대를 받거나 배가 고픈 것을 주위에서 알아차리기 힘들어요."

고노는 교실을 빠져 나와 보건실에 오는 아이들의 미묘한 상황을 설명했다.

아이들의 문제를 발견하면, 고노는 학교 회의에서 정보를 공유한다. 교원 간의 제휴가 필수이기 때문이다. 문제를 학교에서만 끌어안지 않고, 복지나 의료 관계자와도 제휴한다.

2010년 여름, 고노는 교원들의 집회에 참가했다.

"저는 학교의 가정지원 조정을 위해, 관계 기관과 함께 아이들을 지원하고 있어요."

학교와 지역이 네트워크를 만들어 지원한 가족의 예를 소개했다. 약 2년 6개월 전에 고노가 처음으로 '아동빈곤'을 알게 되고, 보건실에서 아침식사를 제공한 여자 아이에 대한 이야기였다.

이 경우, 보건소는 병든 어머니를 지원하고, 사회복지협의회는 가정도우미를 파견했다. 지역의 사회복지사는 통원을 부축하거나 식재배급을 하고, 간호사는 방문 간호를 함으로써 각각 역할을 분담했다.

"학교만으로는 한계가 있어요. 가족의 생활 지원도 포함해 관계 기관의 제휴가 필요합니다. 인력이 부족해요."

그렇게 고노는 호소했다.

고노는 "곤경에 처해 있어도 지원이 미치지 못한다"고 말한다. 취학원조도 그렇지만, 모처럼 제도가 있어도, 본인이 신청하지 않으면 지급되지 않는 '신청주의'이기 때문에 당사자가 제도를 모르면 활용할 수 없다.

"교육과 복지 사이에 놓여진 아이가, 보건실에서 긴급구조를 요청하고 있다. 상황을 파악해 원조하는 것이 아이와 가족의 자립지원에도 연결된다."

고노는 보건실에서 만나는 아이의 마음속에서 나오는 비명을 놓치지 않기 위해 애쓴다.

"빈곤 때문에 중요한 어린 시절을 빼앗겨서는 안 돼요."

고노의 신념이다.

아베 아야(阿部彩)·수도대학도쿄 교수

# 빈곤대책은 무상화를 기본으로

아베 아야 선생은 빈곤이나 사회적 배제, 사회보장, 공적부조를 주제로 연구를 계속하고 있다. 저서 『아동빈곤』(이와나미 신서)에서는, 허용할 수 없는 생활수준이라고 볼 수 있는 빈곤상태에서 생활하는 아이들이 일본에도 많다는 사실을 밝히고, 어떻게 지원해야만 하는지 논하고 있다. 이 책에서 본래 빈곤상태의 사람은 정부가 지원해줘야만 하는데 사회보장제도나 세금제도에 의해 역으로 일본의 아동 빈곤이 악화돼 가고 있는 현실을 지적하고 '모든 정책에 빈곤의 관점을' 고려하라고 호소했다. 『약자가 거처할 곳이 없는 사회』(講談社現代親書)에서는 정신적인 면이나 인간관계를 포함한 지원의 필요성을 강조했다. 민주당 정권시기에는 내각관방 사회적 포섭추진실 기획관으로도 근무했다.

- 르포에서는 초등학교 보건실에 모여드는 아이들을 통해, 어려운 가정 상황을, 모자가정, 부자가정, 그리고 부모는 있지만 고용이 불안정해서 수입이 적은 가족, 세 개의 타입으로 묘사하고 있어요. '아동빈곤'을 생각할 때, 지금 가정은 어떤 상황에 놓여 있다고 보면 좋을까요?

보다 어려운 상황에 처해 있다는 의미에서 모자가정에 눈길이 가기 마련입니다만, 모자가정이든 부모가 모두 있는 가정이든, 경제적으로 어려운 상황에 놓여 있는 아이가 있습니다. 저는 세대 유형별로 보았을 때, 아동빈곤에 눈길이 미치지 않고 있다고 생각합니다. 세대 유형과 관계없이, 아동빈곤 세대를 지원하는 제도를 설계해야만 합니다.

▪ 우리가 먼저 모자가정에 주목한 것은, 어머니의 취업률이 높고, 두 개, 세 개의 일을 병행하는 등 고된 근로 방식으로 일을 해도 수입은 적고 지출이 많기 때문에 생활이 나아지지 않는 경향이 가장 크다고 보았기 때문입니다.

확실히, 모자세대의 상대적 빈곤율은 50% 이상으로 전 세대의 16%와 비교하면 현저히 높고, 꽤 힘든 상황에 놓여 있는 것을 알 수 있지요. 모자세대의 10% 정도는 생활보호를 받고 있습니다. 아동빈곤에서 제일 눈에 띄는 형태는 모자세대입니다. 단, 모자세대는 이전부터 아동부양 수당이 있었어요. 그러나 민주당 정권으로 교체되기 이전에 이 수당은 부자가정은 받을 수 없었고, 부모가 있는 빈곤 세대의 아이를 구제할 제도는 지금도 없습니다.

빈곤율이 높은 것은 모자세대가 앞질러 있습니다만, 세대수가 적기 때문에, 빈곤 아동도 수적인 비율로 볼 때 압도적으로 많은 것은 양친이 있는 세대의 아이들입니다. 빈곤 아동의 반 수 이상은 양친이 있고, 20% 정도가 모자세대, 10% 정도가 부자세대의 비율입니다.

아동빈곤을 개선하고자 할 때는 모자세대만을 대상으로 해서는 부족하고, 부자세대 만으로도 안 됩니다. 또, 특정 타입만을 생각하는 제도에는 비판이 일어나는 일도 있습니다. 그 의미로, 저는 모자세대에만 주목할 것이 아니라, 아이에게 주목한 '아동대책'이 필요하다고 말하고 싶습니다.

▪ 아이를 둔 빈곤 세대에 대한 공통적인 대책은 어떤 방법이 유효할까요?

지금 일본에서 일을 해도 삶이 넉넉해지지 않는다는 것은, 어떤 육아 세대에게도 공통된 사항입니다. 원인은 2가지가 있어요. 하나는 육아 비용이 큰 것. 고등학교 무상화는 진전되고 있지만, 의무교육이나 교육에 관련된 비용이 너무 큽니다. 또 하나는 수입이 적은 것입니다만, 우선 저소득 세대에 대한 공적부조가 적고, 그리고 여성의 임금이 적어요. 저임금은 일하는 여성 전체의 문제입니다. 확실히, 남녀기회고용균등법으로 남성과 어깨를 겨루고 일하는 고학력의 커리어우먼 형의 여성도 증가하고 있어요. 그러나 대다수의 여성은 비정규직 고용이고, 정규직이어도 남성과 임금격차는 커요. 일본은 최저 임금이 현재도 세계적으로 낮은 수준이므로 일하는 여성에게는 매우 큰 문제죠.

빈곤 세대의 현상을 보면, 최근 모자 세대 이외의 세대 빈곤율이 서서히 증가하고 있습니다. 남성과 여성의 격차가 미묘하게 좁혀지고 있는데, 그것은 여성의 빈곤율이 내려간 것이 아니라 남성의 빈곤율이 올라갔기 때문이죠. 요즘, 독신 여성의 빈곤이 큰 화제가 되고 있습니다만, 독신 남성의 빈곤도 큰 문제예요. 지금은 일본 전체가 빈곤화하고 있다고 말할 수 있어요. 아동빈곤을 없앤다고 하는 관점에서 선별적으로 아이가 있는 세대에 대해 공적부조를 늘리는 것이 유효합니다. 아이가 있는 세대만 최저임금을 올릴 수는 없는 일이니까요.

▪ 본래 고소득자에게는 높은 세금을 물리고, 어려운 가계의 사람에게는 공적부조를 한다고 하는 소득의 재분배가 기능하면, 빈곤율이 개선되겠습니다만, 아베 선생은 『아동빈곤』에서, 일본의 경우, 잘 기능하지 않고 있다고 지적하고 있더군요.

소득 재분배를 한 후, 즉 세금이나 사회보험료를 내고, 모든 급부를 받은 후에는 통상, 어느 나라에서든 아동빈곤은 크게 개선돼 빈곤율은 내려갈 것입니다. 그것이 일본에서는 역으로 오르고 있다고 지적했습니다. 정부가 개입한 후, 빈곤 상태의 사람이 줄고 있는데, 일본만 역으로 증가하고 있어요. 이것은 이상한 일입니다. 단지, 이때 사용한 것은 2005년의 데이터였습니다. 2009년의 데이터로는 그다지 크지 않습니다만, 재분배 후의 아동빈곤율은 재분배 전과 비교해 다소 개선되어 있습니다. 다른 국가와 비교하면 아직입니다만, 2009년의 데이터는 '재분배 후의 역전현상'은 보이지 않았어요.

■ 다소 개선되었다고 하는 것은 무언가 정책이 있었기 때문일까요?

큰 정책 변경은 없습니다만, 요즘 자민당 정권에서도 아동수당이 확충되고, 3세 미만은 월 1만 엔으로 인상되었지요. 그것이 하나의 요인이라고 생각합니다.

■ 아동수당 도입의 영향을 어떻게 보세요?

아마 빈곤율은 더욱 개선됐을 것이라고 생각합니다만, 데이터가 없어서 아직 알 수 없어요. 경기 상황에 변동이 없고 아동수당이 생기면 개선됩니다만, 2009년부터 아동수당이 도입될 때까지 소득 상황도 바뀌고 있습니다. 단지, 어느 쪽이든 아동수당 도입 아동빈곤 해소를 위해서는 큰 의미가 있다고 생각합니다.

■ 좀 더 아동빈곤을 개선하기 위해서는 어떻게 하면 좋을까요?

모든 정책에 '아동대책' 시점을 포함시키는 것이 중요합니다. 필요한 것은 많습니다만, 우선 아동의 의료비 대책. 그리고 학력 격차의 문제도 조속히 실행하지 않으면 안 됩니다. 게다가 제일 힘든 상황에 있는 것은 아동보호 치료시설의 아이들입니다만, 아직 개선이 필요합니다. 할 일이 태산 같습니다.

■ 『아동빈곤』에서는 저소득의 육아 세대에 대한 급부금이 붙은 세액공제를

도입해야만 한다고 제창하고 있어요. 세금을 돌려주도록.

급부금이 붙은 세액 공제는 결과적으로는 아동수당과 같습니다. 같은 금액을 급부하는 것을 세제로 하느냐, 사회보장으로 하느냐의 차이로, 완전히 같은 효과이죠. 제가 세액 공제를 제창한 것은 그 당시 2008년 초에는 아동 수당의 실현이 절대 불가능하다고 믿었기 때문이예요. 아동에게 한정된 급부금을 붙인 세액공제와 아동 수당은 받는 측에서 보면 아무 차이도 없어요.

- 경제적으로 어려운 세대에게만 수당을 지급하는 것이 아니라 아이가 있는 전 세대에게 아동수당을 지급하는 것에 대한 비판도 있나요?

혹시, 민주당 정권이 "빈곤 세대에게 월 2만 6천 엔의 아동 수당을 쓰지만, 소득 제한으로 3백만 엔 이상의 사람에게는 1엔도 주지 않겠습니다"라는 공약을 내걸어 정권을 잡았냐 하는 이야기입니다. 통상, 그러한 정책은 대부분의 나라에서는 국민이 지지하지 않고, 보편적인 제도 쪽을 지지하죠. 아동빈곤 해소에만 이 정도의 큰 재원을 투입하여 지속하는 것은 정치적으로 대단히 어렵습니다. 그러므로 아동수당은 아주 바른 방향이었다고 생각하고 있어요.

- 그 아동수당도 재원문제로 소득 제한이 들어 있어요. 결국, 재원을 어떻게 확보할지가 최대의 과제입니다.

급부는 전원, 동일 형태로 해서, 세금이나 사회보험을 뗌으로써 부담에 차이를 두면 좋겠습니다만, 일본은 그것을 하지 않고 있어요. 세금이나 사회보험료의 누진성이 지극히 낮아요. 유럽에서는 받는 서비스나 급부는 일률적이어도 지불해야만 할 사람은 지불하길 원하고, 소득이 많은 사람은 세금을 많이 내길 원하는 방식이 되는 것입니다.

소득이 많고 적음에 따라 보육이나 의료 서비스의 차이가 있는 것이 아니고 같은 학교에 다닙니다. 아동 수당과 같은 급부도 마찬가지예요. 단지, 고소득자는 70%의 세금을 낸다는 것입니다. 그것과 다른 것은 미국 방식으로 저소득자는 민간의 의료서비스를 받을 수 없는 것이 가엾기 때문에, "저소득자용의 공적병원을 지읍시다"라고, "저소득자용의 급부제도를 만듭시다"라고 합니다. 어떻게 됐는가 하면, 병원도 저소득자용 병원과 보통 사람이 가는 병원으로 나뉘어버리는 다른 의료 서비스가 나오고 말았어요. 국민을 분열시킬 것입니다. 그러한 의미에서 보편적 제도와 선별적 제도, 어느 쪽이 좋은지는 단지 돈이 빈곤층에게 많이 가는 편이 좋다는 것보다, 좀 더 한 발짝 나아가서 논의되지 않으면 안 되겠지요.

▪ 빈곤 세대로 대상을 한정한 급부책은, 정책적으로는 잘 된 방법이 아니라는 말씀이신가요?

저소득자만의 제도라는 것은, 예를 들면 생활보호도 그렇습니다만, 부정적 이미지 없이 받아들일 수 있을지, 그것에 따라서 서비스의 질이 떨어지는 일이 발생하지는 않을지, 라는 점을 생각하지 않으면 안 됩니다. 미국은 보육 서비스에 공적인 것이 없고, 저소득층의 아이만을 위한 '헤드 스타트(Early Head Start)'라는 공적인 취학 전 아동 교육 프로그램이 있습니다. 그렇지만 고소득자인 부모는 절대로 아이를 헤드 스타트에 넣고 싶어 하지 않아요. 헤드 스타트에 다니는 것은 모두 빈곤층의 아이들입니다.

고소득자인 부모들은 자기 돈으로 아이들을 사립 보육원에 보내고 있어요. 그러한 형태로 나누어 버리는 것입니다. 그런 시스템이 좋은지 어떤지라고 하는 이야기입니다. 저는 보편적인 서비스를 제공해서, 수요자 쪽에서 선택하는 것이 가장 좋다고 생각합니다. 일본은 고소득자에게 세금을 적게 물리고 있어요. 그에 대한 논쟁이 그다지 없고, 작은 파이를 서로 빼앗는 것은 좋지 않지요.

▪ 이 두 타입으로 말하면 일본은 중간이 되는 걸까요?

일본에서는 보육 서비스도, 의료 서비스도, 누구든지 보통의 서비스를 똑 같이 받지요. 단, 생활보호라든가, 소득제한이 붙은 제도는 여러 가지 제한을 두고 있어요.

▪ 서구보다 일본 쪽이 '자기 책임론'이 강한 것은 아닌가라는 생각이 듭니다. 상대적 빈곤의 지표로서, 예를 들면, 아이에게 자전거가 필요한지 묻는 조사에서는, 서구에서는 필요하다고 생각하는 사람이 많은데, 일본에서는 적어요. 구두는 필수품이라고 인식해도, 자전거라면 "부모가 가난하다면, 없어도 상관 없다"는 식으로 생각합니다. 일본은 냉정하다고 생각합니다.

그 점은 저도 느낍니다. 실제로 일본에서는 거의 모든 아이들이 자전거를 가지고 있습니다. 그런 가운데 지극히 일부, 사지 못하는 아이들이 있어요. 그래도 필수품이라고 인정하지 않는 경향이 있습니다. 고등학생의 부모도, 대부분은 "휴대전화가 없어도 좋다"고 생각해도, 자기 아이에게는 사 주고 있어요. 그 차이를 보지 않으면 안 됩니다.

빈곤을 논의할 때 가난해도 마음먹기에 달렸다고 하는 청빈론 같은 이야기를 꺼내는 사람이 있습니다. 그렇지만 그런 정신론으로는 문제가 해결되지 않아요.

▪ 일본에서는 빈곤에 대해 '자기 책임론'이 강하다고 한다면, 급식비도 그렇

군요. 급식비를 체납하고 있는 가정은 거의가 경제적으로 어려운 상황인데 "지불 할 수 있는데 지불하지 않는 부모가 많다"라고 하는 잘못된 인식이 퍼져 있습니다. 급식비나 학용품 대금을 지원해 주는 취학원조 방법은 지자체에 따라 상당히 차이가 있습니다. 아이가 의식하지 못하게 지원을 모색하고 있는 지자체는 원조율도 높아요. 지원을 모색하지 않으면 아이들을 차별과 편견에 노출시킬 위험이 있습니다.

급식비는 처음부터 무상화하면 좋습니다. 그런 것은 보편적인 제도 쪽이 좋아요. 왜 취학원조로 급식비를 내는가? 무상화하여 그만큼 낼 수 있는 사람, 고소득자에 세금을 물리는 것이 좋지요. 왜 모두가 급식비를 낸 후, "당신은 빈곤 세대니깐 면제해드립니다"라고 하는 제도를 만드는 것인가요. 그것이 선별로 연결되는 것입니다. 부정적인 인식은 어떻게 하여도 항상 따라 다닙니다. 아이는 사회의 보물로, 사회 전체가 키운다는 인식으로, "아이에게 드는 비용은 전부 책임지겠습니다"라고 할 수 있으면 좋겠습니다. 이만큼 아이들이 줄고 있으니. 제가 보편적인 제도가 좋다고 말씀드리는 것은, 바로 그 점이에요. 저도 아이가 초등학생이기 때문에, 학용품 대금 등 여러 가지 지불하지 않으면 안 되는 것을 실감합니다. 학교에서 사용하는 것이므로 의무교육 기간은 비용을 보호자에게 부담시키지 말았으면 하는 생각입니다. 그만큼 소득세율이 2, 3% 올라가도 됩니다. 그 정도의 의욕이 아니면 안 된다고 생각합니다.

공적부조 제도로는, 필요한 사람 모두를 파악할 수 없습니다. 창피하니까 신청하지 않는다든가, 지자체의 방식이 잘 되어 있지 않아 아이에게 취학원조 신청용지를 가지고 오게 하기도 해 받을 것을 못 받게 되기도 합니다. 급식비가 전부 무료라면, 그러한 문제는 일어나지 않아요. 아이들 전원이 안심하고 급식을 먹을 수 있게 해야죠. 물론, 그러기 위해서는 재원이 필요하지만, 그러한 제도가 필요하다면 조금씩 재원을 늘리거나, 증세하는 논의로 이어져야 합니다.

역으로, 두려운 것은 소비세율도, 소득세율도 올리지 않는 한편 점점 내는 것도 작아지는 것입니다. 재원이 어려우니까 공적부조의 대상을 점점 짜내야 합니다. 실제, 지금 소득제한이 어렵게 되어 급부를 받을 수 있는 사람이 줄어들고 있습니다. 그러자 수급 가능한 것은 보다 가난하고, 가엾은 아이들로 제한됩니다. 그러므로 더욱 나쁜 인식이 붙는 것이죠. 그러한 악순환이 너무 무섭습니다.

▪ 아베 선생님은 많은 사람이 지원하여 빈곤 상태에 있는 사람을 감쌀 필요성을 호소하고 있습니다. 설 자리가 있어 서로 의지할 수 있다면 자신을 긍정할 수 있어 사회에 유용하고, 거기에 있어 좋다고 생각하면 자기수용 욕구가 충족되니, 사실은 돈보다 그쪽이 더 중요한 것은 아닐까요?

자기 긍정감과 경제 문제는 상관이 있다고 생각합니다. 먹을 것이 없으면 전부 날아가니까 돈도 필요하지만 양쪽 다 필요해요. 먹는 것만으로는 안 됩니다.

▪ 취재를 시작할 때에 "빈곤의 대물림을 어떻게 끊을까"라고 하는 것이 출발점이었습니다. 대책 가운데 학력 상승이 필요하다는 이야기였습니다만, 교육은 꽤 큰 문제군요.

교육비만 어떻게 되면이라고 생각하기 십상입니다만, 요즘 알게 된 것은 교육비만이 아니라는 것입니다. 세계 여러 나라 조사에서도, 일본의 조사에서도 나오고 있습니다. 돈은 지극히 일부분의 문제죠. 예를 들면, 교육비가 제로인 국가에서도 대물림은 일어나고 있으니까요. 교육비가 비싸 학원에 보낼 수 없습니다. 경제적 이유로 진학할 수 없다고만 할 문제는 아닙니다. 교육비 대책만으로 대물림은 해결할 수 없습니다.

무슨 이야기인가 하면 모자세대라면 저녁 무렵, 아이와 숙제를 할 수 없다든가, 장성한 아이에게 연줄이 없다든가 여러 가지 요인이 있습니다. 건강 문제도 있습니다. 빈곤 가정의 아이는 건강에 문제가 있는 경우가 많습니다. 건강상태가 나빠 좋은 회사에 취직할 수 없다든가. 따돌림을 당해 학교가 싫어질 가능성도 있습니다. 그러한 것이 복합적으로 나타날 수 있어요.

■ 왜 보건실에 주목했냐 하면, 특히 초등학교에서는 아이의 몸집이 작고 연약해서 바로 불편함을 호소하는 심신의 문제를 쉽게 나타낼 수 있기 때문입니다. 르포의 학교에서는 보건실에서 식사도 제공하고, 양호교사가 여기저기 뛰어다니며, 생활보호나 아이를 맡기는 수속을 위해 시청과 교섭하고 있어요. 교육과 복지를 연결하는 주요 인물 역할을 하고 있어요. 그러나 그런 학교는 많지 않아요. 서로 서포트해주는 지혜가 좀 더 필요하지 않을까요?

학교 상담원이 있고, 아동상담소나 보건소는 있습니다만, 절대 수가 모자랍니다. 보건실의 교사도 많지 않아요. 장소에 따라서는 그러한 분들이 제휴해서 아이와 육아 세대를 지원하는 곳도 있습니다. 지역의 지원 창구라든가, 고립되기 쉬운 어머니를 위한 센터라든가, 하루 중 어머니가 갈 수 있는 곳은 있습니다만, 그러한 곳에 그분들은 가지 않습니다. 가는 곳은 아동 상담소 정도입니다. 그러나 그 아동 상담소도 절대 수가 부족합니다.

영국에서는 육아 지원을 위해 센터를 전국적으로 지어 그러한 역할을 맡도록 하고 있습니다만, 일본에서는 여하튼 지원할 기관이나 사람의 절대 수를 늘려 갈 수 밖에 없습니다.

# 4장
# 어린 생명을 키우는 보루


## 손자만이라도 보육원에

한여름 햇살이 어둑해지기 시작한 보육원 사무실. 유치원생의 마중 시간이 다가왔다.

"선생님, 손자만이라도 밤에 보육원에서 머물 수 없을까요?"

5세아 반인 준이의 할머니 나오코가 무거운 발걸음으로 들어와 말을 꺼냈다.

"준이에게 도대체 무슨 일이 있는거죠?"

갑작스런 말에 원장 스즈키 도모코가 물었다.

"1개월 전부터 가족이 자동차 안에서 숙식하고 있어요."

차에서 생활한다는 말을 들은 베테랑 원장 스즈키는 상상도 못한 상황에 순간 말을 잃었다.

"5, 6년 전부터 이 유치원에서도 빈곤 상황을 보게 되었어요. 아동은 물론 가족도 포함해 지원이 필요하기 때문에 고민하는 일이 많아요."

스즈키는 최근 몇 년간 만났던 사례들을 회상했다.

준이의 경우도 그 중 하나다.

준이가 간토 지방에 있는 스즈키의 보육원에 온 것은 나오코가 방문하기 1년 전. 이혼한 20대의 아버지 도시키가 준이를 데리고 본가로 돌아왔기 때문이다. 조부모와 4인 가족으로 준이를 돌보는 것은 유치원을 데려다 주고 데리러 오는 일을 포함해 60대의 나오코가 하고 있다.

"소비자금융의 빚을 변제하지 못해 집을 내놓고 떠날 수밖에 없었어요."

나오코는 차에서 생활하게된 이유를 말했다. 그 이후는 화장실과 수도를 사용할 수 있는 공원에 자동차를 세우고 숙식하고 있다.

"자동차 안에서 자는 것은 이제 지긋지긋해요"라는 나오코. 여름 밤 자동차 문을 닫으면 무더워서 잠을 잘 수 없고, 열면 모기에 시달렸다.

"밤새 엔진을 끄지 않고 에어컨을 켜고 자지만, 휘발유 값이 들어 곤란해요."

나오코는 탄식한다. 차 안의 의자에서 자면 숙면을 취할 수 없고 자동차 생활은 한계에 다다랐다.

"손자가 지쳐있어요. 적어도 밤에는 다다미 위에서 잘 수 있게 해주고 싶어요."

나오코는 지푸라기라도 잡는 심정으로 보육원을 방문했다.

스즈키가 자동차 안을 들여다보자 칫솔과 수건, 의류 등 약간의 '가재도구'만 있을 뿐이다.

준이의 작은 '변화'를 스즈키도 눈치 채고 있었다. 그 당시 몸집이 작은 준이가 어쩐 일인지 매일같이 어른용 러닝셔츠 한 장을 입고 보육원에 오고 있었다.

"무언가 이상하다."

가정생활에 문제가 있는 것인가라고 생각한 스즈키는 "준아 어떻게 된 거야"라고 말을 걸었지만 "저는 몰라요"라고 절대 자동차에서 생활하고 있다는 것을 말하지 않았다.

"자동차 생활은, 하루나 이틀, 아이에게 거처를 제공한다고 해결될 문제는 아니에요."

스즈키는 일가가 정착할 수 있는 방을 찾는 것이 선결과제라고 생각하고 서둘러 나오코를 데리고 시청으로 갔다.

## 두 번 버림받은 아이

"원아의 자동차 생활을 방치해서는 안 됩니다. 가족과 살 수 있는 장소를 찾아줘야 해요."

스즈키는 나오코와 함께 시청 창구에서 준이의 일가가 생활할 수 있는 방을 찾기 위해 지원을 요청했다.

"태풍이나 지진 등 재해로 인한 피해자도 아닙니다. 대상이 되지 않아요."

담당자는 지원이 어렵다고 말했다. 원아의 목숨이 걸린 일이어서 스즈키는 쉽게 물러날 수가 없었다.

"시영주택에 빈 곳이 있으면 입주했으면 해요."

스즈키의 요청에 담당자는 "소득제한을 초과했어요. 입주자격이 없습니다"라고 말했다.

준이의 일가는 회사원인 도시키와 파트타임 일을 하는 나오코의 수입을 합치면 소득금액 제한을 초과하고 있다.

"그러나 수입의 대부분은 빚을 갚는데 쓰고 있어요."

스즈키와 나오코는 간곡히 사정을 했지만, 결론은 바뀌지 않았다.

"시와 교섭을 계속해도 결말이 나지 않는다. 한여름의 자동차 생활을 어떻게든 끝냈으면."

준이만이라도 안전한 거처를 찾아 옮기겠다고, 스즈키는 서둘러 다른 방안을 강구했다. 그리고 연락한 것은 아동상담소였다.

아동상담소는 아동복지법에 의거하여, 가정 등의 18세 미만 아이의 상담을 받고, 조사, 지도하는 행정기관. 소장들이 필요하다고 인정할 때는 아이를 일시 보호한다. 도도부현이나 정령지정도시, 중핵시(법으로 특별한 지위가 인정된 도시) 등에 설치되어 있다.

"상담소에 병설된 일시 보호소라면 바로 준이를 받아줄 수 있다고 듣고 안심했어요."

그러나 나오코에게 전하자 "곤란하다"며 싫어했다.

일시 보호소는 긴급히 가정으로부터 떠맡아야 할 아이나, 적당한 양육자나 거주 장소가 없는 아이를 최장 2개월을 목표로 받아 준다.

"선생님 그것만은 안 돼요. 시설에 넣으면 저 아이는 엄마에게 버려지고, 이번에는 아빠에게 버려지는 셈이 되니까요."

나오코는 눈물을 흘렸다. 그러나 준이를 자동차 생활에서 벗어나게 하는 방법은 일시보호 외에는 떠오르지 않았다.

스즈키는 나오코를 설득해서 아동상담소 직원을 소개했다.

"나 혼자 결정할 수 없어요. 준이 아빠와 상담하려면 시간이 좀 필요해요."

결국 나오코는 이 제안을 가지고 돌아갔다.

자동차 생활을 알게 된 보육원에서는 준이의 생활지원을 시작했다.

"목욕을 할 수 없었기 때문에 보육원의 샤워실에서 몸을 씻겼어요. 발뒤꿈치 같은 곳에 때가 달라붙어 있어서요."

매일, 돌아가기 전 샤워를 시키고 밤에는 배가 고플거라 생각해 남은 급식을 싸줬다.

"옷도 어른용 러닝셔츠 한 장을 입고 있어서 보육원에서 바꿔 입을 수 있게 준비했어요."

스즈키로서는 준이가 걱정 없이 밝은 얼굴로 친구인 원아들과 보내는 것이 급선무였다.

그러나 준이를 생각하면 "하루라도 빨리 일시 보호에 맡기지 않으면"이라는 마음이 들어 조급해졌다.

## 반드시 돌아와

"선생님, 아들에게 이야기를 해봤는데 전혀 받아들이지 않아요."

나오코가 지친 표정으로 스즈키에게 말했다.

자동차에서 생활하고 있는 준이를 아동상담소에 있는 일시 보호소로 옮기는 것을 도시키는 반대한다는 것이다.

"할머니, 아빠가 반대한다고, 준이를 이대로 방치해둘 수 없어요. 이후의 대응은 아동상담소에 부탁할 거예요."

스즈키는 나오코의 양해를 얻어 사정을 전했다.

아동상담소의 움직임은 재빨랐다. 다음날 오후에는 직원이 보육원으로 준이를 일시 보호하기 위해 방문했다.

"'더 이상 기다릴 수 없어요. 강제로 수용하겠습니다'라는 연락이 있었어요. 할머니가 계시는 시간이 아니면 준이를 데려 갈 수 없어서 마중 나오시는 시간에 와서 데려가기로 했어요"라고 스즈키가 말했다.

그러나 누가 준이에게 일시 보호소로 옮기는 이야기를 전할 것인가.

"할머니는 할 수 없다고 하시면서 울음을 터뜨리셨어요. 담임도 '원장 선생님이 말해 주세요'라고 하고."

결국 스즈키가 그 역할을 맡기로 했다.

준이는 보육실에 있었다.

"지낼 수 있는 곳이 있단다. 보육원 같은 곳이지만, 준, 잠깐 거기 가 볼래?"

스즈키가 시원스레 말하자 준은 "좋아요"라고 순순히 대꾸했다.

"크레용도 가지고 가자."

준이는 곧 배낭을 꺼내 스즈키의 도움을 받아 자기 물건을 넣었다.

스즈키는 일시 보호소로 갑자기 옮기게 되어 준이가 칭얼대는 것은 아닌가 하고 불안했다. 그러나 아무 것도 묻지 않고 스즈키를 믿는 듯이 묵묵히 준비하는 모습을 보고, 생각지도 않은 눈물이 쏟아질 것 같았다.

준이가 나오지 않자 걱정하고 있던 아동상담소 직원이 보육실에 얼굴을 내밀었다.

"아무 것도 챙기지 않아도 돼요. 옷이고 뭐고 다 있으니까."

준은 "알았어요"라고 말하고, 챙긴 물건을 보관함에 다시 넣었다. 일시보호소에 있는 동안은 보육원에 다닐 수 없다. 길면 2개월이나 된다.

"당분간 이곳에 있어야 하니깐 보육원에는 돌아올 수 없어."

준이는 "예" 하고 고개를 끄덕였다. 가족이나 보육원 친구들과 헤어지는 준. 스즈키는 작은 체구의 준이를 꽉 껴안았다.

"반드시 돌아와야 해. 기다리고 있을게요."

아동상담소에는 나오코가 동행했다.

일시보호소로 이동한지 며칠 후, 준이가 건강하게 있는지 상태를 알아보려고 스즈키는 아동상담소에 연락했다.

"여기 온 다음 날부터 고열이 나기 시작해 아직도 내려가지 않고 있어요. 자동차 생활로 인한 피로가 한꺼번에 몰려온듯 해요."

스즈키는 준이가 안심할 수 있는 장소로 옮겨 "잘 됐다"고 생각했다.

"만약 자동차 안에서 열이 났다면 이라는 생각이 들자 무서웠어요."


## 운동회도 못갔어

준이가 일시 보호소로 옮긴 날 밤의 일이다.

아빠 도시키와 할아버지가 보육원에 호통을 치며 찾아왔다.

"'현관을 걷어차고 내 아이를 시설에 넣을 권리가 있는가'라고 몹시 험악한 얼굴로 말했어요."

원장인 스즈키는 "이 방법 밖에 없었어요"라고 고개를 숙인 채 설명했다. 도시키는 "아무 것도 알지 못하는 주제에", "아이에게 무슨 짓을 하는 거야'라는 등 큰소리로 불만을 털어놓고 돌아갔다.

준이는 일시 보호소로 옮겨졌지만, 아빠가 자동차 생활을 청산하고 일가의 생활을 다시 일으키지 않는다면, 데려갈 수 없다.

"앞으로 어떻게 될지 걱정이 되었어요. 보육원에 아직 적(籍)을 남겨두고 있어요."

약 2개월이 지난 후 할머니 나오코가 보육원에 얼굴을 내밀었다.

"그럭저럭 살 길이 열려, 아파트도 빌릴 수 있게 되었어요. 준이를 찾아가고 싶은데 선생님, 부탁합니다."

나오코는 새로운 주소를 쓴 종이를 스즈키에게 건넸다.

준이도 얼마지나지 않아 일시 보호소에서 돌아왔다.

스즈키는 오랜만에 보육원에 온 준이를 보고 안심했지만, 준이의 말과 행동에 휘둘렸다.

일시 보호소에서는 유아부터 18세 미만까지 폭넓은 연령의 아이들이 함께 생활한다. 여기서 생활하는 동안 아이들은 외출하는 것도, 학교에 가는 것도 할 수도 없다.

"선생님, 형도, 누나도 있고, 장난감도 가득 있었어요."

준이는 스즈키에게 보호소 생활을 이야기 하고, 싫은 내색은 하지 않았다. 단지 어린 준이에게는, 가족과 친구들과 떨어져서 지낸 집단생활이 스트레스가 된 듯, 보육원에서는 아기로 돌아가 떼를 쓰고 문제를 일으켰다.

"나는 운동회도 하지 않았어요."

준이는 계속해서 불평했다.

"보호소에 있을 때 끝난 운동회와 같은 행사에 자기는 참여하지 않았다고."

감정이 격해 사납게 대들 때도 있었다.

"자신을 누루고 어른스럽게 하기보다, 떼를 써서 표출하는 쪽이 좋아요. 저는 떼를 쓸 수 있는 보육원으로 만들고 싶어요. 직원에게도 말했어요. 아이 나름대로 무언가를 가지고 있어 어떻게 말하면 좋을지 모르고, 어떻게 표현하면 좋을지 몰라 고통스러워하며 선생을 때리거나 의자를 던지는 아이도 있어요. 저희 보육원에서는 그러한 아이가 감정을 드러낼 수 있어요. 그것이 저는 좋다고 생각해요."

스즈키는 준이의 기분을 고려해, 몇 개의 행사를 시작했다.

"준이네 반만을 위한 것이지만요. 외박보육은 저희 집에서 모두를 불러 했어요. 운동회는 제한적인 내용이었지만, 준이가 주역이 되도록 응원했어요."

이것으로 준이의 기분은 누그러졌는지 보육원에서의 생활은 안정을 찾아갔다. 스즈키가 말했다.

"가정생활의 혼란으로 어쩔 수 없이 보육소에 왔지만, 후에 모두와 어울려 행사를 하면서 자기가 받아들여졌다는 안도감을 갖게 된 것이라 생각해요."

### 삐쩍 말라 보육원에 오다

야위어 앙상한 손발. 부풀어 오른 배. 마치 기아로 영양실조가 된 아이와 같았다. 원장 스즈키는 또 하나의 사례를 이야기하기 시작했다.

약 4개월 만에 할머니와 함께 등원한 5세아 반 신지의 이야기다.

"삐쩍말라 보육원 복도를 혼자 걷게 해보니 몸이 후들후들거려 똑바로 걷기가 힘들어요."

그날 아침, 스즈키는 갑자기 할머니로부터 한 통의 전화를 받았다.

"선생님, 신지가 저희 집에 있어요. 보육원에 데려가도 괜찮을까요?"

신지는 페인트공인 20대 아빠 다카유키가 재혼을 해서 곧 등원하지 않게 되었다. 4세아 반이었는데 3월경의 일이었다.

"갑작스런 전화에 놀랐어요"라는 스즈키.

"들어보니 밤늦게 할머니 댁에 아빠가 아이 둘만을 놓고 어디론가 사라졌다는 이야기였어요."

50대 할머니는 혼자서 생활하면서 일을 하고 있다. 신지를 놓고 외출할 수가 없어 곤란해지자 원장인 스즈키에게 도움을 요청한 것이다.

급식 시간에 스즈키와 직원은 또 한 번 신지에게 놀랐다. 메뉴는 카레 우동이었다.

"신짱에게 '먹을거야?'라고 물으면 '응'이라고 했어요. 그래서 다른 아이와 함께 아동용 밥공기로 우동을 먹였어요."

한 그릇, 두 그릇, 세 그릇…

신지는 잇달아 우동을 먹고, 다섯 그릇까지 먹어 치웠다.

신지의 무시무시한 식욕에 스즈키는 "이렇게 먹어도 괜찮을까"라는 걱정이 들어 보육원의 촉탁의사에게 연락했다.

"먹고 싶다고 먹게 두어도 괜찮을까요?"

신지의 상황을 이야기 하자 "과도하게 먹이지 마세요"라는 말을 들어, 그 이상 먹이는 것은 그만두었다.

할머니께도 "소화에 좋은 음식으로 먹이세요"라는 촉탁의사의 지시를 전했다.

신지가 갑자기 나오지 않게 되었지만 스즈키가 손을 놓고 있었던 것은 아니었다.

이유가 분명하지 않았기 때문에 "이상하다"는 생각이 들어 다카유키에게 몇 번이나 연락을 해봤다.

"'신지가 보육원에 가고 싶어 하지 않아요', '감기 걸렸어요,' '집사람이 잘 보고 있어요.'"

그 때마다 다카유키의 대답은 달랐고, 스즈키는 신지가 어떻게 하고 있는지 점점 걱정이 되었다.

"아이가 등원하지 않고, 연락해도 상태를 알 수가 없어요."

보육원만이 신지의 문제를 안고 있으면 안 된다고 판단한 스즈키는 아동상담소에 알렸다.

### 아이를 찾기 위해 잠복하다

"신지 있어요?"

아동 상담소의 직원이 계속 결석하고 있는 신지와 가족이 사는 아파트를 방문했다.

"아이는 건강하게 지내요."

대응에 나선 새어머니가 말했다.

"직접, 신지를 만날 수 없을까요?"

직원이 부탁하자 "내일부터는 보육원에 갈거예요"라는 대답만 할 뿐, 새어머니는 집 안으로 들어오라고 하지 않았다.

단지, 신지가 보이지 않아 직원이 가정 방문을 반복했지만 새어머니의 대응은 마찬가지였다.

신지의 근황이 확인되지 않자 스즈키도 무언가 좋은 방법이 없는지 마음을 졸였다. 누나인 리사가 다니는 초등학교는 봄 운동회가 있다.

"신짱도 가족과 함께 응원하러 올지도 몰라요."

스즈키는 보육원을 졸업하고 같은 학교에 다니는 아이의 어머니에게 부탁해 운동회장에서 신지를 찾았다.

"좌석에 아빠와 함께 앉아 있어요. 빤히 쳐다보면 이상해 하니까, 몸 상태까지는 모르겠지만."

졸업한 아이의 어머니로부터 신지네 집 이야기를 듣고 가슴을 쓸어내렸지만 그후에도 신지는 등원하지 않았다. 그래서 다카유키의 휴대전화로 연락을 했다.

"일하러 아침 일찍 나가고 저녁에는 늦게 들어오기 때문에 잘 모르겠지만, 신지는 잘 지내는 것 같아요."

다카유키는 "걱정할 필요 없어요"라고 말했다. 아동상담소가 이웃 사람에게 신지의 이야기를 물어도 "초등학생 여자 아이는 보이지만, 동생은 모른다"고 해 정보가 없었다.

어떻게 하면 신지의 상황을 알 수 있을까? 생각해낸 것은 리사였다.

"리사라면 함께 생활하고 있으니, 귀교 길에 붙잡아 얘기를 들어 보기로 했어요"라는 스즈키.

보육원을 졸업한 원아라서 리사의 얼굴을 아는 스즈키는 아동상담소 직원과 아파트 가까이서 기다렸다.

"의외였지만 우리의 모습을 발견하자, 리사는 재빨리 사라졌어요."

리사를 쉽게 잡을 수 없어 스즈키 일행은 '잠복'을 계속할 수밖에 없었다. 몇 번의 잠복으로 도망치는 리사를 쫓아가 겨우 잡을 수 있었다.

"선생님들은 신지가 걱정이란다. 집에서 어떻게 하고 있는지 듣고 싶은데."

스즈키는 리사가 두려워하지 않도록 부드럽게 말을 걸었다.

"제게 묻지 마세요, 아무 것도 말할 수 없어요."

리사의 눈에서 눈물이 떨어졌다.

"놓아 주세요."

리사는 스즈키의 손을 뿌리치고 아파트를 향해 뛰어갔다.


## 창고에 갇혀 혼밥

신지가 보육원에 나오지 않은지 약 4개월째.

"신지의 안전을 확인하기 위해 강제로 방 안에 들어갔어요."

아동상담소로부터 연락이 있었다고 스즈키는 말했다.

"그러나 우연일까. 아빠가 신지와 리사를 놓고 사라진 것이 마침 상담소 직원이 아파트에 가기 전 날 밤이었어요."

스즈키가 회상했다.

초등학생인 리사랑 신지의 이야기로는 다카유키는 재혼했고, 신지는 개어머니가 학대해 보육원에 올 수 없었다는 사실을 알았다.

"신지는 홀로 창고 같은 곳에 갇혀서, 식사는 다른 가족과는 별도로 했어요. 양이 적고, 하루에 과자, 빵 한 개인 날도 있어요. 그래서 리사가 초등학교에서 급식 남은 것을 가지고 돌아가, 몰래 신지에게 먹였다는 거예요."

스즈키는 새어머니가 아동상담소 직원을 방으로 들이지 않은 것도, 신지가 야위어 마른 것도, 이제 납득이 갔다.

리사와 신지는 할머니가 맡았다.

"할머니께서 잘 돌봐주셔서 신지의 건강은 순조롭게 회복되어 좋아졌지만, 보육원의 미납금문제가 남아 있었다."

스즈키에 따르면 다카유키는 그때까지 보육원에 내는 주식비와 기저귀 값, 보호자 회비 등 잡비를 체납하고 있었다.

"잡비는 월 3천 엔에서 4천 엔. 두 명의 아이가 함께 보육원에 다닌 적도 있었으므로, 많을 때는 월 7천 엔 정도였다고 합니다."

페인트공인 다카유키는 장기 불황으로 언제나 일이 있는 것은 아니어서 수입이 불안정했다.

"연 2회, 체납하고 있는 보호자에게는 조금이라도 지불하도록 부탁하는 편지를 보내고 있어요. 그러나 신지의 아버지는 생활이 어려워 내지 않았어요."

할머니는 손자 둘의 교육을 위해 근무 시간을 단축했다. 수입이 준 가운데 부족하지만 한 달에 천 엔 정도는 냈다.

리사가 마침 보육원에 놀러 왔다. 스즈키는 편지를 가지고 가서 할머니에게 전하도록 부탁했다. 10분도 채 못 되어 리사가 숨을 헐떡이며 사무실로 돌아왔다.

"선생님, 가지고 왔어요."

내민 손바닥에는 땀에 젖은 백 엔짜리 동전이 3개 있다.

"편지를 읽었겠지요. 이것으로 내라고 했어요. '리사 걱정하지 않아도 돼'라고 말해주고 사무실 직원 모두가 울었어요."

스즈키는 체납한 보호자에게는 보육원을 졸업한 후에도 연 1회, 지불을 부탁하는 편지를 보내고 있다.

### 도시락은 케찹밥

보육원의 가을 소풍. 점심 도시락을 먹은 곳은 동물원의 벤치에서였다. 원장인 스즈키는 5세아 반 마이와 같은 그룹이 되었다. 갑자기 마이의 도시락에 눈길이 갔다.

"잊을 수가 없어요. 토마토케찹을 뿌린 밥에 반찬이 조금 있을 뿐. 다른 아이는 닭튀김이 들어있다고 떠드는데."

과일도 없었기 때문에 스즈키는 자기 것을 나눠줬다.

마이는 모자가정으로 5세아 반에 중간에 들어왔다. 덥수룩한 머리에 발 사이즈에 안 맞는 작은 신발. 목욕도 하지 않았다.

"샤워를 시키고 거미집 같았던 머리도 예쁘게 빗겨줬다"는 스즈키. 사이즈에 맞는 신발도 보육원에서 준비했다.

모처럼 차림새를 갖추어 줘도, 집에 돌아가면 삼십대 어머니인 유키코는 마이를 거의 돌보지 않아 곧 원상태로 돌아가고 만다.

결국, 보육원에서 마이를 보살폈다.

작은 몸집에 야윈 마이는 조금 먹어 체중이 늘지 않았다. 점심 급식은 거의 반찬에 손을 대지 않고 밥도 남겼다.

"아침 식사는 거르는 것 같고, 집에서 제대로 먹지 않으니까 위가 작아져 음식을 받아들이지 않아요. 먹으면 토해 버리고요."

유키코는 무기력해서 방임상태였다고 스즈키는 말한다. 유키코가 마이를 데리러 오지 않기 때문에, 스즈키가 마이를 데리고 간 적이 있다.

"작고 낡은 아파트에서 정말로 조용히 살고 있다는 느낌이었어요."

텔레비전이 있는지 마이에게 물으니 "없어요"라고 답했다.

"'집에서는 엄마와 이야기를 하고 있어요'라고 말했지만요."

겨울이 되어도 마이는 여름옷을 입은 상태였다. 두꺼운 코트 등 겨울용 옷을 가지고 있지 않았다.

"보호자나 직원에게 요청해 겨울옷을 모아 어머니에게 건넸습니다."

유키코는 정규직으로 취직한 상태는 아니고, 보육원의 잡비도 체납하고 있다. 스즈키는 생활보호를 신청하도록 권했다.

"마이와 살아가기 위해서 생활보호를 받는 것은 부끄러운 일이 아닙니다."

유키코는 "알고 있지만서도"라고 말을 흐리고, 움직이려고 하지 않았다. 이따금 스즈키는 재촉했다.

"일을 하면서 생활보호를 받는 것도 가능해요. 생활을 안정시키기 위해 필요합니다."

마이가 보육원을 졸업할 때가 가까워지자, 유키코는 편의점에 파트타임으로 취직하여 생활을 다시 일으키기 시작했다.


## 연말연시 가정방문

"마이처럼 머리카락이 부스스 하고, 정말로 야위어 있어 키가 작았어요."

스즈키는 마이와 마침 같은 시기에 보육원에 있던 사키의 일도 잊지 않았다.

"어느 새인가 보육원을 떠나 소식이 끊겼어요."

모자가정으로 엄마는 파트타임으로 일하고, 보육원에 사키를 데리고 왔지만 아침은 거르고 왔다.

그러나 조금 먹는 마이와는 대조적으로 사키는 보육원의 급식을 잘 먹었다.

"아침부터 배가 고프다고 하고, 점심 급식이랑 3시에 먹는 간식을 쏙쏙 입에 넣었어요."

그래도 사키는 야윈 그대로였다.

보육원에서는 근처의 밭에 원아들이 야채를 키우고 있다.

어느 여름의 일이다. 생활이 가난했던 탓인지, 스즈키에게 부탁이 있다고 하는 사키의 이야기를 듣고 말문이 막혔다.

"나이가 더 많은 아이들이 밭을 가꿔 가지랑 오이 등을 따요. 그때 사키가 '엄마가 보육원에서 가지와 오이를 받아가지고 오라고 했다'고 가져가고 싶어요'라고 말했어요. 그런 것을 아이에게 시키는 엄마가 어디 있을까 하고 놀랐습니다. 채소를 주긴 했지만요."

그로부터 한참 지나, 엄마 대신 동거하는 듯한 남성이 자동차로 픽업을 왔다. 엄마가 임신했기 때문이었다. 그것도 얼마가지 않아 가을부터 사키는 보육원에 오지 않았다.

걱정이 된 스즈키는 때때로, 사키가 사는 아파트로 가정방문을 갔다.

"사키 있어요?라고 부르면, 어머니가 얼굴을 내밀고 이야기는 하지만 사키와 만나게 해주지는 않았어요."

결국, 어머니는 시청에 생활보호를 신청했다.

연말에 스즈키는 시청의 케이스워커와 함께 사키의 집을 방문했다.

"시청의 담당자가 '생활보호비 수급을 결정할 때까지 시간이 걸려요. 생활이 곤란한 것 같아 쌀만 있으면 어쨌든 해를 넘길 수 있을 것 같습니다'라고 가져다 주었어요. 그때 제가 '사키 있니?'라고 부르자 '예'라는 소리가 나서 방 쪽으로 갔지만, 나오지 않았어요. 어머니가 문을 조금 열었을 뿐이었지요."

어머니의 이야기로는 임신해서 상태가 나빠져 파트타임 일도 쉬고, 집안일은 사키가 돕고 있었다. 생활은 수입이 없어지자 어렵게 되어 산부인과 통원도 할 수 없었다.

새해가 되어 생활보호 수급이 결정되었지만, 그 후 어머니가 출산하고 도대체 무슨 일이 있었던 것인지 일가는 돌연 사라져 모습을 볼 수 없었다.

보육원에도 아무 연락이 없었다.

## 지친 표정으로 마중

보육시간이 끝난 저녁 7시, 직원용 방에 20대를 중심으로 한 어머니들이 모여들었다. 월 1회 열리는 싱글마더회이다. 원장인 스즈키의 발안으로 2003년부터 계속하고 있다.

계기는 한 장의 조사표였다.

"매년 시청에 제출하는 보호자 조사표가 있는데 20대의 어머니가, 아버지의 난을 매직으로 찍하고 지웠어요."

가족 상황이 변한 것인가 생각한 스즈키가 묻자 "저, 이혼했어요. 헤어져 아버지의 난을 지워버린 것뿐이에요"라는 대답이었다.

"다른 어머니는 모두 행복한 듯 보여요. 저처럼 실격인 어머니는 보육원에서 저뿐이죠?"

스즈키는 이 말에 큰 충격을 받았다.

"'그렇지 않아요, 혼자서 분발하고 있는 어머니는 많아요'라고 말했습니다만, 모두 행복한 가정인데, 나만 그렇다고 생각하고 있다는 것을 들은 것은 처음이었어요. 그래서 어떻게 하면 좋을지 고민했어요. 그 가정의 아이는 아침에 어머니와 헤어질 때 큰 소리로 울고, 어머니는 아이가 시끄럽다고 매몰차게 대해 힘들었어요. 무언가 문제가 있구나."

그래서 스즈키는 당시 보육원 보호자들 가운데 열여덟 명이 넘는 싱글마더에게 "한 번 모입시다"라고 편지를 했다.

"'제가 식사 준비를 할 테니까, 찬성하는 어머니는 꼭 오시기 바랍니다.' 전부해서 십여 명이 와 주셨어요. 자기소개를 하면서 '그쪽도 그랬군요'라고 하는 사람도 있었어요. '앞으로도 계속 할까요'라고 묻자, 모두가 월 1회 정도라면 모여도 좋아요"라고 했어요.

육아로 고립되기 쉬운 모자가정의 어머니들을 조금이라도 지원하고 싶은 마음에서 스즈키가 시작한 싱글마더회는, 지금도 혼자서 고민을 껴안지 않고 마음을 터놓고 의논할 수 있는 교류의 장이 되고 있다.

"언제나 얼굴을 내미는 것은 예닐곱 사람 정도예요. 때때로 보육원을 졸업한 아이의 어머니가 참가해 체험을 들을 수 있습니다."

회원인 한 어머니가 말했다.

이 모임이 있는 날 밤은 보육원이 특별 보육을 하여 아이를 맡아 준다. 어머니들은 저녁 도시락을 먹으면서 약 1시간 반, 편하게 이야기할 수 있다.

"모두 사생활 부분까지도 털어놓고 있어요. 육아 고민은 물론, 직장에서 받는 월급이나 시급, 휴일에 돈을 쓰지 않고 노는 방법 등. 남자 이야기로 고조되는 일도 있고요. 일상의 자질구레한 일들이 화제가 되곤 하지만, 다른 어머니의 이야기를 듣고 자극을 받기도 합니다."

아이들의 연령은 달라도, 이 모임에서 친해져 육아를 서로 돕는 일도 적지 않다. 월 1회의 재충전 시간. 어머니들의 대화는 신바람이 난다.

그렇지만 스즈키에게는 마음에 걸리는 일이 있다.

"요즘, 지친 표정으로 아이를 찾으러 오는 어머니들이 늘고 있어요. 아이의 옷이 매일 똑같다든지, 겉으로 봐서 가난을 눈치 챌 수는 없지만, 보호자의 소득 격차는 커지고, 특히 젊은 세대의 모자가정은 생활이 빠듯한 상태예요."

보육원은 들어오기 전에 개인 면담을 하여 싱글마더회를 설명한다.

아르바이트로 생활하는 아츠코(26세)에게도 딸 마유가 보육원에 들어온지 얼마 안 돼, 모임에 대한 안내 편지가 도착했다.

"처음에는 일이 바빠서 전혀 얼굴을 내밀지 못했어요."

나중에 간혹 가다 참여하면서 지금은 가장 친한 "마마유(엄마친구)"가 된 어머니를 만났다.

"그 어머니의 권유로 계속해서 모임에 나가게 되었습니다. 타지 생활로 친하게 지내는 사람도 없었어요. 모임에 나가 교류가 없었다면 지금도 고립되었을지 몰라요."

아츠코는 보육원에 들어가기 전, 마유와 몸을 의탁하려고 모자생활 지원 시설에 갔다.

### 허기라도 채웠으면

2008년 이른 봄.

이사한 아파트에 놓여있는 것은 이불과 식기, 냄비 정도였다. 모자생활 지원시설을 나올 때 준비해서 준 것이다.

"나머지는 지원시설 창고 등에 생활용품이 대수롭지 않게 쌓여 있어 좋아하는 물건을 아무 것이나 가져가도 된다고 했어요. 스스로 필요하면 가져가는 것이지만, 텔레비전 다이를 가져왔어요. 언젠가 텔레비전을 사려고 그때를 대비해서요."

텅빈 방에서 아츠코는 추위가 몸 속으로 파고드는 것을 느꼈다.

"냉장고와 세탁기, 가스곤로는 생활필수품이므로 바로 샀습니다."

아츠코는 헤어진 남편의 가정폭력 때문에, 타지에 있는 모자생활 지원 시설로 아직 한 살 밖에 안 된 마유와 도망쳐 왔다.

그러나 1개월도 안 돼 "자립해서 생활하고 싶다"고, 아직 일도 구하지 못했지만 아파트로 옮겼다.

컴퓨터는 없고 신문도 구독하지 않았기 때문에, 지역의 구인 정보를 볼 수 없었다. 아츠코는 간간이 아파트 근처에 있는 수입잡화점에서 아르바이트 모집 벽보를 발견하면 꼭 지원했다.

스태프 룸에서 점장인 남성이 면접했다.

"시작한지 5분 정도 되어, 저런, 몸을 떨고 있는 느낌이었어요."

아츠코의 입술이 파랗게 되고 전신이 살짝 떨렸다.

"괜찮아요?"

점장이 걱정이 돼 말을 걸었다.

"'괜찮아요'라고 대답하고 30분간의 면접을 어떻게든 넘겼어요. 끝날 때까지 멈추지 않고 떨렸지만, 채용되지 않으면 큰일이니 필사적으로 참았어요."

집으로 돌아와 이불 속에 쓰러졌다. 몸이 떨리는 것은 가정폭력의 피해로 심적 외상장애 스트레스(PTSD) 등 정신적인 영향으로 나타나는 경우가 있다. 아츠코처럼 남성을 보면 몸이 떨린다고 하는 여성이 적지 않다.

"당시는 곁에 있는 남성이 조금만 움직여도, 때릴까 겁이 났어요. 면접은 독방에서 점장과 둘 뿐이었어요. '이것을 견디지 못하면'이라는 생각이 들자, 도중에 떨리던 것이 멈췄어요."

아츠코는 "그런 면접 상태로는 안 될 거야"라고 포기했지만, 일주일 후에 채용 통지가 왔다. 근무 시간은 오전 10시부터 오후 6시 반까지로 시급은 850엔.

마유는 4월에 스즈키가 원장인 보육원에 운 좋게 들어갈 수 있었다. 1세아 반에서 오후 7시까지의 연장 보육을 받았다.

"보육원에 딸을 보내고 찾아올 때, 헤어진 남편 차와 같은 차종을 보기만 해도, 찾아온 것은 아닌가 하고 무서웠어요. 가능한 한 처음에는 밖에 나가 걸어 다니지 않았어요."

아츠코는 토요일도 출근해서 주 6일 일할 생각이었지만, 생각대로 되지 않았다. "맡기기 시작하자마자, 마유가 곧 몸이 아프기 시작했거든요. 일을 하고 싶어도 쉬는 날이 많아 월 7, 8만 엔 밖에 수입이 없었어요."

집세에 보육료, 기저귀 값 등 보육원의 잡비를 내면, 그것만으로 수입의 대부분이 없어졌다. "하는 수 없어 전에 아르바이트로 저축한 돈을 찾았지만, 가장 아낀 것은 식비였어요."

월 1만 엔도 쓰지 않았다. 아츠코가 말했다.

"마유는 아직 어려서 그다지 먹지 않고, 보육원에 가면 급식도 있어요. 그러니깐 저만 최소한의 허기를 채우면 돼요. 컵라면이라든가. 음식에 집착하지 않으니까, 먹지 않아도 고통스럽지 않아요."

### 간호조무사가 되고 싶어

마유가 보육원에 들어간 해 가을부터, 아츠코는 수입잡화점에서 당초의 희망대로 주 6일, 아르바이트를 할 수 있게 되었다.

"마유가 몸이 아파 보육원을 못 가는 날도 없게 되고, 겨우 안정되었어요."

그래도 하루 9시간 가까이 일해, 순수입은 월 약 14만 엔이었다.

가계의 가장 큰 지출은 월 6만 엔의 집세.

"방은 모자생활 지원시설이 소개해줘 어떻게든 자립하고 싶어 돈도 생각 않고 빌렸어요."

그밖에 광열비, 보육료, 식비, 사회보험료 등을 지불하면 "저금은 깨지 않아도 되었지만, 생활은 빠듯했어요"라고 아츠코가 말했다.

보육료는 월 약 6천 엔으로 큰 부담이었다.

"그 외, 보육원에 내는 잡비인 기저귀 값도 있었기 때문에 월 4천 엔 정도 들었어요. 합치면 1만 엔 가까이 되었죠."

보육료는 전년의 세대 소득세액에 따라 결정된다. 후생노동성은 최고 월 약 10만 엔까지 여덟 단계로 기준액을 설정하고 있지만, 지자체는 독자적으로 경감한 액수를 징수하고 있다. 경감률은 지자체에 따라 다르기 때문에, 보육료는 지역별로 큰 차이가 발생한다.

절약하기 위해 휴대전화로는 메일과 수신만 한다. 아츠코의 점심 도시락은 저녁 식사에서 남은 것이나 간만 겨우 한 주먹밥. 마유의 옷은 사지 않았다.

"보육원에 들어가 한동안은 가지고 있는 몇 개 안 되는 옷을 번갈아 맞춰 입었어요."

그 후, 아츠코는 보육원에서 월 1회 열리는 싱글마더회에서 아는 사람이 생겨 옷은 거의 물려 받게 되었다.

"나이가 위인 아이의 어머니가 살이 쪄 더 이상 입을 수 없다고 갖다 줘요."

모임에서 어머니들과 교류하는 것은 유용하다.

아츠코는 토요일도 마유를 맡기고 일했지만, 아르바이트 수입으로는 절약의 한계가 있다. "사회보험 분에도 손대지 않을 수 없어요. 국민건강보험료는 체납하면, 한부모 가정 의료비 증명서를 받을 수 없으므로 내고 있지만, 국민연금의 경우는 내지 않고 있어요."

한부모 가정의 의료비는 수입이 결정된 소득의 제한 이내이면 아이가

18세가 될 때까지는 부모, 자식 모두 의료비의 자기부담분이 면제된다.

"증명서가 없으면 그야말로 전액 자비이므로 병원에 갈 수 없어요. 저축을 깨면 의료비로 사라지니 건강보험료는 감액하여 받고 어떻게든 내고 있어요."

한편, 연금보험료 월 약 만 오천 엔은 체납이다.

"연금을 받는다는 보장도 없고 자기 노후는 스스로 돌보면 좋지 않나 생각해요."

아츠코는 안정된 직장에 취직하고 싶어 전문직 자격증을 따려고 지원제도를 알아보았다. 모자가정의 어머니를 대상으로 시가 지정한 자격을 취득할 경우, 급부제도가 있었다.

준간호사를 희망하는 아츠코는 창구를 방문했다.

"준간호사 학교는 2년간인데 생활비로 사용할 수 있는 돈은 2년째만 지급될 뿐. 1년째의 생활비는 전부 자기 부담. 주간에 일을 하지 못하기 때문에 친정의 도움을 받든지, 스스로 변통해야 하는데, 그것은 무리예요."

육아를 하면서 아르바이트로 1년분의 생활비를 모으는 것은 몇 년이 걸릴지 모른다.

"입학할 수 있어도 아침 일찍 실습 등이 있어 아이를 픽업하는 일은 불가능해 그만두는 사람도 많다고 창구에서 말했어요."

아츠코는 자격 취득을 거의 포기하고 있다.

"아무리 자립심이 강해도 빈약한 공적지원제도로는 언제까지나 아르바이트 생활에서 빠져 나올 수 없어요."

## 초등학교 입학이 큰 고비

2009년 여름의 일이다. 아츠코는 수입잡화점 일이 바빠 과로로 건강을 해쳐 병원에 갔다.

"상점의 다른 직원이 여름휴가를 가 혼자서 처리했어요. 지친 나머지 먹을 기력도 없었어요. 기침이 심하고 등에 격심한 통증이 와 잠을 못 자, 견딜 수가 없었어요." 의사는 "감기와 영양실조입니다. 링거를 맞는 데 2시간 걸려요"라고 하였다. 직장에서 귀가하는 길이라 "딸을 찾으러 가는 시간에 맞출 수 없어 그만 갈게요"라고 아츠코는 링거를 단호히 거절하고, 진찰만 받고 보육원으로 향했다.

"일요일에 다시 진찰을 받고 딸을 안은 채 링거를 맞았어요. 통증은 기침이 심해 늑간신경통으로 진통제를 받아 왔고, 일은 쉬지 않고 어떻게든 했어요."

아츠코는 상점에 근무한 이래 여름휴가를 써 본 적이 없다.

"보육원은 여름방학에도 맡아주시고, 돈을 벌지 않으면 생활을 할 수 없어 일하고 있어요."

마유에게는 다른 아이가 놀러 나가는 철에 아무 것도 해주지 못해 미안한 마음이 든다.

"'여름방학이 되면 친구들이 가족 여행을 떠났어요'라든가 유원지에 다녀왔다는 이야기를 해도 계속 휴가를 못 쓰고 일했기 때문에 아무데도 데리고 가지 못했어요. 여름방학 추억은 하나도 없어요."

일요일은 보육원의 싱글마더회에서 사귄 어머니와 아이를 데리고 공원에서 보낸다.

"돈이 들지 않는 공원에서 놀게 해요. 맨날 가는 공원이라고 아이들도 싫어해서 저쪽 공원으로 갈까, 이쪽으로 하자 하면서 장소를 바꾸고 있어요."

시간을 아껴서 일을 하는 아츠코의 시급은 8백 50엔에서 90엔 올랐다.

"일을 잘 못하는 사람은 시급이 오르지 않아 그만두고 있어요. 일을 제대로 하여 성과를 내지 않으면 계속하기는 어려워요."

아츠코에게는 다시 시급인상 이야기가 있다. 그러나 마음은 기쁘지 않다.

"시급이 올라도, 소득에 따라 세금이나 보육료도 올라, 조금도 여유가 없어요. 오르는 것 이상으로 떼어간다면 지금의 상태가 좋아요."

마유가 보육원에 들어 갈 때 월 약 6천 엔이었던 보육료는 4년째인 지금 1만 엔을 넘었다. 아츠코는 "시급을 올리지 마세요"라고 거절할 생각이다.

"마유의 초등하교 입학이 큰 고비가 아닐까, 라고 생각하고 있습니다."

아츠코는 아르바이트 생활 자체를 언제까지 계속할 수 있을지 불안하다.

"보육원은 연장 보육도 있고, 여름방학도 없이 아이를 맡아 줘요. 옷도 다른 어머니로부터 받으니, 돈도 들지 않죠. 그러니깐 어떻게든 생활은 꾸려 나갈 수 있어요."

마유가 초등학생이 되면 오후 6시 반까지 일하는 것은 어렵다.

"학동 보육이 있지만, 마유의 귀가는 빨라져 근무 시간을 줄이지 않으면 안 될 것 같아요. 여름방학에는 누가 돌봐줄까? 급료는 줄고, 의복비 등 지출이 점점 늘어나거든요. 생활은 파산할 수밖에 없어요."

그런 이유로 아츠코는 아르바이트가 아닌, 안정된 정규직 직장에 취직하고 싶다는 생각이 크다.

"접객 일은 젊을 때만 할 수 있다고 생각해요. 그래서 더 안정된 일을 원해요. 아이가 결혼해도 혼자서 살 수 있고, 스스로 생활비를 벌지 않으면 안 되니까요. 정규직 일이 있으면 좋겠지만, 나이가 들면 문이 좁아져요. 여성은 30세를 넘기면 없으니까요. 상당한 기술을 가지고 있지 않으면 무리예요. 몇 군데 지원한 적이 있지만 아이가 있다는 이유로 거절당한 적도 있었거든요."

마유와의 생활은 앞으로 어떻게 될 것인가? 아츠코에게 미래는 보이지 않는다.

## 보육료를 아르바이트 비용으로

느긋하고 넓은 보육원에는 정원에 면해 원아들의 교실이 줄지어 있다. 그 가운데 주간에만 원아 이외의 아이를 맡길 수 있는 일시 보육실도 있다. 유리(29세)가 일시 보육실을 이용하기 위해 그 당시 세 살인 유키와 한 살인 유지를 데리고 온 것은 2007년 봄의 일이다.

"둘째 아이도 어느 정도 커서 슬슬 재취직을 하려고 그해 초부터 직장을 찾고 있었어요."

고생해서 찾은 것은 식품관련 회사의 파트타임이었다. 근무시간은 오전 10시부터 오후 5시까지로 시급은 850엔. 한편, 아이들의 보육료는 둘을 합쳐 하루 3천 200엔이 된다. 유리의 1개월 급료는 대부분 보육료로 사라졌다. 그래도 유리가 파트타임 일을 그만두지 않은 것은 정사원으로서의 길을 열기 위해서였다.

"사장이 일하는 모습을 보고, 보육원이 잘 결정되면 정사원으로 채용한다는 이야기를 하여 근무할 수 있었어요."

게다가 파트타임으로 일하지 않으면, 보육원에 들어가는 순위가 낮아져 그만큼 아이들을 보육원에 넣기가 어렵게 된다.

그러나 남편은 유리가 아이를 맡기고 다시 직장에 나가는 것을 반대했다.

"두 사람 사이에 제대로 된 의논이 있었던 것도 아니었습니다만, 저는 당연히 회사에 복귀할 수 있다고 생각했어요. 그런데 남편은 그렇게 하는 것을 전혀 바라지 않는다는 것을 알게 됐어요."

남편의 기분을 이해하지만 유리는 일을 그만둘 생각도, 재취업을 단념

할 생각도 없었다.

"아이는 언젠가 성장하고, 계속해서 자기가 하고 싶은 일을 하는 것이 워크 라이프 밸런스와 연결된다고 생각했어요."

파트타임 일을 계속한 유리와 남편의 관계는 골이 깊어져 차츰 금이 가기 시작했다.

"남편이 계속해서 직장을 그만두라고 해, 의논을 할 수가 없었어요. 언제까지나 결론을 미루면 공백이 길어져 재취업은 불가능하다는 생각이 들어, 제가 먼저 이혼 이야기를 꺼냈죠."

결국, 부부의 생각은 평행선을 달리다 연말에 남편도 동의해 합의 이혼을 했다.

아직 살 곳도 마련하지 못했지만, 유리는 유키와 유지를 데리고 네 명이 함께 살던 아파트를 나왔다.

"불안했어요. 아이가 어렸기 때문에, 저 혼자 벌어서 이제부터 둘을 키워 나갈 수 있을까?"

한겨울, 집을 나온 세 모자에게 "구조의 손길"을 내밀어 준 사람은 사이가 좋았던 유키의 친구 어머니였다.

"큰 집이라 새 아파트를 찾을 때까지 안 쓰는 방 하나를 빌려 주셔서 임시거처로 삼았어요. 그들은 맞벌이 부부였기 때문에, 방을 빌려 쓰는 동안은 제가 부엌을 치우고 요리를 했어요."

2주 후, 회사 사장이 소개해 준 아파트로 이사했다. 집세는 5만 5천 엔.

"갑작스런 지출이었기 때문에 이사 비용 20만 엔은 친정어머니가 채워 주셨어요."

그전에는 남편 월급으로 충분히 생활할 수 있어서, 가게 걱정을 하지 않고 유리는 파트타임으로 매월 번 돈을 일시보육에 쏟아 부을 수 있었다. 단지, 이혼 후는 파트타임 수입만 가지고는 생활을 꾸려 나갈 수 없어서 어쩔 수 없이 저축을 깨서 생활비로 충당하고 있다.

　스스로 선택한 자립의 길이지만, 두 자식을 떠맡은 생활은 경제적으로 큰 변화였다. 아이들의 일시 보육료를 내면서 저축에 의존하는 생활은 계속하기 힘들었다.

　다행히 얼마 안 가서 유리는 파트타임에서 정사원이 될 수 있었다. 원래는 '보육원 입학이 제대로 결정되면'이라는 말이 있었지만, 사장부부가 가정 사정을 배려해 주었다. 유리가 가진 '식품' 관련 자격을 살릴 수 있는 직장이었다.

　"저와 동년배의 딸이 맞벌이부부로 육아를 하고 있었기 때문에 사장부부도 친절히 응원해 주셨어요."

　정사원이 되고 모자가정이라는 이유로 보육원 입원 순위도 높아졌다.

　"2차 마감이었지만, 아이들은 4월에 입원하기로 결정되었어요."

　유리의 수입은 순수입으로 월 18만 엔이었다.

　"급료만으로 생활해가려면 힘들었어요. 저축과 모자수당이 지급되었기에, 일단 유사시에는 거기서 꺼내 썼어요."

　당시는 4개월마다 아동수당과 아동부양수당을 합쳐서 약 18만 엔이 지급되었다. 보육원에 들어간 두 아들의 보육료도, 대상이 되는 전년의 소득이 유리의 파트타임 급료뿐이었기에 면제되었다.

　"아이들도 아직 어려 많이 먹지 않았고, 의복도 제 친척 아이가 입던 것을 많이 물려받을 수 있었어요."

　유리는 그렇게 바라던 정사원으로 재취업이 되어 일에 푹 빠져있다.

### 문화·오락비는 제로

　유리가 담당한 일은 회사의 신규 부문이었다. 식품관련 상품개발을 혼자서 담당했다. 업무가 끝나는 시간은 파트타임 시간보다 1시간 늦은 오후 6시였지만, 정시에 퇴근하는 사원은 한 명도 없었다.

"모두 8시경까지 연장근무를 했어요. 사원은 4, 50대의 남성과 20대의 미혼여성이 대부분이었기 때문에, 그런 것이 당연하다는 분위기였어요.

유리는 연장 보육을 받는 유키와 유지를 7시까지는 데리러 가야만 했다. 연장 근무를 하는 사원의 눈치를 보면서 마중 시간에 늦지 않도록 보육원으로 서둘러 갔다.

일은 순조로웠고 성과도 올라가, 성취감을 느꼈다. 단 육아와의 양립은 각오는 하고 있었지만 대단히 어려웠다.

"육아를 하지 않고 자기 일만 하는 사람만큼 노동력을 제공해 성과도 올렸어요. 보람도 있어서 더 일을 하고 싶었죠. 그러나 육아를 하면서 생활하기 때문에, 가사 일도 소홀히 할 수 없어 일과 병행하니 정말 시간이 없었어요. 두려울 정도로 시간에 쫓기는 생활이 되어버렸죠."

아침은 마치 전쟁터처럼 바빴다.

"아침식사와 설거지, 세탁, 보육원 준비, 가능하면 저녁식사 준비까지 해야 하는 시간대여서 아이가 화장실이나 식사 등을 스스로 하게 했습니다. 허둥지둥 당황해서, '스스로 해, 빨리해'라고 매일 두 세 번은 말했어요. 제가 초조해 하는 것이 전해진 것인지, 아이들도 안정이 되지 않아 항상 아팠어요."

일과 시간에 쫓겨 아이들과 보낼 여유가 점점 없어지는 생활 속에서 유리는 이대로의 양육이 좋은 것인가 의문을 갖게 되었다.

"큰 아이의 신체검사 서류에 어떤 일이 언제 가능하게 되었는지 기입할 기회가 있었어요. 전혀 알 수가 없었어요. 성장하는 과정을 제 눈으로 본 것이 많지 않아요. 작은 아이의 기저귀를 언제 갈았는지, 보육원에서 해주기 때문에 기억이 없어요. 말을 처음으로 시작한 것도 보육원 선생이 먼저 들었고요."

조조나 심야 회의, 토요일 출근 때는 유키와 유지를 이혼 직후에 방을 빌려 준 사이 좋은 어머니에게 맡겼다. 그 어머니의 도움으로 유리는 어떻게든 일과 육아를 양립할 수 있었다.

"그러나 제가 보육원에 찾으러 가도 아이들은 기뻐하지 않았고, 집에 오려고도 하지 않아, 제가 가지 않고 그 어머니께 부탁하면 '와-이, 엄마'라고 작은 아이가 달라붙어요. 작은 아이는 오래 함께 있는 사람을 따르기 때문에, 그것이 큰 쇼크로 와 닿아 정말로 일을 계속하는 것이 좋은지 의문이 들기 시작했어요."

일이 순탄하지 않으면, 때로는 아이들에게 화풀이를 심하게 했다.

"직장의 스트레스를 발산하는 장소가 집이 되어버렸고, 아이들에게 영향을 미쳤어요. 혼내는 차원을 넘어, 자기 분노의 배출구처럼 고조되어 아이들을 호통 치기도 하여, '그렇게 화를 내지 않아도 되는데'라고 어머니가 막은 적도 있어요."

입사 2년째로 접어들자, 순수입은 월 20만 엔으로 늘었지만, 면제되었던 보육료를 내야해 둘이서 월 약 7천 엔 들게 되고, 잡비를 포함해 1만 3천 엔을 지출했다. 출근을 하고 보육원 픽업을 위해 차를 구입하여, 새로이 월 1만 2천 엔의 주차장도 빌렸다.

"그럭저럭 생활은 꾸려나갔습니다만, 어려운 경제 사정이었어요. 문화 · 오락비는 제게 시간이 없기도 했지만 제로예요. 그러므로 간혹 가족끼리 나가려 하면, 가계에 여유는 없었어요. 여름방학 때 친구 가족과 바다에 갔을 때는, 지출이 커서 그 후가 힘들었어요. 옷도 이것을 사고 싶다는 등 막말을 들어도 바로 사 줄 수 없어, 이제는 경제적인 여유가 있었으면 하는 생각을 하고 있어요."

유리는 크리스마스 선물 때문에 잊을 수 없는 추억이 있다. 아들 친구가 유행인 로봇인형을 선물 받았다.

"똑같은 것을 사달라고 해요. 값이 비싸서 저는 살 수 없었기 때문에, '엄마는 사 줄 수 없으니 아빠한테 사 달라해'라고 말한 적이 있어요. 별로 부탁하고 싶지 않았지만, 그때는 정말 방법이 없었어요."

### 아이와 함께

일이 순조로웠던 유리의 직장에도 불황의 그림자가 드리우기 시작했다. 리먼쇼크 이후 소비가 얼어붙어 회사의 경영 환경은 어렵게 되었다. 인원삭감도 시작되고, 파트타임 종업원이 줄어들고 유리의 상사도 4명이나 직장을 떠났다.

"4인 분의 일이 저한테만 해당되는 것은 아니지만, 2인분 정도의 일이 늘어난 것 같아. 정말이지 제가 감당할 수 없게 되었어요."

그때까지 육아에 협조해 주시던 사장은 근무시간을 한 시간 연장할 수 없겠냐고 물었다.

"7시 넘어서까지 일해 줄 수 없느냐고 물으셨어요. 아이들은 더 늦게까지 맡길 수 있는 보육원이 있으니까, 그쪽으로 보육원을 옮기면 어떻겠느냐고요. 아이들이 하루 11시간이나 보내는 장소를 옮긴다는 것은 상당한 부담이에요. 아이와 생활하지 않으면 이해하지 못하겠지만, 어린 아이에게 있어 생활의 장이 바뀌는 것은 굉장한 스트레스로 컨디션을 해칩니다."

유리는 여유가 없는 아이들과의 생활을 고려해, 이 이상 육아 시간을 단축하는 것은 불가능하다고 여겨 연장근무를 거절했다.

그로부터 약 1년 반이 지난, 입사 3년째 6월, 일인지 육아인지로 고민하던 유리는 회사를 그만 두었다. 연장근무를 거절한 후부터는 인간관계가 불편해지고 유리가 담당한 사업도 불황의 여파로 업적이 시원찮고, 사장과 의견이 맞지 않은 때가 많아졌다. 그러나 퇴사를 결정한 가장 큰 이유는, 유키와 유지, 두 아이들과의 생활 때문이었다.

"아이들을 11시간이나 보육원에 맡기고, 지금밖에 느낄 수 없는 아이의 성장을 하루 2, 3 시간밖에 지켜볼 수 없는 것이 이 아이들에게 어떤 의미인가? '제가 나이를 먹었을 때 육아 면에서 후회하는 것은 아닐까'라는 생각이 점점 강하게 들었어요. 일은 또 할 수 있지만, 아이의 성장은 후에 다시 돌이킬 수 있는 일이 아니니까요. 울면서 일을 그만 두었죠."

다음 일할 곳은 정해지지 않았다. 그렇다고 해서, 유리는 바로 직업을 찾으려고 움직이지 않았다. 저축으로 어떻게든 변통하면 된다고 생각을 하고, 당분간은 아이들과 가능한 한 함께 시간을 보내기로 했다.

"아이들은 정직해서 정신적으로 불안하면 곧 열이 나는데 그게 사라졌어요. 아이 자신도 성장해서 저항력이 생긴 것도 있겠지만, 제게 여유가 생겨 집도 깨끗한 상태가 되어 있으니까, 안정된 환경에서 안심하고 보낼 수 있어요. 아이들이 피곤하지 않고 컨디션이 나빠지지 않는 것이 제일. 집이, 모두가 재미있게 생활할 수 있는 마음 따뜻한 거처가 되었어요. 중요한 것은 일이 아니고 아이다라고 느낀 지 겨우 몇 개월이지만, 저 자신이 매우 변한 거죠."

항상 시간에 내몰리던 생활에서 해방되었지만, 유리가 일하지 않으면 생활을 꾸려나갈 수 없는 현실이다. 실업 상태인 채로는 아이들의 다음 해 보육을 계속하는 것도 어렵게 된다.

유리는 다시 파트타임 일을 하려고 준비하고 있지만, 도저히 생활을 할 수 있는 수입은 아니었다.

"때마침 저 혼자서 생활비 전부를 벌지 않아도 되는 상황이 벌어졌어요."

그즈음 유리는 인생의 새로운 파트너가 생겼다.

"그 사람과 함께 살기로 결정했어요. 만약 파트너의 존재가 없었다면, 솔직히 말해, 보다 육아의 조건이 좋은 취직자리를 발견하기 전에는 회사를 그만두지 못하고 견딜 수밖에 없었을 거예요."

## 보육원도 부모의 능력에 좌우

2011년 새해를 맞은 겨울 보육원의 한 교실.

원장인 스즈키 도모코에게 여쭤보고 싶다고, 출근 전 모자가정의 어머니가 상담하러 오셨다.

"선생님, 아들이 '엄마, 초등학생이 되면 아르바이트 해도 괜찮아? 저도 일을 해서 엄마를 돕고 싶어'라고 하는 거예요. '안 돼, 초등학생이나 중학생은 할 수 없어, 고등학생이 되면 조금은 해도 괜찮을까'라고 대답해 주었지만요."

어머니는 스즈키에게 호소했다.

어려운 생활 속에서, 어머니는 가능한 한 많이 벌기 위해 아이를 친구에게 맡기고, 토요일, 일요일 출근도 마다하지 않았다.

"부모로서, 그런 말을 듣는 것은 고통스러워요."

스즈키 앞에서 어머니는 울었다.

"맘이 고운 아이여서, 고생하는 어머니를 보고 돕고 싶어서 한 말 이예요. 어머니, 자책하지 마세요."

스즈키는 어머니를 위로했다.

약 40년간, 보육의 현장을 지켜 본 스즈키는 "아동빈곤은 표면적으로는 알기 어렵다"고 했다. 부모가 보육원을 의지하여 상담하러 오는 관계는, 아동의 빈곤 문제를 생각하는 것 이상으로 중요한 일이라고 말한다.

"부모를 보고 있자면, 외모는 그다지 다르지 않아요. 멋진 옷을 입고 휴대 전화를 소지하고 있고, 자동차도 소유하고 있어요. 그러나 생활을 어떻게 할까 고민을 하고 있어요. 그런 것은 털어놓기 어려워요. 자기만 그렇다고 생각하기 때문에. 요즘 젊은 사람은 함께 서로 돕는다든지, 정말로 고통스러울 때 함께 생각을 나눈 경험이 없지요. 이 어머니처럼 보육원에 상담하러 와 주셔서, 어머니 혼자 아이를 키우는 생활의 어려움을 우리들이 알 수 있게 됩니다."

해고나 장시간 근무, 불안정한 비정규 노동 등 부모의 직장환경은 크게 변했다. 일로 지치고, 생활에 쫓겨, 그 불만이나 초조함을 보육원에 터트리는 부모도 있다.

"그런 부모들이, 이 보육원이라면 자기들의 문제를 안심하고 털어 놓을 수 있는 곳이다라고 여기면, 표면상 드러나지 않는 가정이 안고 있는 진짜 어려움을 부모의 말을 통해 알게 돼요. 거기에는 먼저, 보육원이 아이에게 안전하고 안심할 수 있는 곳이라는 신뢰 관계가 기본적으로 있지 않으면 안 됩니다."

보육원에서는 보육에 활용하기 위해 개개인의 아이에게 생기는, 아무리 작은 변화라도 담임이 보고하고, 직원회의에서 공유한다.

"아이가 거칠거나, 담임으로부터 잠시도 떨어지지 않는 것은, 부모가 문제가 있어 아이에게 관심을 가지지 않을 때. 우리들은 '어찌된 일일까' 하고 아이를 파악하려 하지만, 아이는 글을 쓸 수 있는 것도 아니고 자기 생각을 정리해서 표현할 수 없기 때문에, 온몸으로 싫다든가 이렇게 해 달라고, 시험행동 형태로 표현해요."

부모가 가정 상황에 대해 말씀해 주시면, 아이의 행동 배경은 보다 관찰하기 쉽다.

"아이는 우리들이나 담임선생이 이야기를 들어주면, 이 사람은 자신의 일을 알고 싶어하는 사람이구나라고 생각하여 관계를 쌓아가는 가운데, 이상하게 그때까지 나타나던 시험행동을 멈춥니다."

그러나 한편으로 스즈키는 보육의 현장에서 할 수 있는 부모에 대한 지원의 한계도 통감하고 있다.

오미야 이키오(大宮勇雄) · 후쿠시마 대학 교수

## 생활약자에게 공평한 보육제도를

오미야 이키오 선생은 유아교육 전문가이다. 아이가 잘 자라는 보육이란 무엇인가? '보육의 질'을 주제로 연구를 계속하고 있다. 대상은 일본뿐만 아니라 다른 선진국과 국제비교에도 몰두하고 있다. 저서에 『보육의 질을 높이다』(히토나루 서점) 등이 있다. 한편, 오랫동안 민간 보육단체 운동에 관여해, 보육현장의 사정에도 밝다. 일본의 보육 제도는 지금 큰 기로에 서 있다. 국가, 지자체가 법적으로 책임을 지는 공적보육에서 시장원리로의 제도 전환이다. 오미야 선생은 "생활약자에게 배려를 충분히 하는 공평한 보육제도를 만들 필요가 있는데, 국가가 생각하는 시장화는 비용론이 앞서 보육의 질에 대한 논의가 빠져 있다"고 비판. "시장화는 아동의 격차를 조장할 뿐이다"라고 외치고 있다.

▪ 르포에 등장한 보육소가 있는 곳은, 특별히 생활이 곤란한 가정이 많은 지역은 아닙니다. 보육 현장에서 아동빈곤은 확대되고 있다고 느끼시나요?

1990년대부터 커뮤니케이션이 잘 안되고 모두 함께 하는 것이 여러 면에서 어렵고 여러 가지 것이 익숙해지지 않아 다른 사람 안으로 들어가는 것이 겁나거나 역으로 난폭한 행동이 많아 잠시도 눈을 뗄 수가 없거나 이제까지와는 상당히 다른 타입의 아이들이 늘고 있어서 보육현장은 큰 일이라는 보고들이 상당히 나오고 있습니다. 하나는 학대와 같은 형태로 방치되어온 아이들이, 그러한 현상으로 나타나는 것은 아닌가라고 생각하고 있어요. 빈곤을 어떻게 정의하느냐가 관건입니다만, 이른바 가정의 경제적 궁핍뿐만 아니라 문화적 빈곤도 포함한 가정의 격차가 아이들 사이에서 나타나는 문제로, 이러한 궁금한 행동을 다시 파악할 필요가 있다고 생각합니다. 그리고 근래에는 보육 현장에서 아동빈곤이 확실히 눈에 띄는 형태로 나타나 큰 문제가 되고 있는 것은 틀림없지요. 보육소는 부모의 취업 상황을 잘 압니다. 실업문제라든가 독신 가정이 대단히 증가하고 있는 것이라든가, 지금은 당연한 문제로 거론되고 있으니까요.

▪ 보육소 르포에서는 싱글마더회를 만드는 등 아이들만이 아니라 가정환경이 어려운 부모 지원에도 힘을 쏟고 있군요. 부모도 포함한 생활지원의 증대는, 현장의 큰 부담이 되고 있는 것은 아닌지요?

보육소에 지금 요구되고 있는 것은 불안정한 취업 상태에 있는 부모를 격려하는 생활 전반에 걸친 지원입니다. 가정생활이나 육아에 관한 지원뿐만 아니라, 예를 들면 취학 원조나 취업 지원 등 사회적 자원 활용에 대한 자문, 부모 자신이 정신적인 면이나 커뮤니케이션 면에서 고민이나 문제를 안고 있는 경우 전문적인 지원 등 폭넓은 지원의 필요성이 높아지고 있죠. 그런 점에서 보면, 보육소의 기능이 일반적인 의미에서의 육아 지원이나 상담뿐만 아니라 사회복지사나 심리직 등 다양한 분야의 전문가와 협력이 꼭 필요하다고 생각합니다.

최근 자주 소개되고 있는 영국 등의 빈곤 대책 중에는, '원스탑 서비스'랄까, 모든 가정의 요구를 수용할 수 있도록, 식사는 어떻게 만들까, 취업을 위한 스킬을 몸에 익힐 수 있을까, 다양한 프로그램을 준비해서, 보육소라기보다 생활지원의 종합적인 지역 센터로 자리매김하고 있습니다. 일본에서도 생활 지원의 거점으로 보육소의 기능을 어떻게 종합화해 갈 것인가, 보육소의 제도 설계의 방향을 생각하지 않으면 안 된다고 생각합니다.

- 아이를 맡기고 싶어도 보육소가 부족해, 도시를 중심으로 입소를 기다리는 대기 아동이 큰 사회적인 문제가 되고 있습니다. 육아지원을 받고 싶어도 받을 수 없는 가정은, 사회의 눈길이 미치지 않고, 아동 학대 등도 걱정입니다. 보육소의 생활지원 기능이 강화되어도, 보육소의 수가 증가하지 않으면 대기 아동 문제는 해소되지 않고 필요한 가정이 이용할 수 없어 고립되는 것은 곤란합니다.

국가는 지금 '아동·육아 신시스템'이라는 아주 다른 제도를 보육 현장에 도입하려고 추진 중이지요.

- 국가는 현재의 유치원과 보육소로 나누어진 제도를 일원화하여, 새롭게 창설할 '종합 아동원'으로 이행하기 위해 행정상의 유보 일원화*와 수용 아동의 양적 확대를 도모하는 구상인가요.

신시스템이 진정으로 지향하고 있는 것은 이제까지의 제도 원리를 전환하는 것입니다. 즉, 국가와 지자체의 책임으로 보육을 실시한다고 하는 아동복지법 24조에 들어 있는 기본원리를 —거기에는 지자체는 보육이 필요한 아이가 있으면 보육소에 입소시켜 보육을 실시해야 한다고 명기하고 있습니다. 이것은 보육소의 운영비도 국가와 지자체가 지원하고 가정의 경제 사정과 무관하게 누구든지 보육소를 이용할 수 있도록 하는 것을 원칙으로 한다는 의미로 '공적제도'라고 할 수 있습니다— 해체하고 보육을 개인계약이라든가, 시장원리, 일반적인 상품이나 서비스의 매매계약처럼 하고 있어, 국가나 지자체는 이용을 보조하는 역할이면 된다고 하는 지극히 제한적인 관여를 하는 것이 이 신시스템의 본질입니다. 지자체는 책임을 지지 않고, 민간, 특히 영리적인 사업으로서 보육 서비

---

* 저출산의 진행·육아서비스의 다양화에 수반해서 생기는 유치원과 보육소의 문제점을 해결할 수 있도록 유치원과 보육소의 일원화를 꾀하려는 정책.

스를 증가시키길 기대하고 있어요. 보육 서비스를 구입하는 것은 부모의 선택이고 그 이후는 자기책임이라는 것이죠. 그러나 이 신시스템이 대기 아동 해결에 정말로 유효한지 어떤지는, 제대로 검증되지 않고 있어요.

- 국가나 지자체는 보육소를 늘릴 예산이 없기 때문에, 시장원리의 도입으로 민간 사업자가 뛰어들어, 단숨에 대기 아동의 문제도 해결하려는 목표인가요?

시장원리가 도입되면 대기 아동이라는 개념자체가 없어집니다. 지금은 국가나 지자체가 보육을 실시하지 않으면 안 된다는 책임이 법적으로 명확하기 때문에, 지자체를 통해 입소 계약이 성립됩니다. 신청이 있어도 입소할 수 없는 대기 아동수는 곧 파악됩니다만, 신시스템으로는 계약은 보호자가 직접 보육소에 가서 입소계약을 해야 합니다. 그렇게 되면, 대기 아동의 숫자 파악도 불가능하고, 지자체도 져야 할 책임도 없다고나 할까, 책임 자체가 해소되고 마는 거예요.

후생노동성은 지금의 제도로는 대기 아동을 해소할 수 없다고 비판하고 있습니다. 지자체 행정에 책임을 지우고 있으니 안 된다, 민간에게 맡기면 빠르게 보육소가 증가한다며, 기업 참여를 장밋빛으로 그리고 있지요. 그러나 이는 나라와 지자체가 책임을 지고 있는 지금의 제도를 바꾸기 위한 논리입니다. 행정이 하고자 하는 의지가 있으면 공비로 보육소나 무인가 보육소의 지원을 못할 리가 없어요. 초등학교는 대기 아동이 없지 않습니까. 보육소는 토지를 확보하는 것이 큰일이라든지, 저출산이 계속되면 필요 없게 된다든지, 여러 이유를 들고 있습니다만, 초등학교에서도 같은 문제는 있지요. 그렇지만 하지 않으면 안 된다고 생각하기 때문에 만드는 것입니다. 후생노동성은 대기 아동 해소를 명목으로 들고 있습니다만, 신시스템 도입의 진정한 목적은 시장화입니다. 기업이 참여하여 대기 아동 문제를 해결할 수 있으면 좋겠습니다만, 이익을 창출하는 범위 안에서 밖에 하지 않아요. 큰 투자가 필요한 신설 보육원이 아닌, 기존의 빌딩이나 민가를 이용한 시설의 설비가 갖추어지지 않은 곳에 대한 참여가 약간 증가한 것일 뿐, 아이의 행복을 제일로 생각하지 않는 영리적인 사업자가 대폭 늘면, 심각한 문제가 일어납니다.

- 아이를 맡길 수 없어 취직을 할 수 없는 부모나, 직장에 복귀할 수 없는 부모는 느긋하게 기다릴 시간이 없습니다. 민간 사업자가 참여하는 것은 문제인가요?

이번 신시스템 논의의 가장 큰 문제는, 지켜야 할 보육의 질은 무엇인가라는 중요한 논의가 빠져 있지요. 후생노동성은 질이 확보된 보육을 모든 아이에게 라는 간판을 내걸고 있습니다만, 유명무실합니다. 서구 여러나라에서는 지금, 보육의 질에 정부 자체가 큰 관심을 갖고, 보육의 질에 관해 다양한 연구보고를 기초로 해서 데이터베이스를 구축하고, 무엇을 개선하지 않으면 안 되는지 분석하고 있어요. 일본에서는 그러한 노력이 전혀 이루어지고 있지 않아요. 보육소의 비용이 많다고 하는 사람들은, 지금의 공적제도가 필요하다고 하지만 기업은 더 싸게 하지 않을까 하고, 왜 그러면 안 되느냐는 논의로 시종일관 하고 있습니다. 비용론은 질과 세트로 다루어야 하는데, 단순히 비용이 높을까 낮을까 하는 저차원의 논의만 하고 있지요.

- 보육의 질에 대한 논의가 빠져 있다고 했습니다만, '보육의 질'이란 무엇입니까?

보육의 질이라고 하는 단어가 사용된 것은 최근 10년 정도입니다. 서구에서는 20년 이상 걸린 연구 · 실천의 축적이 있는 개념으로, 짧게 대략적으로 말하면, 다음의 세 가지 요소로부터 성립되고 있다는 것은 공통의 인식 · 합의가 되어 있지요.

첫 번째는 '프로세스의 질'로, 매일 보육소 · 실 안에서 행하고 있는 실천적인 일을 가리키는 것으로, 이것이 직접적으로 아이의 성장에 영향을 미친다고 합니다. 그 내용은 실로 다양한 것이 포함되어 있습니다만, 가장 중심 요소는 보육사와 아이의 따뜻한 인간적인 질을 공통으로 들고 있어요. 그 안에는, 아이의 성장을 목표로 적극적인 접촉도 포함되어 있습니다만, 무엇보다도 아이가 안심할 수 있고, 웃음이 끊이지 않는 날들이, 매우 영향을 미친다고 지적되고 있습니다. 대조적으로 어떤 보육 내용이나 커리큘럼으로 해야 하는가에 대해서는 일치된 결론은 없어요. 어느 쪽인가 하면, 가르치거나 영향을 주는 스타일보다도 아이의 자발성이나 놀이를 존중하는 스타일 쪽이 장기적으로는 건전한 성장에 기여하는 면이 크다는 것이 제가 보는 한 최근의 결론이지요.

두 번째는 '구조적인 질'로 제도나 정책으로 조건 붙여지는 하드웨어적인 요소입니다. 이것은 프로세스의 질과 밀접한 관계가 있어, 아이의 성장에 간접적으로 영향을 미치는 것으로 중시되고 있어요. 보육교사 1인당 담당 수는 한 반의 인원의 상한, 보육교사의 자격이나 훈련의 수준, 세 가지가 특히 중시되고 있죠.

세 번째는 '노동환경의 질'입니다. 보육소에서 일하는 어른들의 노동환경 또한, 프로세스의 질에 간접적으로 영향을 주는 중요한 문제입니다. 처우 수준은 물론입니다만, 가장 중시되는 것은 어른이 느끼는 '보람'이나 스트레스의 문제입니다. 미국에서는 '보육교사의 이직률'이, 그 보육소의 보육의 질을 가장 잘 나타내는 지표로 활용되고 있습니다. 젊은 보육교사가 대부분 자주 대체되는 보육소는 역시 그 프로세스의 질에도 문제가 많다는 것입니다.

나아가 덧붙이면, 그 사회의 가치관이나 이념도 보육의 질의 문제로 더 고려해야만 하지요. 스웨덴 등 북유럽의 나라들은, 단지 "아동복지이 므로 보육의 비용을 충실하게 합니다"라는 피상적인 논의가 아니고, 민주주의라든지, 자기에 대한 자존감이라든지, 문화적인 다양성의 존중이라든지, 어떤 인간, 어떤 사회를 만들기 위해 보육이 있는 것인지 등의 가치관 수준의 논의로 접근하지요. 차세대인 아이들을 어떻게 할 것인가라는 논의가 정말로 국민 문제로 되어 있다는 느낌입니다.

▪ 신시스템으로 이행할 경우, 보육의 질 확보는 문제없을까요?

일본의 보육 현장 상황을 말할 것 같으면 부모를 지원하는 것도 큰일이고 아이를 양육하는 것도 큰일이라고 하는 가운데, 보육소가 꽤 피폐해져 있는 것이 현실입니다. 보육소가 피폐해져 있다는 것은 아이들이 적절한 보육을 받지 못하고 있다는 이야기가 되지요. 보육사 자신이 타격을 받습니다. 자신이 아무리 노력을 해도 아이를 기를 수 없다, 나는 안 되는 것 아닌가 등 피해 의식이 듭니다. 그러므로 보육의 질을 확보하는 데는 우선 현행 보육 조건의 개선이 선행되어야 합니다. 한 가지 예를 들면, 3세아 이상의 반에는 인원이 많기 때문에 개선해야 합니다. 서구라면 3세아 이상의 아이를 한 명의 보육사가 열 명씩 담당하는 나라는 없습니다. 일본은 한 반이 20명, 30명이므로 인건비 절감은커녕 정규 보육사의 수를 늘리는 것이 필요합니다.

신시스템이 도입되면 보육소의 경영이 지금보다 더 어렵게 되는 것을 눈으로 확인할 수 있을 것입니다. 보육시간에 따라 보조금이 오르고 내리는 구조가 도입되기 때문입니다. 보호자가 힘들게 일하고 있는 경우에는 단시간 보육이라는 인정제도가 있어, 풀타임으로 일하는 경우보다 보조금의 단가가 억제되는 것입니다. 현행은 시간으로 구별하지 않고, 아이 한 사람에 대해서 같은 보조금이 나오는 데 비해, 보육소는 상당히 수입이 줄 것이라고 생각합니다. 빠듯한 시간 분밖에 보조하지 않는 제도가 된다면, 보육소로서는 인건비를 줄일 수 밖에 없는 거죠. 비정규 고용을 늘릴 수밖에 없다면, 보육사가 경험을 쌓아가는 것은 어렵게 되는 거예요. 긴 안목으로 보면 보육의 질에 큰 타격을 주게 되는거죠.

- 신시스템으로는 현재 부모의 경제 상황에 맞춰 보육료를 지불하는 응능부담(ability to pay)에서 돈에 걸맞은 보육 내용을 골라 그 몫을 지불하는 응익부담(benefit principle)으로 바뀌는 것입니까?

현재의 보육료는 가정의 소득에 따라 요금설정이 되어있습니다만, '아동·양육·신시스템'으로는 보호자가 하루 몇 시간 일하고 있는지 노동시간에 따라 3단계로 나누어 아이를 수용할 수 있는 보육시간이 결정됩니다. 그 범위에 대해서는, 가정의 수입에 따른 보육료를 지불하게 되어 있습니다. '가정의 수입에 따른' 보육료라는 것은 현재 보육료 징수에 대한 생각을 도입하는 것입니다.

그러나 잘 보면 인정된 시간을 초과해서 사용한 분은 전액 자기부담이 되는 점과 게다가 보육료를 일정의 범위에서 보육소마다 자유로 설정할 수 있도록 한 점이 크게 다릅니다. 기본적인 생각은 바뀌지 않지요. 제도 도입 직후는 현 상태와 다르지 않습니다만 서서히 부모의 부담이 늘게 되고, 게다가 "더 좋은 보육이 필요하다면 보육료가 비싼 곳을 선택하세요"라는 식이 되어 버리죠. 보육료가 비싸기 때문에 이용이 어려운 가정이 늘고, 보육소 측도 경제적으로 어려운 가정을 경원시하는 사례가 늘어나지는 않을까 염려하고 있지요.

▪ 부모의 경제력 격차가, 아이의 보육 내용에 반영될 우려는 없을까요?

부모의 경제 격차뿐만 아니라, 보육의 내용에도 격차가 생겨 아이들 간에 이중의 격차가 생기게 됩니다. 보육소도 계층화되고요. 이쪽 보육소는 부유한 계층의 아이들, 저쪽은 어려운 생활환경의 아이들로 보육소가 나뉘어 갑니다. 실제로 미국과 같은 시장원리로 보육하고 있는 사회는 어디든지 그렇습니다.

▪ 시장원리가 도입되면, 경제효율이 중시됩니까?

경제효율을 우선시하는 보육을 하겠다는 것은, 시간을 절약하겠다는 발상입니다. 개개의 아이는 다르다는 점에서 출발하는 것이 아니라, 보육의 매뉴얼화가 지나치게 진행돼, 아이 쪽에서 보면 표준화되는 겁니다. 순서가 표준화됨으로써 보육사의 작업을 효율화하고, 게다가 자격 등 경험에 의존하지 않는 보육이 가능하다는 것이 기업적인 생각입니다만, 결국, 아이를 표준화하여 다루는 것은 필연적이라고 생각합니다. 그렇게 되면, 약한 처지에 놓인 아이들은 점점 배제되어 버립니다. 형식적으로는 보육으로서 받아들이겠지만, 마음으로부터 수용하는 관계는 이루어지지 않아요. 경제효율과 사람이 사람답게 성장하는 것은 양립하기 어려운 면이 아주 많다고 생각합니다.

▪ 보육소는 인건비의 억제로 비정규 보육사의 비율이 높아지고 있습니다만, 신시스템에서는 더욱 비정규화가 진행되는 것은 아닌지요?

시장화로 인해 보육사의 인건비를 어떻게 줄일까 하는 압력이 강해져, 결국은 비정규화, 파트타임 등 시간 단위의 노동이라는 발상에 빠지고, 아이 개개인의 시점에서 안심하고 지낼 수 있는 생활, 상상을 마음껏 펼

치며 놀 수 있는 환경을 만드는 일, 그러한 근본적인 것이 위협받으면 안됩니다. 보육의 시장화에 의해, 지속적이고, 적극적으로 작용하는 면이 보육에서 상실되고 있다고 OECD의 보고서에도 지적되고 있습니다. 보육사와 아이의 인간관계의 지속성이나, 안정성이 없으면, 아이를 이해하는 것도 계획적으로 기르는 것도 할 수 없어요.

■ 서구 선진국에서는 생활이 곤란한 가정의 보육 지원은 어떻게 하고 있는지 가르쳐주세요.

서구에서는 가정의 생활지원과 아이들에게 질 좋은 보육을 제공하는 종합적인 대책을 취함으로써 아이들의 '미래'가 크게 개선되는 것이 실증되고 있습니다. 세계적으로 가장 잘 알려진 것은, 미국의 페리 프리스쿨 프로젝트입니다. 유아 시절 질 좋은 보육을 무상으로 받은 아이들은, 동일한 가정환경에서 보육을 받을 수 없는 아이들과 비교해 진학이나 취직, 사회적인 적응 면에서 극적인 개선을 보여, 그 경제적인 효과는, 무상으로 보육을 제공하는 데 드는 비용의 몇 배나 됩니다. 연약한 입장의 아이들에게 투자를 한다는 것은, 사회 전체의 이익으로 이어진다고 하는 결과는 대단히 설득력이 있습니다. 미국은, 연방정부는 거의 보육 제도의 확립에 관여하지 않고, 시장에 맡기고 있는 나라입니다만, 이 연구를 계기로 연방의회에서도 공적 정비를 요구하는 적극적인 논의가 갑자기 일어나, 보조금의 확충이 진행되고 있습니다. 그렇지만 유감스럽게도 시장원리를 추진하기 위해 부모용 보조금이나 바우처의 확충을 끝냈어요. 그러나 주 정부 수준에서는 보육의 질 향상이나 무상화를 겨냥한 적극적인 시책을 내놓고 있는 곳이 급속히 확대되고 있습니다.

유럽은 더욱 진행되어 보육료 무상이 대세가 되고 있습니다. 전부 무상화하고 있는 것은 아니지만 취학 전 2년간을 무상으로 하는 것이 표준이라고 OECD 보고서에는 적혀 있습니다. 서구에서 공적보육의 논의가 확대되고 있는 하나의 큰 요인은, 아동빈곤을 없앤다고 하는 인권의식입니다. 아이가 어떤 가정에서 태어났는지 구별하지 않기 때문에 어린 시절에 격차가 생기는 것은 대단히 불공평하고, 그것을 어떻게 해서 없앨까. 부모의 취업을 위한 뒷받침을 포함한 생활 지원을 하고, 아이의 성장 환경에 필요한 것을 제대로 선별할 수 있는 '공정함의 정의' 실현이라고 봐도 좋은 감각이 배경에 있습니다. 그것을 실현하기 위해 보육료를 무상으로 해서 누구든지 받을 수 있도록 해야 한다는 생각입니다.

- 일본은 OECD 조사에서 교육기관의 공적 지출 비율이 회원국 중 최저 순위입니다. 특히 취학 전은 낮은 수치를 기록하고 있습니다. 사회에 유아기의 인격 형성을 경시하는 사고가 뿌리 깊게 박힌 것 아닐까요?

어린 시절의 중요성을 아직도 인식하지 못하고 있어요. 유아기보다 초등학교 쪽이 초등학교보다 중학교 쪽이, 중학교보다 고등학교가 중요하다고, 결국은 어른이 가장 중요하다는 착각이 지배하고 있지요. 어릴 때의 아이들은 대단한 것을 배우지 않는다고, 지극히 유아기 성장의 의미를 경시하는 것이죠. 조기 교육 붐이 일고 있지만, 초등학교 교육에 직접 연결되는 준비 교육에만 초점이 맞추어져 있고, 놀이나 생활 그 자체의 중요성이 상실되고 있습니다.

행정에 육아는 개인적인 일로 가정 스스로의 책임이라는 전통적인 생각이 부활, 강화되고 있는 것은 아닌가 생각합니다. 육아는 행정의 책임이 아니라는 생각이, 국가를 선두로 해 번져나가고 있습니다. 어린 시절의 가치를 낮게 볼 뿐이에요. 이는 사회 전체의 문제로 변해야만 합니다.

▪ 청년 세대는 비정규 고용이 당연한 것으로 알고, 한부모 가정도 증가하고 있어, 불안정한 생활 속에서 육아를 피할 수 없게 되었습니다. 보육 현장에는 어느 때보다 가정의 생활 지원이 필요합니다만, 국가가 '아동 · 육아 신시스템'으로 보육에 요구하는 역할은 무엇인가요?

하나는, 보육소나 유치원은, 그 위의 단계에 있는 요구에 응하는 것이 기능이라는 것입니다. 학교 교육, 즉 "초등학교에 보내 순응할 수 있는 아이를 기르세요"라는 것입니다. 그것이 유아기에 있어 보육소의 역할이라는 것이죠. 또 하나는, 기업에 있어 노동력 확보라는 발상이 점점 강해지고 있어요. 어머니가 육아 지원에 무엇을 요구하고 있는가 생각해 보면, 더욱 다양한 프로그램을 넉넉히 준비하지 않으면 안 되는데, 그런 것은 하지 않아요. 약자에 대한 배려를 강화한 공평한 보육제도를 만들 필요가 있습니다만, 국가는 부모의 경제력에 따른 보육으로 상관없다는 이념을 갖고 있어요.

▪ 그러면 아이들은, 인생의 출발선에 선 순간부터 차이가 생기는 것 아닌가요?

어린 시절의 빈곤은 영속적인 타격을 주고, 어른이 되어도 여러 문제가 남아, 사회로서는 큰 손실이 되지요. 그러므로 신시스템이 목표로 하는 시장화의 방향이 아니라, 국가와 지자체의 책임으로 모든 아이에게 무상으로 질 좋은 보육을 제공하는 것이, 아이들의 미래에 길을 열고, 결국은 사회 전체의 이익으로 이어지는 것입니다.

【문고판 추기(追記)】
민주당 정권의 '아동 · 육아 신시스템'은, 그 후 자민, 공명, 민주에 의한 3당 합의로 수정을 거쳐 자민당 · 공명당 정권에서는 '아동 · 육아지원 신제도'로서, 2015년 4월부터 출발했다.

# 후기

이 책은 2010년 4월부터 2012년 12월까지 교도 통신사가 전송한 장기 연재 기획 '르포 아동빈곤'을 폭넓게 가필, 수정해서 각 장의 말미에 전문가 인터뷰를 덧붙였다.

신문 연재 중 고용, 복지, 의료, 교육 등 각종 분야에서 분출된 빈곤 문제에 대해 사회 전체가 노력하려는 기운이 고조되었다. 그러나 전송을 끝낸 직후인 3월 11일 동일본 대지진이 일어나 상황은 달라졌다. 지진과 쓰나미에, 원전사고가 겹친 거대복합 재해는 '미증유의 재해'로, 사회의 눈은 피해지의 참사에 쏠려 빈곤문제가 밀려난 느낌은 부정할 수 없었다. 그러나 피해지의 부흥에 종사하는 사람들로부터 "돈 있는 사람은 빨리 재기하고, 어려운 사람은 지원이 미치지 않아 방치되고 있다"는 소리가 들려 왔다. 가장 큰 희생자는 아이들이었다. 대지진으로부터 1년이 지나자 피해지가 아닌 다른 지역에서도 그늘에 숨겨져 있던 빈곤 문제가 재차 부각되었다. 2012년 2월, 도쿄도 다치가와시의 한 맨션에서 어머니가 병사하고, 지적 장애인 4세의 남자 아이가, 혼자서 식사를 할 수 없어 쇠약사하는 안타까운 사건이 일어났다. 남자 아이의 위는 비어있고, 체중은 불과 9킬로그램으로 4세 남자 아이의 평균 체중인 16.4킬로그램을 크게 하회했다. 그 전후에는 어느 누구도 알지 못한 채 가족이 아사, 병사, 동사하는 사건이 계속되고, 순식간에 '고립사'라는 단어가 사회에 정착했다.

두 건의 고립사가 계속된 다치가와시의 시장이, 텔레비전에 나와 "어쩌면 행정이 지나치게 참견한다는 말을 들을 정도로 개입하지 않으면 안된다"는 말을 하는 영상이 전파되었다. 제3장에 등장한 모자가정의 메구미도 "처음에는 보건실 선생이 왜 우리 집에 들어온 것인가, 막무가내구나라고 생각했죠. 그렇지만 지금 생각하면, 고마운 참견이었어요. 생활보호 수속 절차라든지 여러 가지를 도와주셨어요. 저는 인간관계가 서툴러서, 익숙해질 때까지는 힘들었지만요"라고 말하고 있다.

행정은 '프라이버시'나 '개인정보 보호'를 이유로 적극적인 개입을 자제하는 경우가 많다. 지역의 유대도 단절되고, 이웃 사람도 발을 끊는 현실이다. 빈곤에 의한 비극이 더 이상 발생하지 않도록 일본에는 긍정의 의미로의 '참견'이 더욱 필요한 것은 아닌가.

교육 현장의 취재를 통해, 우리가 가장 통절히 느낀 것은 '빈곤의 대물림'의 확대. 부모에게 경제력이 없으면, 아이는 인생의 출발선부터 차이가 생겨, 장래에도 생활고에 시달리는 빈곤 대물림이 일어난다. 이것을 끊어내지 않으면 일본의 미래는 없다. 그 빈곤의 연쇄로부터 빠져나와 아이들이 스스로의 힘으로 미래를 개척하기 위해서 지금 가장 필요한 것은 교육의 보장이다.

제1장 "돈이 없어도 배우고 싶다"에는 특히 그런 의지를 담고 있다. "고등학교만이라도 어떻게든 나오고 싶다"고 하는 정시제 고등학생들의 절실한 염원은, 취재하는 내내 가슴을 때렸다. 고등학교 무상화로 중퇴자가 줄었다고 하는 뉴스를 들었을 때, 작은 한 걸음이지만 "아, 세상이 한발 앞으로 나아가고 있구나"라고 기뻤다. 그것이 후퇴하지 않도록 앞으로도 취재 현장에서 지켜보고 싶다.

제2장에서는, 공립중학교를 무대로 빈곤문제와 정면으로 마주하며,

지역에 뿌리내린 실천을 쌓아가며 고군분투하는 사람들의 모습을 그렸다. 현실은 그렇게 간단히 변하지 않지만, 그래도 포기하지 않고, 학교를, 빈곤 대물림을 끊는 거점으로 삼으려고 지속적으로 노력하는 교사들에게, 한 가닥 희망의 빛을 보는 것 같았다.

제3장 "보건실의 긴급요청"에서는, 취재하는 한편, 양호교사와 함께 여러 가지 고민을 안고 있는 가정의 초등학생에게 한자나 연산을 가르치는 "이런 것이 아이가 안고 있는 문제 해결에 얼마나 유용할까"라는 의문이 머리를 스쳤다. 그러나 모르는 것을 알게 되었을 때, 아이의 웃는 얼굴은 무엇과도 바꾸기 어려웠다. 정시제 고등학생들도 꾸준히 초등학교의 산수부터 다시 배우는 즐거움을 알고, 힘을 기르고 있다. 이 장면을 떠올리며, "지금 이 아이의 공부를 돕는 것이 미래의 축적이 될지 모른다"고 생각을 바꿨다.

제4장의 보육 현장에서는 일본 사회의 아동관이 얼마나 빈곤한지를 통감했다. 정치가는 사사건건 "차세대를 위해"라고, 아이들의 장래를 내다보는 것처럼 말로만 반복할 뿐이다. 보육 현장을 보면 그것이 얼마나 빈말인지 알 수 있다. 격차 사회가 확대되는 가운데, 어릴수록 육아 지원이 외면받고 있는 것이다. 일본의 재생을 생각한다면, 우선 보육부터 시작해야 한다.

정말로 뛰면서 생각하는 취재였다.

이 책의 주요 등장인물의 그 후를 간략하게 소개한다. 제1장에 등장한 정시제 고등학생들은 각자의 길을 걷고 있다. 요코와 겐고, 사키는 몇 번이나 유급과 중퇴의 위기를 맞으면서도 학생지도 담당 교사인 후지이의 지원으로 우여곡절 끝에 무사히 고등학교를 졸업했다. 밝게 웃는 얼굴이

천성인 요코는 대학 진학을 꿈꾸며, 아르바이트를 열심히 하고 있다. 오로지 가계를 지탱하기 위해 심야영업 아르바이트로 건강을 잃은 구미는 애석하게도 학교를 중퇴했다.

제2장에 등장한 유미는 어머니와 헤어져 아동시설에 입소한 후, 공립 고등학교에 합격하여 건강하게 다니고 있다. 양호 교사인 고노가 지원하고 있지만, 4학년과 6학년이 된 아야코와 시즈카는 다시 시설에 보내질 때도 있었다. 다행인 것은 학교를 자주 안 가던 오빠 도모히로가 중학교를 졸업하고 정시제 고등학교에 입학한 것이다.

제4장 보육원의 싱글마더회는 지금도 계속하고 있다. 아츠코랑 젊은 어머니들이 서로 의지하는 장소로, 점점 필요성이 커지고 있다.

신문 연재 중에는 많은 독자가 전자 메일이나 팩스로 감상을 보내왔다. "주위의 이해를 구하지 못해 고통스럽다"고 하는 모자가정의 어머니나, "동료에게 무엇을 할 수 있을까"라는 대학생, 고등학생, 교육 및 복지 관계자들의 소리로 넘쳤다. 교사가 희망이라는 여고생은 "'건강격차'라는 단어를 보고 매우 마음이 아팠어요"라고 썼다. "매회, 읽을 때 눈물이 나서, 자신이 할 수 있는 일은 없을까 생각해 봤습니다"라는 소감도 많았다. 우리도 이런 의견에 고무됨과 동시에 스스로 무엇을 할 수 있는지 자문자답하는 날들이었다.

연재가 종료된 지 1년이 지났지만 아동빈곤의 현실은 더욱 심각해져만 가고 있다.

이 책이 조금이라도 많은 사람에게 아동빈곤 문제를 알리는 데 일조했으면 하는 바람이다.

또한, 이 책 제1장과 3장은 이케야가 2장과 4장은 호사카가 취재하여 집필하였다. 전체적인 정리는 호사카가 담당했다.

여기에 이름을 밝힐 수는 없지만, 잘 보이지 않는다고 하는 '아동빈곤'

의 현실을 조금이나마 밝혀내는 데 협조해준 많은 분들께 감사를 드린다. 또, 취재의 창구가 되어 주신 선생님들의 도움이 없었다면 이 책은 탄생할 수 없었다. 장기간에 걸친 우리의 취재와 집필을 지원해 주신 편집위원실과 사회부의 동료들에게도 감사를 드리고 싶다.

이 책이 세상에 나온 것은 출판의 의의를 알고, 원고가 지연되어도 우리를 끝까지 따뜻하게 격려해준 광문사 '학예' 편집부의 쓰치야 아키라의 덕택이었다. 여러분께 감사드립니다.

2012년 4월

호사카 와타루 · 이케야 다카시

# 문고판 후기
## 빈곤의 대물림을 끊기 위해

단행본으로 출판한지 3년이 지나서야, '아동빈곤'이라는 말이 사회에 완전히 정착했다. 그 사이 2013년에는 초당파의 의원 입법에서 '아동빈곤 대책 추진법'이 성립되었다. 2014년에는 빈곤대책의 골격이 되는 대강령도 만들었다. 그러나 상황이 개선되었냐 하면 꼭 그렇다고 할 수 없다.

민주당 정권에서 도입된 공립 고등학교의 실질 무상화는, 그 후 '선심 쓰기'라고 비판하는 자민당이 정권에 복귀함으로써, 보호자의 소득 제한이 있어 '무상화'라고 말할 수 없게 되었다. 무상화와 함께 핵심정책이었던 '어린이 수당(子供の手当)'도, 명칭이 원래의 '아동 수당(児童手当)'으로 돌아간 후 역시 소득 제한으로 후퇴하였다. 생활보호의 지급 기준도 후퇴했다. 식비나 광열비 등 일상생활에 필요한 생활부조에 이어, 집세에 상당하는 주택부조나 겨울철 광열비를 충당해 주는 겨울 가산금도 인하되어, 자민당·공명당 정권하에서 '약자를 괴롭히는' 정책이 계속되었다.

아베신조 수상이 자신의 경제정책이라고 주창한 '아베노믹스'에서 일부 대기업이나 금융자산을 가진 부유층은 보다 풍요로워지는 한편, 빈곤 가정은 점점 더 궁핍해진 생활로 고통스러워하고 있다. 소득격차를 나타내는 지니계수는 과거 최대치를 기록하고, 연수입 200만 엔 이하의 워킹 푸어(일하는 빈곤층)는 천만 명을 넘었다. 생활보호 세대는 과거 최다를 갱신하고 계속 증가하고 있다. 아동빈곤율 또한 계속 증가하며, 심각한 격차사회의 변형은 아이들에게 어두운 그림자를 드리우고 있다.

아동빈곤대책 추진법은 '기본이념'으로서, 아이의 미래가 출신이나 환경에 좌우되지 않는 것을 목표로 빈곤대책을 위해 국가가 지방자치와 제휴해 착수하도록 정했다. 그 때문에, 교육, 생활, 취업, 경제, 주요 4분야에서 지원 시책을 요구하고 있다. 추진법의 성립으로 처음으로 국가가 아동빈곤 대책에 책임을 갖고 추진하는 것을, 명확히 한 시점이라고 평가할 수 있다. 그러나 문제는 빈곤을 없애기 위해서 무엇을 해야 하는가이다.

그 구체적인 시책을 나타낸 것이 대강령이었다. 대강령에서 초점이 된 것은 빈곤율을 줄이는 것이 목표였다. 우선 국가가 삭감 목표를 세우고, 그것을 실현하기 위해 정책을 국민에게 제시한다. 달성하지 못하면 국민에게 심한 비판을 받는다. 법률을 슬로건으로 끝내지 않기 위해서는, 이러한 국가와 국민의 긴장관계가 필요하다. 삭감 목표를 세울지, 그렇지 못할지는 국가의 빈곤 해소 의욕을 실험하는 리트머스였지만, 결국, 대강령으로는 목표가 나타나지 않았다. 삭감 목표를 세우지 못하는 것은 국민이 진정성을 의심하게 만든다. 아동빈곤율을 크게 감소시킨 것으로 알려진 영국은 2020년도까지 10% 미만을 목표로 하고 있다.

대강령에 담긴 시책을 보아도, 각 부처의 기존 정책을 아동빈곤 대책으로서 오합지졸로 재구성한 색채가 농후하고, 그다지 새로운 것은 없다. 반환 체납이 사회문제화 되고 있는 대학생의 장학금은 반환 의무가 없는 급부형 장학금으로 창설되길 기대했지만, 재원이 없다는 이유로 보류되었다. 가장 경제적인 지원이 필요한 한부모 가정에 핀 포인트로 현금 급부가 시행되었다. 이 제도로 인해 효과를 기대할 수 있는 아동부양수당이나 유족연금 등의 확충도 재원을 이유로 실현되지 않았다. 즉, 돈이 드는 것은 하지 않겠다는 것이다. 태어난 환경과 관계없이 아동 성장을 보장하고, 새로운 납세자가 되어 사회에 공헌하도록 해야 한다. 빈곤의 대물림을 차단하는 데는 이 방법 밖에 없다. 사람도 돈도 쓰지 않으려는 나라의 빈곤대책은 격차를 더욱 확대할 뿐이고, 결국 슬픈 것은 국민이다.

학교 교육에 있어서도 그렇다. OECD의 보고서에 따르면, 국민총생산(GDP) 가운데 국가와 지자체의 교육지출 비율에 있어 일본은 선진국 중 연속 5년 최하위로 이는 부끄러운 결과다. 보고서에서 "사비부담에 크게 의존하고 있다"고 재삼 지적하고 있지만, 국가는 개선을 게을리 하고 있다. 정권에 편리한 이념만 부르짖지만 입에 발린 말일뿐이다. 교육현장에서도 사람과 돈을 투자하는 과감한 개선책을 내놓지 않고 있다. 자기책임을 구실로, 결국은 가정에 부담을 주는 구도는 전혀 변하지 않았다. 미납이 문제가 되는 아이들의 급식비 등 보호자가 부담하고 있는 학교비용은 모두 무상으로 하고 필요하면 부유층으로부터 세금 형태로 충당하면 좋을 것이다.

아동빈곤에서 가장 심각한 문제가 한부모 가정이다. 한부모 가정의 빈곤율은 50%를 넘고 다른 선진국과 비교해서 심각한 상황이다. 가계를 지탱하는 어머니는 비정규 고용이 많다. 임금이 낮기 때문에 두 개, 세 개의 일을 하지 않으면 생활할 수 없는 것이 일반적이다. 그만큼 아이와 함께 접촉하는 육아 시간이 줄어든다. 정말 악순환이다.

2015년 2월, 가와사키시의 다마가와 하천 부지에서 중학교 1학년생인 우에무라 료타가 살해당하는 사건이 일어났다. 가나가와현 경찰은 17세와 18세의 소년 세 명을 체포했다. 학교를 결석한 상태였던 우에무라는 18세의 소년으로부터 심한 폭행을 당해 "죽을지도 모른다"고 친구에게 이야기 했었고, 얼굴에는 큰 멍이 들어 있었다.

모자가정이었던 우에무라의 어머니가 공개한 서한에는 생활에 쫓긴 어머니의 슬픔이 가득했다. 어머니는 여유가 없는 나날 속에서 아들의 상태를 알아채지 못했던 것을 매우 가슴 아파했다. 일부를 인용한다.

학교를 자주 빼먹어서, 오랫동안 가지 않으면, 친구가 없어져 가기 싫어 지니 빨리 등교하라고 말했습니다. 언제나 료타가 등교하기 전에 제가 먼저 출근하지 않으면 안 되었고, 또, 늦은 시간에 귀가했기 때문에 료타 가 하루 종일 무엇을 하는지 충분히 파악할 수가 없었어요.
집안에서는 매우 명랑했기 때문에, 저도 학교에 가지 않는 이유를 충분 한 시간을 갖고 서로 이야기 해보지 못했습니다.
지금 생각하면, 료타는 저랑 가족에게 걱정을 끼치고 싶지 않아 필사적 으로 평온함을 가장하고 있었다고 생각합니다.
사건이 발생한 날 저녁, 밖에 나가려는 것을 막을 수 있었기 때문에, 그 때 더 적극적으로 막았더라면, 이런 일은 없었을 것이라고 지금도 생각 하고 있습니다.

한부모 가정의 생활환경을 개선하고, 이러한 비극을 조금이라고 줄이 기 위해서라도 아동빈곤대책 추진법에 대한 기대는 컸다. 한부모 가정의 부모가 여유를 가질 수 있는 구체적인 지원책은 대강령에 있는 부모의 취업지원을 봐도 경제적 지원을 봐도 너무나도 빈약하다. 이것으로는 빈 곤의 대물림을 끊기는커녕, 새로운 확대를 허용할 뿐이다.

육아지원을 위해 민주당 정권이 들고 나온 '아동 · 육아 신시스템'은 수 정 후, 자민당 · 공명당 정권에서 '아동 · 육아 지원 신제도'로 2015년 4 월에 출발했다.

신시스템의 핵심이 되는 '종합 어린이집'*의 구상은, 보육소를 모두 종

---

* 유치원과 보육원의 기능을 병행하는 종합적인 육아시설.

합해 어린이집으로 이행하고, 아동의 입소는 사업자와 보호자 간 직접 계약으로 전환하는 등 시정촌의 보육실시 의무를 사실상 없애는 한편, 규제 완화에 의한 민간사업의 경영참여를 촉구하고, 수용의 양적 확대를 목표로 '보육의 시장화'를 명확히 내세우고 있다.

그것이 신제도의 '인정(認定) 어린이집'*에서는, 보육소는 인정 어린이집의 이행을 강제로 하지 않고 시정촌의 보육실시 의무도 종래대로 하게 되었다. 또 인정 어린이집에 민간업자의 참여도 금지되어, 대기아동 해소를 위한 카드로 활용하는 2세 아이까지를 대상으로 하는 지역형 보육은, 민간업자가 참여하기 쉽게 설치기준을 큰 폭으로 완화하였다. 이것을 발판으로 삼아, 사업자와 보호자의 직접계약이 유지되는 인정 어린이집에, 언젠가는 민간참여의 길을 열어 놓는 가능성도 부정할 수 없다. 신제도에서도 민간 의존의 시장화의 흐름은 기본적으로 바뀌지 않았다. 빈곤 가정이나 한부모 가정이 늘고, 부모 지원도 포함한 보다 적극적인 보육이 요구되는 시점이다. 안심할 수 있는 보육 환경을 정비할 행정의 책임은 점점 커지고 있지만, 시장화는 이에 역행한다.

힘든 생활을 더욱 몰아붙이는 의미에서, 소비세의 증세도 악재이다. 미뤄오던 소비세는 2017년 4월에 8%에서 10%로 증세하기로 결정했다. 가볍고 폭넓게 걷는 소비세는, 저소득자일수록 부담이 무거운 역진성이 있다고 지적되고 있다. 한편, 일본에서는 지금까지 법인세와 소득세가 인하됨에 따라 부유층일수록 수입에 비해 세금이나 사회보장료의 부담률은 낮아졌다. 국가에 의한 소득의 재분배는 제대로 개선되지 않아, 빈곤가정의 부담은 늘고만 있다. 생색뿐인 빈곤대책은 사태 개선과 거리가 멀다.

그렇지만 취재를 시작한 2009년경과 비교하면, 아동빈곤 문제는 매우

---

* 유치원 및 어린이집 등의 초등학교 취학 전 아이에 대한 보육 및 교육, 보호자에 대한 육아지원의 종합적인 제공을 실시하는 시설.

폭넓게 인식하게 되었고, 상황은 크게 변했다. 일진일퇴를 하고 있지만, 좋은 방향으로 변해가고 있다고 믿고 싶다. "아프리카도 아닌데, 일본에 아동빈곤이 어떻게 있는 것인가"라는 의문을 입에 담는 사람이 아직도 있지만, 많은 사람에게 빈곤으로 어려워하는 아이들의 현실이 알려지게 된 의의는 크다.

서론에 소개한 2008년 말 도쿄 히비야 공원에 생긴 '송년파견마을'에서 촌장으로 일한 호세대학 유아사 마코토 교수가 자주 말하는 것은 '아는 자의 책임'이다.

"일본에 아동빈곤 같은 것이 있는가"라고 말한 사람이, 이 책을 읽고 일본에는 여섯 명 중 한 명의 아동이 빈곤상태에 있다는 것을 안다. 변변한 음식도 먹을 수 없는 아이들이 있는 것을 알고 있다. 여기서 어떻게 행동할 것인가가 문제. 유아사 선생은 "아셨으니 주위 사람에게 전해주세요"라고 한다. 그렇게 하는 것으로 세상이 조금씩이라도 변해가는 것을 기대하고 싶다. 일본에서 아동빈곤이 해결될 수 있을지 어떨지는 지금, 이 책을 읽는 여러분의 행동에 달려 있다.

이 책에서 소개된 아이들의 그 이후에 대해 조금 더 언급하고 싶다. 통상의 취재로도 시간이 지나면 연락이 되지 않는 취재 대상자는 나오기 마련인데, 주제가 빈곤이다 보니 추적이 더욱 어렵다. 행복하게 살고 있으면 좋겠지만, 빈곤의 대물림을 끊는 것은 쉬운 일이 아니다.

정시제 고등학생 중 요코와 사키는 졸업 후, 얼마 지나지 않아 결혼했다. 소녀들은 이른 결혼으로 집을 나와, 행복한 가정을 만들고 싶다고 생각한 것이다. 결혼뿐만 아니라 출산도 빨랐다. 요코는 아이를 낳아 돌보고 있는 나날을 보내고 있지만, 남편이 실업자이고 요코도 일을 할 수 없는 상태가 계속 되었다. 생활은 결코 즐겁지 않았고, 빈곤의 대물림은 다음 세대로 이어지고 있다. 건설 관련 일을 하고 있던 겐고는 운전 중 교통사고를 당해 장기 입원을 하는 등 불행이 계속되었다. 중퇴한 구미는 연락을 취할 수 없는 상태다.

초등학생 둘과 중학생의 어머니였던 전 우체국 직원인 메구미는 지금도 입·퇴원을 반복하고 있다. 중학생이 된 아야코와 시즈카는 시설과 자택을 오고가는 생활을 반복하고 있다. 오빠 도모히로는 어렵게 입학한 정시제 고등학교를 중퇴하고, 지금은 일을 하고 있다.

다른 아이들도 모두 힘든 생활에서 빠져나오지 못한 것이 현실이다.

그렇지만 요코는 도와준 담임 후지이와 때때로 연락을 취하고 생활이 어려운 후배들을 위해 할 수 있는 일이 없는지 계속 생각하고 있다.

우선은 문제의 존재를 인식하고, 주위에 전파하여 스스로 무엇을 할 수 있는지 생각해야 한다. 그것은 우리 저자들의 과제이기도 하다.

네 명의 전문가가 인터뷰에서 말씀해주신 것처럼, 문제 해결을 위해서는 다양한 방법을 생각할 수 있다. 그 중에서 교육은 아동빈곤의 대물림을 끊기 위해 가장 유효한 방법 중 하나다. 그러므로 그 현실을 전하는 것으로 미력하지만 최선을 다하고 싶다.

문고판을 위해 신세를 진 신초사(新潮社)출판사의 야마무로 유키코 씨에게 감사를 드린다. 신문 연재의 준비 단계부터 현재에 이르기까지 신세를 진 취재 현장의 여러분들께는 다시 한 번 감사를 전하고 싶다.

여러분 감사합니다.

2015년 5월

호사카 와타루 · 이케야 다카시

해설

쓰무라 기쿠코(津村 記久子)·작가


초등학교 1학년 1학기 말, 단독주택에서 교외에 있는 주택 단지(공영
주택)로 이사했을 무렵부터, 갑자기 집안 상황이 이상하게 되어가는 것
을 감지했었다. 부모님은 나의 천식 치료를 위해 이사한 것이라고 하셔
서 나는 그 말을 철석같이 믿었는데, 사실은 우리 집의 론(대부금)을 갚
을 수 없었기 때문이었다. 본가에서 아파트를 상속받아 그것을 판 직후
에 아버지는 사실상 돈을 갚을 수 있었지만, 무언가 잘 알 수 없는 투자
로 자금을 날렸다는 사실을 나중에 알았다.

주택단지로 이사 와서 아버지는 그나마 일하고 계시던 회사를 그만두
고 오셔서 어머니와 말다툼을 하셨다. 실직 기간이 길어지자 아버지는
"일을 못하고 있다"는 자각 때문에 스트레스를 받으신 것인지, 내가 어머
니께 "사회 시간에 아버지 직업을 가르쳐 주세요"라고 해서, 실직하고 있
어 아르바이트를 한다고 했어요"라고 한 말을 아버지가 들으시고, 어머
니와 나를 호통치셨다. 어머니를 구타하는 일도 있었고, 나도 얻어맞은
적이 있었다.

그런 생활은 2년만에 파탄이 났고, 어머니와 아버지는 별거하셨다. 어
머니는 친정으로 돌아가기로 결정하셨다. 나와 남동생은 어머니를 따라
갔다. 마음이 편해졌다는 것이 솔직한 심정이었다. 초등학교 4학년 때
부모님은 결국 이혼하셨다. 그 후로는 심각하게 돈 걱정을 하는 일은 없
어졌다. 부모가 모두 있는 다른 집 아이들과 비교해 유원지나 먼 여행 등
그다지 사치스런 일은 못했지만, 어머니는 그런 기분을 느끼지 않게 배

려하셨고, 나도 언제부터인가 체념했다(그래도 무슨 일이 있어도 내가 원한다는 이유로 패미컴의 소프트랑 게임기를 사 달라면 사 주셨다).

돈 걱정은 지금도 한다. 계속 하고 있다고 해도 과언은 아니지만, 지금까지 가장 크게 돈 걱정을 해 본 것은, 초등학교 1학년에서 3학년 무렵이었다. 돈 걱정을 하는 것은 아직 일할 수 없는 아이에게는 더욱 고통스런 일로 그 고통은 보다 가중되고, 아무리 일해도 만족할 만큼 벌 수 없는 청년들의 생활을 파괴한다. 이 책의 제1장 서두에서, 하나의 예로 백 엔에 50장이 든 오불라토를 간식 대용으로 먹고 있는 세 명의 여고생들은, 정시제 고등학교에 다니면서 매일 세 개 정도의 아르바이트를 겹치기로 하고 있다. 왜 그 여고생들은 그런 상태로 내몰린 것인가에 대해, 부모들의 사정에 대해서도 설명하고 있는데, 확실하지 않지만, 내가 아버지를 "바보 같은 사람이었구나"라고 회상하는 정도와 똑 같다고 보기는 어렵다. 각자 필사적으로 일하려 하고, 생활을 재기해보려고 몸부림치고 있지만, 세상의 추세가 이를 방해한다. 결과적으로, 그 앙금은 그들의 아이들인 소녀들에게 밀려온다. 부모들에게는, 소녀들을 받아들일 만한 경제적 기반이 없다. 건강보험료를 체납하기도 하고, 아이의 장학금을 생활비로 쓰기까지 한다. 그렇게 하지 않으면 부모들도 살아갈 수가 없는 것이다.

어쩔 수 없이 스스로의 힘으로 살아가면서 공부를 계속하게 되지만, 급식비 삭감과 일할 기회의 부족, 그것이 가능하다 하더라도 그 혹독함과 교통비의 지출 등은 이제 10대 후반에 들어선 소녀들을 짓누른다. 고등학교 수업료 무상화가 이루어졌다 하더라도 식비, 잡비, 교통비 등 '배움'과 관계된 주변의 부담은 사라지지 않는다. 그렇지만 여학생들 중 한 명은 말한다. "고등학교에 들어가, 배움의 중요성을 매우 실감했어요. 사람이 사람으로서 살아가기 위해서 최초의 소중한 과정이라고 생각합니다." 부모가 무리해서 보낸 사립중학교를, 다른 학생과의 경제적인 격차를 이유로 그만둔 학생의 말에는 진심이 담겨있다.

인상적인 것은 슈퍼의 사시미 매장에서 일하면서, 연상의 동료를 지도하는 매우 직업 의식이 강한 소녀의 방에, 전자 피아노가 있고 악보가 펼쳐져 있다는 구절이다. 이 대목은 정말로 가슴이 뭉클하다. 어딘가, 다른 세계의 이야기 같은 소녀들의 생활이, 한 인간의 삶으로 다가온 듯한 느낌이 드는 것이다. 좋아하는 것이 있다면 할 수 있게 해주고 싶다는 생각이 많이 들었다. "아이에게는 성장, 발달을 위해 배움이 필요하고, 본래 일하지 않아도 된다. 이 지극히 평범한 생활이 불가능하고, 학비를 본인이 벌어서 내지 않으면 안 되는 것이 현대의 빈곤이다"라고 정시제의 생활지도 담당 선생은 말한다.

빈곤에 노출된 아이들의 괴로움은, 즉 사회를 형성해온 어른들의 수치가 아닐까?라고 단적으로 생각한다. 혼다유키 선생의 인터뷰에서 "많은 사람들, 특히 노인층은, 버블 붕괴까지 전후 수십 년의 기억에 얽매여 있다. 그 때의 사회의 존재방식이 표준이라고 여겨, 다른 사고를 하지 못함으로써 대처가 느리고, 긴급대응적인 눈속임을 하고 있다"는 부분은 정말이며, "내가 이것으로 좋았으니까, 자네들도 좋겠지"라는 가치관으로 지금껏 사회가 구성되어 있는 것에 대해, 나는 줄곧 위화감을 느끼고, 이 책을 읽으면서 그 감정은 더욱 깊어졌다. 이제 더 이상 그런 시대는 아닌데. 아이들은 부모를 염려하여 빈곤을 숨긴다고 한다. "내가 이것으로 좋았으니까"라는 어른들이 느낄만한 부끄러움을 아이들이 느끼는 것은 이상한 것이 아닌가? 아이들의 부끄러움은, 실상 그들의 부끄러움이 아니던가?

자기들은 이렇게 해왔고, 거기에 맞추어 줄래?라고 하는 사회의 여러 가지 일을 정하는 사람들의 태도는, 이 책에서 때때로 등장하는 급식에 관한 논의에서도 나타나 있다. 제2장에서는 "보호자로서 도시락을 준비해주는 것을 가정의 역할이라 생각하고 의의를 느끼는 분이 많고, 학생도 원하고 있다"라고 하는 행정 담당자의 말투가 등장한다. "도시락이 부모 자식 관계에 좋다"고 생각하는 사람도 있는 것 같지만, 여러 사정으로 '제대로 된 도시락'을 준비할 수 없는 가정도 있고, 그러한 가정의 아이는 불필요한 부담감을 느껴야 하는 일도 있다는 점을 간과하고 있다.

취학원조 제도에 관해서도 의문이 남는다. 빚을 갚느라 생활이 어려워도, 부모에게 일정 이상의 수입이 있는 경우는 원조를 받을 수 없다고 한다. '저기 말이야'라고 따지고 싶다. 부모의 빚은 부모의 빚이고, 아이는 그와는 상관없이 교육을 받을 권리가 있는데, 왜 따로 따로 생각하지 않는 것인가? 이런 융통성 없는 현실이 차세대에게 빈곤을 대물림하는 것은 아닌가? 왜 빈곤을 일세대로 끝낼 생각을 하지 못하는 것인가? 앞일은 자기와는 무관하다는 것인가? 세상에는 서투른 부모도, 가정폭력을 하는 부모도, 운이 나쁜 부모도, 병든 부모도, 해고당한 부모도 있다. 백번 양보해서, 그들 자신의 전망이나 일이 그들의 쓰라린 환경에 영향을 준다 해도, 그 아이들은 전혀 채무가 없고, 상관이 없는 것이다. "안정된 사랑이 없으면 아이는 힘들 때, 참아내기 어렵습니다"라는 말과 역으로 "아이에게는 뻗어 나가고자 하는 에너지가 있다"는 중학교 선생의 말이 모두 인상에 남는 장면이었다.

제3장에서는, 중학생 아들 하나, 초등학생 딸 둘을 데리고 우편배달을 필사적으로 하다가, 우울증이 발병하여 일을 지속할 수 없게 된 어머니가 등장한다. 딸들은, 초등학교 보건실에서 아침밥과 부족한 식사, 그리고 옷도 제공받는다. 이들의 어머니가 수험공부에 열중하지 않는 중학생 아들에게 "고등학교를 졸업하면, 사회의 대우가 다르다. 엄마도 졸업했다면, 미용사나 간호사가 되는 전문학교에 갈 수 있었을지도 모른

다. 우체국의 정사원 시험도 통과했을지도 모른다. 도모히로(장남)가 흥미있어 하는 자동차 정비자격도, 고등학교를 졸업하지 않으면 시험조차 칠 수 없다'고 설득하는 장면은 통절하다. 역으로 생각하면, 지금까지 "고등학교를 졸업하지 않으면 제대로 된 일을 할 수도 없는" 사회인데 해당 고등학생들의 가난을 충분히 보조해 주지 않는 것은 이상한 일이다.

초등학교 보건실의 선생은 여자 애들에게 살아갈 힘을 배양할 수 있도록 밥을 짓거나 차를 끓이는 방법을 가르친다. "빈곤 때문에 중요한 어린 시절을 빼앗겨서는 안 된다"는 그녀의 말은 무겁게 다가온다.

제4장에는, 초등학생이 되면 아르바이트를 해도 좋을까, 자기도 일을 해서 엄마를 돕고 싶기 때문이라는 보육원 아동이 등장한다. 실은 나도 똑 같은 말을, 초등학교 2학년 때 어머니께 여쭤본 적이 있다. 어머니가 파트타임으로 일하고 있는 슈퍼에 따라가 빵 가게에서 빵을 반죽하는 일이라면 가능하지 않을까 하고 한때 생각했었다. 당시 나는, 그다지 깊은 뜻으로 한 말은 아니었지만, 지금 생각하면, 웃어 넘길 이야기지만 조금 슬픈 제의였다. 부모가 아무리 숨기려 해도 아이는 정확히 부모가 돈 때문에 곤란한 것을 알고 있다.

이 남자 아이가 다니는 보육원에는, 싱글마더회가 있어 어머니들은 아이가 입지 않는 옷을 서로 주고 받으며, 진심으로 이야기를 나누는 모습에서, 고통 속에서도 꺼지지 않는 빛 같은 것이 느껴진다. 자기와 타인의 연약함을 인정할 수 있는 인간의 근원적인 밝음이라고 해도 좋다. 그녀들은 이혼이나 그밖에 다른 사정이 있어서, 어머니 혼자서 아이를 키우고 있을 뿐이지만, "전부 잘 나가는 사람"을 기준으로 디자인된 사회는, 때때로 그녀들이 일할 의욕을 상실하게 한다. 준간호사 자격을 따기 위해 학교에 가려 해도, 그 학교의 재학 기간 2년 중, 급부금이 가능한 것은 2년째부터로, 1년의 생활비는 저축해 마련하고 나서 입학해야 한다. 무엇일까. 이 문턱의 높이는. 마치, 첫 1년의 고통을 감내해야 2년째 안심할 수 있다고 말하고 싶은 것일까? 근성론과 일이 먼저라고 하는 기준은 아닌지. 어머니가 자격을 얻어 안정된 직업을 갖는 것이, 그 아이의 장래를 위해 좋다고 하는 것은 그 다음일까?

이 책 자체는 훌륭한 양서이고 흥미진진한 많은 사실을 가르쳐 주고 있지만, 때때로 놀라울 정도로 불편함을 마주한 사실도 있다. 일본이라고 하는 나라의 아이들에 대한 태도는, 필시 사회계층을 고정화하는 것으로 이어진다. 즉 그것은, 부자의 아이는 부자로, 돈이 없는 집의 아이는 돈이 없는 채라고 하는 것이다. 이런 현상이 사회적으로 더욱 확대되고 있다고 생각하면 오싹하다. 의욕이나 능력이 있어도, 미리 윗자리는 안 된다고 결정된 사회는, 인간의 힘을 상실하게 한다. 일본 사회는 아동에 대한 투자를 꺼려함에 따라 자기 자신의 목을 점점 조이고 있는지도 모른다.

이 책의 후반에서 오미야 이키오 선생이 이야기하는 미국의 페리 프리스쿨 프로젝트에 관한 언급은 시사하는 바가 크다. "유아기에 양질의 보육을 무상으로 받은 아이들은 같은 가정환경에서 보육을 받지 못한 아이들에 비해 진학이나 취학, 사회 적응 면에서 극적인 개선을 보이고, 그 경제적인 효과는 무상으로 보육을 제공하는 데 드는 비용의 몇 배나 된다." 아이에 대한 투자는 미래에 대한 투자인 것이다. 아이가 좋아할까 싫어할까, 지금 내가 쾌적하게 있으면 그것으로 좋은 것 아닌가라는 문제가 아니다.

오미야 선생의 말로 원고를 매듭짓는다. "어린 시절의 중요성을 아직도 인식하지 못하고 있어요. 유아기보다 초등학교 쪽이 초등학교보다 중학교 쪽이, 중학교보다 고등학교가 중요하다고, 결국은 어른이 가장 중요한 듯한 착각이 지배하고 있어요."

선악을 자각할 나이가 될 때까지 여러 가지를 보고 들은 후, 나는 행복한 어린 시절을 보냈다고 하면, 인간은 그것을 토대로 하여 고난을 극복하고 제대로 살아갈 수 있지 않을까라는 생각과 그 반대의 것을 생각하게 된다. 행복한 어린 시절을 보내는 것은, 어떤 부모의 품에서 태어나든, 모든 어린이가 가질 권리라고 생각한다. 그것이 실현되지 않아 자부심을 잃는 사회는 아무리 지금이 풍부하다 해도 쇠퇴하고 말 것이다.

2015년 4월

# 아이의 가난, 어른의 책임이다

"병은 소문을 내야 빨리 고친다"라는 말이 있다. 병을 숨기고 있으면 치료할 수 없어 결국 건강을 잃고 만다. 이 책은 병들어 가는 일본의 아동빈곤을 여실히 파헤쳐 만천하에 공개하고 대안을 찾는 데 큰 역할을 하고 있다. 일본 정부 입장에서 보면 숨기고 싶을지도 모를 치부를 과감히 들춰내 정치권과 어른들에게 각성을 촉구하는 책이다.

풍요의 나라 일본에 전쟁고아인 올리버 트위스트(Oliver Twist)와 같은 아이들이 존재한다면 이 얼마나 황당하고 수치스런 일인가. 1장에 등장하는 요코와 구미가 등록금과 생활비를 벌기 위해 벌이는 사투는 21세기의 올리버 트위스트를 연상시킨다.

배고프고 학대받는 마유, 아야코, 시즈카, 모에, 신지는 빅토르 위고의 코제트(Cosette)와 유사하다. 팡틴의 딸로 가난 때문에 일자리를 찾기 위해 몽페르메유 여관에 맡겨져 테나르디에 부부에게 모진 학대를 받는 여주인공 코제트처럼 이 아이들은 현대판 레미제라블이다.

1인당 국민소득(GDP) 4만 불을 자랑하는 경제대국 일본. 화려한 네온사인과 하늘을 찌르는 초고층 빌딩이 번쩍이는 부자 나라의 뒤안길에서 일부 아동들은 극심한 고난기를 살아가야만 하는 비참한 현실.

어른들은 "일본 어디에 빈곤이 있는지 모르겠다"며 부정하려 들지만 일본의 아동빈곤율은 선진국 중 최고치(2014년, 16.3%)를 기록하고 있다. 아동 6명 중 1명이 빈곤의 문턱에서 서성이고 있다는 이 준엄한 사실은 소설 속 이야기가 아닌 진실이다.

일찍이 영국을 방문한 알렉시스 드 토크빌(Alexis de Tocqueville)은 "가장 풍요로운 나라에 가난한 자가 가장 많은 반면, 가장 가난한 나라에 가난한 자가 가장 적은 모순"을 발견했다. 오늘의 일본, 그리고 한국에서도 똑 같은 현상을 목격할 수 있다. 이러한 모순은 현대의 산업경제가 많은 사람들에게 부를 안겨주는 반면, 산업경제의 부침은 또 다른 사람들을 빈곤 상태로 내몰면서 발생한 것이다.

문명화 과정으로 점점 더 많은 필요가 욕구로 탈바꿈 하는 사회. 국가는 자본과 결탁해 부익부 빈익빈을 재생산하는 데 앞장선다. 그 결과 토마 피케티가 『21세기 자본』을 통해 고발하고 있듯 세계 10%의 부자들이 전 세계 재산의 90%를 소유하는 민주주의의 모순이 재현되고 있는 것이다. 부자는 부자일 수밖에 없고, 가난한 자는 가난한 자일 수밖에 없는 자본주의의 모순.

이러한 경제체제는 결국 일본의 아동들을 빈곤으로 점점 내몰고 있다. 이 책은 이런 구조적 모순을 현장 취재를 통해 생생하게 파헤쳐 고발하고, 아동빈곤을 해결하기 위한 대안이 무엇인지 각 장별로 전문가 인터뷰를 곁들임으로써 감동과 흥미를 넘어 유익함을 제공하고 있다. 풍요로운 일본의 이면에 숨어있는 진실. 아동빈곤의 원인인 학교의 교육구조 파괴, 가족의 해체, 사회안전망의 부실, 정치권의 무관심과 무능. 이 모두는 한 없이 발육하고 성장해야 할 아이들을 일터로 내몰거나 빈곤의 수렁으로 몰아넣고 있다.

그러나 이러한 상황이 어디 일본만의 풍경이겠는가. 한국도 금융위기와 그 여파로 20년째 가족기능이 해체되면서 아이들은 열악한 상황으로 내몰리고 있다. 2004년에 있었던 대구 어린이 벽장 아사사건, 2015년 개인회생을 신청했던 가장이 아내와 자녀 셋을 살해하고 자살한 거제 일가족 참극사건, 2018년 4월 채무압박에 시달린 어머니가 4살 아이를 살해하고 자살한 증평의 모녀비극 등 공공 네트워크로의 진입과 접촉이 불가능해 참극을 피할 수 없는 사례였다.

게다가 한국의 10~19세의 아동 사망원인 가운데 자살이 1위를 차지한 지 오래다. 그것도 OECD 국가들 가운데 국민 자살률이 3배 정도로 높은 1위이며, 매년 13,000여 명의 국민이 자살하는 사회에서 아동들이 살고 있다. 점점 많은 아동들이 학대에 심각하게 노출되어 가고 있다. 공식적으로 등록하여 정신질환 진단을 받은 아이들이 2006년 2,500여 명에서 2013년 현재 15,000여 명으로 6배 가까이 증가하였다. 결혼 3가구 중 1가구가 이혼하는 가정 해체 상황에 우리 아이들이 놓여 있다. 그러나 놀랍게도 이러한 문제를 외면한 채 아무도 책임지려 하지 않는다.

이명박·박근혜 정권에서는 선별적 복지냐, 보편적 복지냐 갑론을박만 치열하게 벌였고, 아동정책 또한 친기업적인 일자리 지원 정책도구로 전락했다. 시민단체들도 형식적인 각종 위원회만 잔뜩 만들었지 민간네트워크로서의 기능은 하지 못했다. "세계에서 아이 키우기 가장 좋은 나라"라는 슬로건을 내건 문재인 정부도 아동빈곤 정책에 별다른 대안을 내놓고 있지 않다. 그러나 정부는 아동빈곤을 해소하는 공공서비스와 공공네트워크 등의 자원을 구축하고 시민사회는 이러한 자원을 아동과 가정에 실질적으로 안전하게 전달하는 민간네트워크를 구축하는 일을 서둘러야 한다. 더 이상 아이들의 복지문제를 선거철 선전문구로만 이용해서는 안 된다. 서둘러 행동으로 옮겨라.

이런 관점에서 이 책은 우리에게 시사하는 바가 크다. 교도통신의 기자들이 수면 아래 잠자고 있던 일본 아동빈곤의 진실을 파헤치고 사회적으로 쟁점화 했듯 한국도 아동빈곤을 파헤쳐 수면 위로 끌어올려야 한다. 서두에서 이야기 했듯 병은 소문을 내야만 고칠 수 있는 법이다. 한국의 아동빈곤 현실을 외면만 하려든다면 결국 손 쓸 수 없는 지경에 이르고 말 것이다. 따라서 한국의 많은 사람들이 이 책을 읽고 아동빈곤 문제를 사회적 이슈로 부각시키는 데 동참할 수 있어야 한다.

아이는 국가의 미래다. 국가가 앞장서서 지자체, 기업과 연계해 질 좋은 보육을 제공하고 아이들의 미래를 열면 결국은 사회 전체의 이익으로 이어진다. 삼척동자도 다 아는 이 진리를 한국 정치권만 모르고 있다면 어불성설이다.

프랑스의 경우는 아동빈곤 문제를 해결하기 위해 정부와 민간이 손잡고 나섰다. 에마뉘엘 마크롱(Emmanuel Macron) 대통령은 당선된 지 5개월만인 2017년 10월 17일 "프랑스 빈곤아동을 위한 전략"을 수립하고 시행할 것을 약속했다.

마크롱 대통령은 모든 계층의 아이들에게 '기회 균등'을 실현하고자, 재정적 지원뿐만 아니라 새로운 차원의 사회적 투자와 방책을 찾길 희망했다. 그는 가난과의 전쟁을 치르기 위해 관계자들과 논의한 후 2018년 3, 4월까지 전략을 세밀히 짜고 이를 잘 수행하도록 각 부처의 대표를 임명하기로 했다.

그는 "가난한 아이들은 가난한 가정 출신이다. 이 아이들이 내일의 가난한 사람이 되지 않기 위해서는 사회적인 투자를 해야 한다. 그리고 가난이 재생산되는 요인을 제거해야 한다. 그 하나의 예는 조기 언어 교육이다"라고 밝혔다. 사실 프랑스의 이러한 정책은 2015년부터 시작된 것이다.

프랑스 통계청에 따르면 2016년 13.9%(9백만 명)의 프랑스인이 가난의 문턱에서 살고 있다. 그러나 아동과 청소년의 빈곤율(3백만 명의 어린이, 아동 5명 중 1명이 가난의 문턱에 있는 가정에 생활하고 있다)은 약 20%를 차지하고 있어 빈곤의 희생자는 아이들이 가장 많다.

마크롱 대통령은 AFP통신에 보낸 편지에서 빈곤 퇴치를 위한 협회인 악시옹 탕크 앙트르프리즈(Action Tank Entreprise)의 공동회장인 파리 병원의 마르탱 이르슈(Martin Hirsch)와 다농그룹의 에마뉘엘 파베르(Emmanuel Faber)가 파트너가 되어 10여 개의 대기업과 가난한 가정들을 위해 재화와 용역의 비용(안경, 차량, 어린이용 식료품)을 줄이기 위한 프로그램을 제시했다. 빈곤의 대물림을 차단하기 위해서는 가난한 아이들이 학교에서 교육을 받을 수 있도록 장기적인 지원을 제공해야 한다는 관점에서 제시한 전략이다.

한국도 아동빈곤을 정책적 과제로 하루 빨리 받아들여 프랑스처럼 정부와 민간이 협력하여 빈곤 아동들의 교육적 지원을 하지 않으면 안 된다. 여기에 시민도 참여해야 한다. 이 책의 말미에 '아는 자의 책임' 이야기가 나온다. 독자들도 아동빈곤의 구조적 문제점을 파악하고, 이를 주위 사람에게 전달하고 동참하길 바란다. 아동빈곤은 사회 시스템을 만들고 운용한 어른들의 책임이다.

아이는 한 나라의 원동력이다. 그들이 배고프고 추워 눈물을 흘리는 것은 전적으로 악덕한 어른들의 탓이다. 일찍이 혁명기의 가난한 아이들을 보고 어른을 질타했던 빅토르 위고의 시로 역자 후기를 마감하고자 한다.

가난한 아이들

이 작은 존재를 소중히 다루세요.
그는 잘 자랄 것이고, 신의 것입니다.
아이들은, 태어나기 전,
파란 하늘 속 빛이었습니다.

신은 우리에게 그들을 아낌없이 주셨어요.
그들이 온 것은, 신이 우리에게 내린 선물.
신은 그들의 웃음 속에 지혜를
그들의 입맞춤에 용서를 드리우고 있어요.

그들의 부드러운 생명은 우리를 어루만져 줍니다.
오! 행복은 그들의 권리.
만약 그들이 배고프면 천국은 슬퍼하리라.
그리고 하늘은 와들와들 떨리라, 만약 그들이 춥다면.

순진한 그들의 불행은
악덕한 어른을 원망합니다.
어른은 제멋대로 천사를 불안 속에 빠트리지요.
오! 깊은 하늘 밑에 청천벽력이여.

신은 연약한 이 존재들을 찾아
우리가 잠든 어둠 속에
날개와 함께 보냈건만,
보이는 건 넝마뿐!